문화융합 시대의 지역사회:
일본군 '위안부' 문옥주의 증언과 지역

[문화와 융합 총서 09]

문화융합 시대의 지역사회 :
일본군 '위안부' 문옥주의 증언과 지역

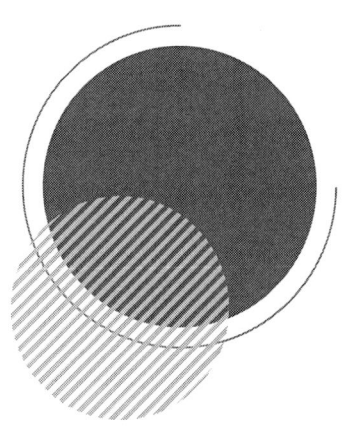

배지연　안이정선　이령경
서혁수　황성원　강태원
권상구　김석배　박승주

한국문화사

문화와 융합 총서 09

문화융합 시대의 지역사회:
일본군 '위안부' 문옥주의 증언과 지역

1판 1쇄 발행 2023년 11월 30일

지 은 이 | 배지연 안이정선 이령경 서혁수 황성원 강태원 권상구 김석배 박승주
펴 낸 이 | 김진수
펴 낸 곳 | 한국문화사
등   록 | 제1994-9호
주   소 | 서울시 성동구 아차산로49, 404호(성수동1가, 서울숲코오롱디지털타워3차)
전   화 | 02-464-7708
팩   스 | 02-499-0846
이 메 일 | hkm7708@daum.net
홈페이지 | http://hph.co.kr

ISBN 979-11-6919-164-7 93300

- 이 책의 내용은 저작권법에 따라 보호받고 있습니다.
- 잘못된 책은 구매처에서 바꾸어 드립니다.
- 책값은 뒤표지에 있습니다.

오류를 발견하셨다면 이메일이나 홈페이지를 통해 제보해주세요.
소중한 의견을 모아 더 좋은 책을 만들겠습니다.

· 서문 ·

문옥주의 증언을 읽는 시간

1924년 대구 대명동의 가난한 집에서 태어난 여성이 있다. 그녀는 일제 강점기 시기에 취업 사기에 속아 일본군 '위안부'가 되었고, 만주와 버마 전선의 위안소에 강제로 끌려갔다가 해방이 되어서야 고향 집으로 돌아올 수 있었다. 집으로 돌아왔지만, 위안소에서의 일들을 얘기할 수는 없었다. 그녀는 자신에게 일어난 모든 일이 전생에 죄를 많이 지어서 생긴 일이라고 생각해왔다. 그렇지 않으면 주어진 삶을 버텨낼 수 없었으리라. 그리고 50년이 지나서 60대 할머니가 되어서야 그녀는 위안소로 강제동원된 자신의 이야기를 증언했다. 이 책은 그녀의 증언들을 2년에 걸쳐 읽으며 만들어진 것이다.

문옥주는 1991년 한국 내에서 최초로 일본군 '위안부' 피해를 증언한 김학순에 이어 두 번째로 피해 신고를 했으며, 뛰어난 기억력으로 자신의 경험에 대해 상세한 증언을 남겼다. 정대협의 증언집 『강제로 끌려간 조선의 군위안부들』 1권에 실린 증언을 비롯하여, 일본인 모리카와 씨와 3년에 걸쳐 수없이 만나며 자신의 삶을 상세히 구술하였고, 모리카와 씨는 그의 말을 뒷받침하는 수많은 자료들을 조사하고 사람들을 만나 취재하여 뛰어난 일대기를 남겼다.

이 밖에도 문옥주는 매우 다양한 경로로 일본군 '위안부' 증언 활동을 해왔다. 그녀의 증언은 육성 수기, 기사, 증언집 등 다양한 형태로 서사화되었으며, 특히 군사우편저금과 관련하여 일본과 한국 사회에서 증언 활동을 활발하게 진행했다. 위안부 시절 전선에서 시작한 자신의 군사우편 저금을 찾기 위한 노력을 통해 위안부제도가 전시동원체제의 일환으로 군대에 의해 운영되었음을 명백히 드러내기도 하였다. 이와 관련된 다양한 자료들은 존재 유무를 알 수 없거나 여러 군데 흩어져있어 그간에 다뤄지지 못했다.

그러다가 2021년에 문옥주의 증언이 육필수기의 형식으로 게재된 1992년 당시의 신문자료가 발견되었다. 대구지역의 문화예술가인 이필동 선생이 소장해온 신문자료가 대구문화예술아카이브에 기증되었는데, 그 일부인『경상매일』에「근로挺身隊 할머니 肉筆手記-지옥의 나날들」이라는 제목으로 문옥주의 증언이 연재된 것을 확인했다. 이 책의 본문에서 다루겠지만,「지옥의 나날들」은 '근로정신대 할머니 육필수기'라는 타이틀로 연재되었지만 실제로는 문옥주의 육필수기는 아니었다.「지옥의 나날들」은 문옥주의 실제 증언과 꽤 많은 부분에서 균열을 일으켰으며, 특히 문옥주 본인의 서사라고 믿을 수 없는 방식으로 자신을 대상화하여 기술된 부분이 많았다. 이는 일본군 '위안부'의 피해 증언이 공적 매체에 기록되는 초기 과정의 현실을 구체적으로 보여준 것이다.

2021년 6월, 대구경북지역의 일본군 '위안부' 피해 생존자들을 지원해 온 '정신대할머니와함께하는시민모임'(이하 '시민모임')에서는 정대협 증언집 1권에 실린 문옥주의 증언자료, 모리카와 마치코가 쓴 문옥주 증언집과 함께, 근래에 발견된「근로挺身隊 할머니 肉筆手記-지옥의 나날들」을 지역의 연구자들과 함께 강독하는 모임을 꾸리게 되었다. 시민모임의 전·현직 대표(안이정선, 서혁수)와 활동가·연구자(이령경, 황성원), 일본군'위안부' 증언 서사 연구자(배지연), 지역 역사 연구자(강태원), 지역 문화 연구자(권상구), 판소리 연구자(김석배), 일본문화연구자(박승주)가 각자 연구영역의 지식을 공유하는 방식으로 문옥주의 증언을 읽었다. 이름하여 '문옥주 강독회'다. 이 강독회는 6월부터 12월까지 2~3주에 한 번씩 모여 국내외에 흩어져있는 문옥주의 구술 녹취록, 동영상 자료, 신문 및 보도자료 등을 찾아 정리하고 관련 조사를 진행했다. 10여 차례의 강독회의 결과물로서 『문옥주 지오그라피』가 출간되었고(2021.12.), 강독회에서 산출된 문화자료를 기반으로 희움 일본군'위안부' 역사관에서 관련 전시회도 진행되었다.

2021년에 진행된 문옥주 강독회에서 미처 다루지 못했던 논의를 진행하고자 2022년에 문옥주 강독회 시즌 2를 다시 꾸렸다. 3주에 한 번씩 매주 저녁에 모여 문옥주의 증언자료와 관련 문서들을 함께 읽었고, 참여한 연구자들의 개별 주제에 맞는 자료를 공유하고 분석하였다. 특히 2022년 문옥주 강독회는 한국문화융합학회의 지역 연구 지원을 받아 진행되었다. 하계 학술대회에서 "대구지역 일본군 '위안부' 증언 서사 연구"라는 세션으로 그간의 논의들을 발표했으며, 이들 성과를 확장하여 정리한 것이 바로 이 책이다.

이 책은 문옥주의 증언을 다각도에서 살펴본 것이다. "일본군 '위안부' 증언의 서사적 효과와 재현방식 연구"라는 주제로 한국연구재단의 신진연구과제를 수행하고 있는 배지연은 문옥주의 다양한 증언자료를 분석하면서 그 증언들이 어떤 방식으로 서사화되는지를 분석하였다. 대구지역에서 처음으로 위안부 피해 신고를 한 문옥주를 직접 만나고 함께 증언 활동을 했던 안이정선은 문옥주가 애썼던 군사우편저금 반환 운동에 관한 이야기와 함께 그녀의 증언집을 쓴 모리카와 마치코와의 이야기를 다루었다. 시민모임 활동을 하다가 일본에 건너가 평화학을 공부하고 있는 이령경은 문옥주의 증언을 공론화한 모리카와 마치코의 행적과 활동을 조밀하게 정리하면서 한일 시민 연대를 통한 해결 운동의 모색을 제기하였다. 서혁수는 시민모임의 대표로서 대구 경북 지역에서 위안부 운동이 걸어온 발자취를 정리하고, 지역의 위안부 운동이 확장될 수 있는 다양한 방식들을 제안하였다.

한편, 영상전문가인 황성원은 문옥주의 증언을 통해 그녀가 강제동원된 버마(미얀마) 위안소의 시각화 작업의 한 방식을 제시하였다. 역사연구자인 강태원은 문옥주의 증언을 기반으로, 당시 일본군 자료와 참전 군인 회고록 등의 자료들을 교차 검토하면서 아시아태평양전쟁 당시 버마 위안소 설치 과정과 위안부들의 생활을 조사하였다. 지역문화연구자 권상구는 문옥주의 증언과 아시아태평양전쟁 당시 버마 전선의 전황을 교차 검토하면서 매핑화하는 작업을 시도하였다. 또한 대구 권번에서 생활했다는 문옥주의 증언을 기반으로 판소리 연구자인 김석배는 당시 대구지역 권번의 문화사를 교차 정리하였다. 마지막으로 일본문화 연구자인 박승주는 문옥주의 증언에 등장하는 일본인 '위안부'에 관한 내용에 주목하며 당시 일본인 '위안부'를 다룬 다양한 일본 자료를 검토하고, '가라유키상'으로 불렸던 일본인 '위안부'의 기원과 일본의 공창제도 등에 대해 분석하였다.

이 책은 대구지역의 일본군 '위안부'였던 문옥주의 증언을 읽으며 지역 연구자들이 각자의 연구 영역에서 일본군 '위안부' 문제를 다각도로 해석한 것이다. 이 과정에서 주목할 것은 지역의 서사다. 문옥주는 대구에서 태어났고 만주와 버마 위안소에 끌려간 후에 줄곧 대구에서 생활했다. 이토 다카시와 김광열과의 인터뷰 등에는 문옥주가 시종일관 대구 사투리로 이야기하고 자신이 살았던 동네와 강제동원된 장소 등에 관한 이야기가 등장한다. 일본군'위안부'가 식민지 조선의 여성이라는 사실만큼 어떤 지역에서 어떠한 삶을 살아왔는지도 중요하다. 삶은 개별적인 장소에서 나오기 때문이다. 문옥주 강독회를 통해 읽었던 다양한 증언자료에는 대구에 살았던 지역의 이야기가 담겨있다. 실제 육필수기는 아니었지만「지역의 나날들」에는 '대구에 살았던 문옥주'의 서사를 재구성할 수 있는 계기를 제공했다. 남산동 양말공장, 야학과 권번 등 대구지역의 다양한 장소들에 문옥주라는 식민지 조선 여성의 이야기를 겹쳐 읽을 수 있었다. 2021년 시민모임에서는 「지옥의 나날들」 등의 문옥주 증언자료를 기반으로 '문옥주의 길'-문옥주가 취업 사기로 부산으로 떠나던 날 걸었던 길을 찾아 활동가들과 함께 걸어가는 행사를 진행하기도 했다.

실제로 일본군 '위안부' 피해자 다수가 경상도 출신이었고, 그중 다수는 대구역을 기점으로 만주나 부산으로 강제동원되었다. 왜 지역—예컨대, 경상도—에서 '위안부'로, 혹은 징용 등 강제동원이 많았는지에 대한 구체적인 논의나 연구도 견실하게 진행되어야 할 것이다. 특히 대구 경북에는 일본군 '위안부' 피해증언자들이 많고, 관련해서 그들의 증언들을 모아 정리한 증언자료도 다수 남아 있다. 다수의 증언자료를 남긴 문옥주를 비롯하여, 캄보디아에서 오랫동안 거주했던 이남이(훈 할머니), 그림책 『꽃할머니』의 기반이 되었던 심달연, 영화 『보드랍게』의 주인공인 김순악, 그리고 『아이 캔 스피크』의 주인공인 이용수 등이 모두 대구에 거주하며 지역의 '위안부' 지원단체에 증언자료를 남겼다. 이들의 증언과 서사가 일본군'위안부'를 기억하는 문화예술 텍스트로 확장되는 양상과 관련하여 보다 심층적인 논의도 필요할 것이다.

이런 의미에서 시민모임을 주축으로 역사, 문화, 서사, 영상 연구자들과 시민 활동가들이 모여 지역의 피해 증언자-문옥주의 증언을 함께 읽고 공부하는 '문옥주 강독회'는 좋은 사례가 된다고 하겠다. 1997년에 발족한 대구 시민모임은 문옥주를 비롯하여 김순악, 심달연, 이용수 등 대구 경북 지역에 거주하는 피해증언자들을 지원해왔으며, 故 김순악이 유언과 함께 남긴 기탁금을 기반으로 범국민 모금 캠페인을 전개하여 2015년 희움 일본군 '위안부' 역사관을 건립했다. 또한 정대협과 연대하며 '위안부' 해결 운동을 함께했고, 일본 및 아시아 시민-여성단체들과의 교류했으며, 동시에 지역에서 지역의 일본군'위안부' 피해 생존자들을 지원하며 시민들과 피해증언자들의 이야기-삶을 나누는 일련의 활동을 해왔다. 말하자면 '위안부' 해결 운동의 보편화와 함께 지역화에도 노력해온 것이다. 정대협-정의연으로 대표되는 보편적 운동뿐 아니라 그들이 놓치고 있는 피해증언자들이 살아온 삶터-지역의 서사에 주목해야 할 때이다. 일본군 '위안부'의 증언과 역사는 그들이 살아온 지역의 기억과 서사, 그리고 지역적 정체성과 연계하여 연구되어야 하며, 더불어 지역을 중심으로 진행되어온 '위안부' 해결 운동의 역사 또한 함께 논의되어야 할 것이다.

앞서 언급한 바와 같이, 이 책은 한국문화융합학회의 지원으로 출간되었다. 지현배 회장님을 비롯한 학회 관계자분들, 특히 총서를 편집해주신 연구위원회 및 출판위원님들의 노고에 감사드린다.

2023년 11월
여러 필자들을 대표하여 배지연 씀

· 차례 ·

서문 | 5

01장   증언을 듣고 읽는다는 것
       -대구지역 일본군 '위안부' 문옥주의 증언을 중심으로   **15**
    1. 소설 읽기와 증언 읽기   15
    2. 증언을 읽는 시간 - 문옥주 강독회   19
    3. 문옥주의 증언들   22
    4. 못다 한 증언과 사라진 경로   27
    5. 증언의 흔적을 찾아서   39
    6. 증언을 읽고 쓴다는 것   47

02장   문옥주와 군사우편저금   **53**
    1. 문옥주는 누구인가?   53
    2. 후쿠오카 방문과 증언집회   73
    3. 군사우편저금 찾기운동   74
    4. 문옥주의 군사우편저금이 시사하는 것   78

03장   우연과 우연이 겹쳐 필연, 운명으로
       -문옥주와 모리카와 마치코의 삶과 인연   **87**
    1. 들어가며   87
    2. 말수는 적었지만 해야 할 말은 하는 문옥주   89
    3. 드러내지 못한 중국 만주 위안소의 시간   94
    4. 활동과 만남을 통해 '확장'되는 증언의 시·공간   98
    5. 공감과 연대로 엮은 책   107
    6. 페미니즘 관점에서 '듣고' '다시 쓰기'   115
    7. 나오며   122

04장 대구 경북 지역에서의 위안부 운동 및 확장을 고민하며
-대구 위안부 역사관 '희움'을 중심으로 **127**
  1. 들어가며 127
  2. 시민모임이 걸어온 길 128
  3. 한 지역민의 신문 한장으로 시작된 전시회와 그 확장
     - 문옥주 할머니의 지오그라피(地理), 문옥주의길 140
  4. 맺으며 – 새로운 가능성 희망하며 146

05장 문옥주, 버마위안소 증언이 그리는
인터렉티브 지오그라피 **149**
  1. 들어가며 149
  2. 무엇을 담고자 하는가 151
  3. 문옥주 증언이 그리는 인터렉티브 지오그라피 제작방법 154
  4. 문옥주 증언이 그리는 인터렉티브 지오그라피의 내용 155
  5. 마치며 165

06장 일본군의 미얀마에서 위안소 설치와 위안부들의 생활 **169**
  1. 들어가며 169
  2. 일본의 태평양 전쟁 시작과 미얀마 침공 171
  3. 미얀마 지역 군부대별 위안소 설치와 관리 183
  4. 위안부들의 일상과 생활 194
  5. 패전과 위안부의 귀환 206
  6. 나오며 209

07장 제2차세계대전 버마전선 전황과 문옥주의 증언 교차 매핑 **213**
  1. 제4차위안단 버마현지 이동의 배경이 되는 1942년 초 버마전선 216
  2. 버마전선 전황과 문옥주 증언 비교연구의 향후 과제 219

08장 문옥주와 대구지역의 권번문화 — **225**

1. 문옥주의 권번에 대한 기억 — 225
2. 대구지역 권번의 전사前史, 경상감영 교방과 대구부 교방 — 228
3. 대구지역의 권번문화 — 230
4. 대구지역의 권번에서 활동한 명인 명창들 — 243

09장 문옥주 증언 서사에 등장하는 일본인 '위안부'에 대한 일고찰 — **251**

1. 들어가며 — 251
2. '가라유키상'의 기원 — 254
3. 일본의 공창제도 — 260
4. 인신매매와 밀항 — 265
5. 일본의 해외팽창과 가라유키상 — 271
6. 나오며 — 275

[부록]
문옥주와 모리카와 마치코의 일생과 인연 — 279

저자 소개 | 290

01장

증언을 듣고 읽는다는 것
-대구지역 일본군 '위안부' 문옥주의 증언을 중심으로

1. 소설 읽기와 증언 읽기

"일본군 위안부 피해자도 쉰한 분 남으셨다고 신문에서 읽은 기억이 납니다."

"저도 읽은 것 같아요."

"아직까지는 쉰한 분이 살아 계시지만 다들 연세가 있으시니까 한 분 한 분 세상을 떠나시겠지요? 한 분, 한 분, 그렇게 세상을 떠나, 한 분밖에 살아 계시지 않은 날이 오겠지요? 단 한 분밖에 살아계시지 않는 날이……. 그리고 결국 단 한 분도 살아계시지 않는 날이 오겠지요? 그분들이 다 돌아가시면 누가 증언을 할까요?"

2016년에 발표된 김숨의 소설『L의 운동화』에 나오는 부분이다. 2015년에 있었던 이한열의 운동화 복원 프로젝트를 다룬『L의 운동화』에는 '그의 운동화'를 매개로 6월 항쟁과 이한열이라는 역사적 사건에 대한 기억을 복원하고 있는데, '그의 운동화'가 6월 항쟁과 이한열이라는 역사적 사건의 '증인'이 될 수 있듯이, 일본군 '위안부' 피해자와 그의 증언도 그렇다는 의미로 쓰였다. 김숨은 『L의 운동화』을 출간한 지 몇 달 뒤에 "세월이 흘러, 생존해 계시는 일본군 위안부 피해자가 단 한 분뿐인 그 어느 날을 시점으로 하고 있음을 밝힙니다."라는 한 문장의 설명으로 시작하는 소설 『한 명』을 발표한다. 51명의 피해생존자가 단 한 명밖에 남지 않은 머지않은 미래의 일들을 소설로 다뤄보겠다는 것이다.

『한 명』은 자신이 일본군 '위안부' 피해자라는 사실을 숨긴 채 70여 년을 살아온 '그녀'의 이야기다. 자신의 과거가 수치스러워서, 또는 가족들에게 알려질까 두려워서 피해자 신고를 하지 못한 '그녀'가 자신의 이름과 존재를 확인하는 과정을 담고 있다. '그녀'는 영문도 모르고 강제로 끌려간 만주 위안소의 기억들과 날마다—70년이 지난 현재에도 여전히— 마주하며 고통스러워한다.

그게 70년도 더 전이다. 그게 벌써……
70년도 더 전 고향 마을 강에서 다슬기를 잡던 그녀는 난데없이 나타난 사내들에게 붙들려 강둑 위로 끌려갔다.
한 명은 다리를 잡고 한 명은 팔을 잡더니, 그녀를 트럭 짐칸으로 던졌다. 그녀는 높이 떴다가 세게 떨어졌다. 대여섯 명의 소녀가 그곳에 앉아 있었다.(미주 24)
사내들이 넷이었는지, 다섯이었는지는 기억이 안 난다. 사내들은 자기들끼리 일본말을 했다.
소녀들을 대구역에서 하얼빈역까지 인솔한 사내는 그들 중 하나였다.
죽일까 싶어서(미주 25)
그녀는 자신을 어디로 데리고 가려는 것인지 묻지 못했다.
그저 한도 없이 무서웠다.(미주 26)

'그녀'가 주인공인 이 소설에는 그녀의 이야기만 재현되는 것이 아니다. 『한 명』에는 현재의 '그녀'가 과거를 구성하는 사건들도, 자신의 상처를 환기하는 매개도 모두 피해생존자들의 증언으로 채우고 있다. '그녀'가 과거를 회상하거나 현재에서 마주하는 기억 속에는 위안소로 끌려갈 당시 위안소에서 함께 생활했거나 들었던 이야기들이 실제 '위안부' 피해자들의 증언으로 구성되어 있다. 인용된 소설의 본문은 '그녀'의 이야기 속에 실재하는 이옥선과 B○○, K○○로서 각각 CNN 인터뷰와 『들리나요? 열두 소녀의 이야기』에 기록된 증언들에서 가져왔다. 이처럼 『한 명』은 일본군 '위안부' 증언집과 관련 자료의 내용을 발췌하거나 정리한 발화와 내용이 출처를 밝힌 316개의 미주로 표시되어 있다. 주인공의 기억으로 수렴되는 또 다른 '그녀'들의 이야기는 일본군 '위안부'들의 집합적 기억을 재현하고 있다.

이처럼 『한 명』은 실제 존재하는 '위안부' 피해생존자의 증언들을 소설 속에 안착시키고 있는데, 이 과정에서 망각되고 은폐되었던 역사적 사건과 진실을 환기하고 있다. 이러한 재현방식은 『L의 운동화』에서 이한열의 운동화를 복원함으로써 6월 항쟁의 역사적 사건을 기억하는 작업과 다르지 않으며, '위안부' 피해자들의 기억과 증언을 소설로 복원함으로써 아시아태평양전쟁 당시 일본군에 의해 자행된 은밀하고 조직적인 전시 성폭력의 증인을 확보하고 있다. 김숨은 『한 명』과 2018년에 발표된 세 편의 소설 『흐르는 편지』, 『숭고함은 나를 들여다보는 거야』, 『군인이 천사가 되기를 바란 적 있는가』를 통해 증언이 소설을 어떻게 추동하는지를 역설적으로 보여주었다.

언젠가 일본군 위안부에 관한 소설을 쓰고 싶었지만, 써지지 않으면 쓸 수 없겠구나 생각했다. '한 명'이라는 제목이 오고, 구해지는 대로 증언록을 찾아 읽으면서 소설이 써지기 시작했다. (……) 1991년 8월 14일 김학순 할머니의 공개 증언을 시작으로, 피해자들의 증언이 지금까지 이어져오고 있다. 그 증언들이 아니었으면 나는 이 소설을 쓰지 못했을 것이다.

시간의 흐름으로만 따진다면, 이 소설(『흐르는 편지』-인용자)은 『한 명』보다 먼저 쓰였어야 한다. 그 소설의 주인공은 위안소에서 살아 돌아온 노파이고, 이 소설의 주인공은 위안소에 살고 있는 열다섯 소녀이기 때문이다. 하지만 그 소설을 쓰지 못했다면 나는 아마 이 소설을 쓰지 못했을 것이다. 『한 명』을 찾아 읽은 증언들과 자료들이 그 소설을 펴낸 지 2년여가 지나서야 겨우 내 안에서 체화되었다. 그 과정에서 위안소를 배경으로 한 소설을 쓸 용기가 생겼다.

『한 명』과 『흐르는 편지』를 쓰며 김숨은 '작가의 말'에서 '위안부' 증언들이 없었다면 이 소설들을 쓸 수 없었다고 밝혔다. 수십 권의 증언집과 인터뷰 자료 등을 찾아 읽는 과정에서 『한 명』이 만들어졌고, 『한 명』에서 다뤘던 증언들이 비로소 체화되어 '그녀'의 과거-만주 위안소의 일들을 재현할 수 있었다는 것이다. 이러한 체화를 추동한 것은 2017년~2018년에 걸쳐 김복동, 길원옥을 만나 그들의 증언을 직접 들으며 그들의 '증언집'을 만드는 작업이었다. '김복동 증언집', '길원옥 증언집'이라는 부제가 붙은 『숭고함은 나를 들여다보는 거야』, 『군인이 천사가 되기를 바란 적 있는가』는 1인칭 화자가 주인공으로 다른 설명이나 묘사 없이 증언자의 '말'을 서술하는 방식의 소설이다. 이 소설들은 작가가 덧붙인 바와 같이, 고령인 증언자들의 목소리를 가장 잘 읽어낼 수 있는 증언활동가의 매개와 소통을 통해 완성된 서사 텍스트이다. 소설 뒷부분에는 '일러두기'의 형식으로 인터뷰이와 인터뷰어의 상세정보를 기술함으로써 이들 소설이 증언을 듣고 쓰는 인터뷰 과정의 결과물임을 밝히고 있다. 최근에 발표된 『듣기 시간』은 알려지기를 거부한 피해증언자의 구술 증언을 듣고 쓰는 과정 자체를 재현하고 있다.

이처럼, 2016년 이후 발표된 김숨의 소설들은 일본군 '위안부'의 증언을 매개로 하여 다양한 방식으로 소설화함으로써 일본군 '위안부'의 역사적 실체를 재현하고, 나아가 그들이 증언하는 그 과정을 담고 있다. 이들 소설을 읽는 사이, 어느새 일본군 '위안부'라고 불리는 '그녀'들의 증언들을 읽게 된다. 그리고 소설가 김숨이 그들의 증언에 체화되듯이 우리도 그들의 목소리에 귀를 열게 된다. 문옥주의 증언들을 읽게 된 것도 이러한 소설 읽기에서 비롯되었다.

2. 증언을 읽는 시간 – 문옥주 강독회

문옥주는 1991년 한국 내에서 최초로 일본군 '위안부' 피해를 증언한 김학순에 이어 두 번째로 피해 신고를 했으며, 매우 다양한 경로로 일본군 '위안부' 증언 활동을 해왔다. 문옥주의 증언은 육성 수기, 기사, 증언집 등 다양한 형태로 서사화되었으며, 특히 군사우편저금과 관련하여 일본과 한국 사회에서 증언 활동을 활발하게 진행했는데, 관련한 다양한 자료가 산재해 있다. 이러한 자료들은 존재 유무를 알 수 없거나 여러 군데 흩어져있어 그간에 다뤄지지 못했다. 지난 2021년 6월~12월 사이 여성가족부의 지원으로 '정신대할머니와함께하는시민모임'(이하 '시민모임')에서 주관한 "문옥주 강독회"를 통해 대구지역 연구자와 활동가 등이 주축이 되어 문옥주의 증언자료들을 찾아 모아 아카이빙을 준비하였고, 그 과정에서 다양한 증언 녹취록 및 서사물, 각종 기고문 등이 강독, 정리되었다. 10여 차례의 강독회의 결과물로서 『문옥주 지오그라피』(2021.12.)가 출간되었고, 강독회에서 산출된 문화자료를 기반으로 희움 일본군 '위안부' 역사관에서 관련 전시회도 진행되었다.

2021년에 진행되었던 문옥주 강독회에서 미처 다루지 못했던 논의를 진행하고자 2022년에 문옥주 강독회 시즌 2가 다시 진행되었다. 3주에

좌 : 2021년 진행된 문옥주 강독회 모습(희움일본군'위안부'역사관)
우 : 문옥주 강독회에서 생산된 『문옥주 지오그라피』(2021년 출판)　　(자료제공 : 시민모임)

한 번씩 매주 저녁에 모여 문옥주의 증언자료와 관련 문서들을 함께 읽었고, 참여한 연구자들의 개별 주제에 맞는 자료를 공유하고 분석하였다. 한국문화융합학회의 연구 지원으로 하계 학술대회에서 "대구지역 일본군 '위안부' 증언 서사 연구"라는 세션으로 그간의 논의들을 발표 및 토론했으며, 이들 성과를 묶어 한국문화융합학회의 연구총서로 발간하게 된 것이다.

2021년에 시작되어 2023년까지 진행된 문옥주 강독회를 추동한 것은 문옥주의 증언이 "최초의 육필수기"라는 형식으로 기획 연재된 『경상매일』 자료이다. 1992년 12월~1993년 1월에 8회 동안 연재된 「근로挺身隊 할머니 肉筆手記-지옥의 나날들」1) (이하, 「지옥의 나날들」로 표기)은 대구지역 예술가 이필동 선생이 소장해온 신문자료로서, 대구예술발전소 내 대구문화예술아카이브 기증자료에 포함된 것이 최근 확인되었다. 자료 발굴을 소개하는 지역 일간지의 보도 내용은 "고故 문옥주 할머니의 최초 육필수기"인 이 자료의 발견을 계기로 문옥주 관련 자료의 웹 아카이빙과 증언자료 강독회로 연계되고 있음을 소개하였다.(「위안부 할머니 최초 육필수기 발견」, 『대구신문』, 2021.6.17.)

---

1) 경상매일신문사, 「근로挺身隊 할머니 肉筆手記-지옥의 나날들」, 『경상매일』, 1992.12.8.~1993.1.31. 이하, 제목(연재 회차)과 쪽수만 표기.

『경상매일』의 창간 시기에 맞춰 게재된 「지옥의 나날들」은 文길자(문옥주)의 "최초의 육필수기"임을 강조하면서 8부작으로 연재되었다. 이것이 문제적인 것은 '육필수기'의 1인칭으로 서술되면서도 자신의 이야기를 민족과 섹슈얼리티의 서사로 채우고 있다는 점이다. 이 부분은 문옥주의 여타 증언, 특히 녹음 혹은 녹취된 육필증언과 확연하게 차이 나는 지점이다. 육필수기라 함은 문옥주가 직접 기술記述했거나 문옥주의 육성 증언을 기반으로 기사문이 작성되었음을 의미한다. 정식 교육을 제대로 받지 못한 문옥주의 경우 후자일 가능성이 크지만, 문옥주의 증언을 기반으로 했다고 보기엔 문옥주의 육성과는 매우 차이가 나는 '기이한' 육필수기인 셈이다. 이는 1990년대 이전 잡지나 주간지 등에서 '육성 실화' 등의 형식으로 픽션/논픽션을 선정적으로 다루었던 방식과도 유사하다. 「지옥의 나날들」은 일본군 '위안부' 문옥주가 자신의 삶을 이야기하는 형식으로 서술되지만, 정작 다루는 내용과 전하는 방식은 문옥주가 직접 증언한 그의 삶을 초과했고, 1인칭 주인공 시점으로 서술되는 그 방식은 어긋나고 균열되어 있다.

『경상매일』은 "근로挺身隊 할머니 文길자 씨 肉筆手記 최초 공개"를 매우 강조하고 있는데, 이는 적어도 「지옥의 나날들」이 문옥주의 구술 증언(인터뷰)를 기반으로 하고 있음을 내포한다. 그런데 「지옥의 나날들」은 '육필수기'라는 형식으로 게재되지만, 문옥주와의 인터뷰 내용이나 기록 등이 남아 있지 않고 기사를 작성한 기자에 관한 자료도 전혀 없는 상태이다. 상술한 바와 같이, 문옥주는 피해 신고 이후 다양한 경로로 자신의 이야기를 해왔는데, 「지옥의 나날들」에는 여타의 문옥주 증언 및 증언 서사물과 그 내용이 다른 부분이 많다. 문옥주의 목소리라고 상상하기 어려운 내용과 표현이 다수 있다는 점에서 「지옥의 나날들」은 여타 문옥주의 증언 및 증언 서사물과의 비교 검토가 요청된다. 이를 위해 문옥주의 생전 활동과 그 과정에서 만들어진 증언 및 증언 서사물에 대한 선행 검토가 우선되어야 하며, 「지옥의 나날들」 게재 전후의 다양한 맥락들, 특히「지옥의 나날들」이 발표되기 전후 문옥주의 행적과 증언들·자료들과의 교차적 검토가 필요하다.

3. 문옥주의 증언들

문옥주는 1991년 12월 2일, '한국 정신대 문제 대책협의회(이하 정대협)'에서 개설한 '정신대 신고 전화'를 이용하여 자신이 피해자임을 밝혔다. 12월 5일 서울에서 윤정옥 정대협 대표를 포함한 몇 사람이 대구에 와서 문옥주를 면담했고, 문옥주의 증언은 이후 1993년 정대협과 정신대 연구회가 만든『강제로 끌려간 조선인 군위안부』에 실리게 된다. 일본군 '위안부' 문제는 이미 일본에서 논쟁적인 화두로 떠올랐는데, 1991년 12월 18일 일본의 사진작가 이토 다카시가 문옥주를 오랜 시간 인터뷰했고, 이는 후일 여러 증언들을 묶은 증언집으로 출간된다. 이날 문옥주를 인터뷰한 이토 다카시의 녹음 파일과 녹취록이 남아 있는데, 이 파일은 윤정옥 등 정대협 관계자와 문옥주와의 면담 파일이 공개되지 않은 현 시점에서 문옥주의 최초 증언 자료로서 의미가 있다.

최초 피해 신고 이후 문옥주는 윤정옥 등 정대협 관계자, 이토 다카시와의 인터뷰를 통해 자신의 피해 사실을 증언했고, 이듬해 봄 일본에서 개최된 증언집회에서 대중 앞에서 공식 증언했다. 이후 군사우편저금과 관련된 다양한 행사와 집회, 그리고 '아시아 태평양 전쟁 한국인 희생자 보상 청구 소송' 등 법정 증언에도 적극적으로 나섰다. 문옥주의 증언 활동, 특히 군사우편저금과 관련된 사건에 적극적으로 관여했던 모리카와는 문옥주의 증언에 감응했는데, 이후 대구의 문옥주를 방문하여 그의 증언을 기반으로 일대기를 책으로 출판하고 싶다고 밝혔고, 결국 문옥주의 수락을 받았다. 그후 모리카와는 대구와 일본에서 수십차례 문옥주를 만나 그의 증언을 정리했으며, 1996년 2월 일본어로 된『文玉珠 ビルマ戦線

楯師団の『慰安婦』だった私 문옥주, 버마 전선 다테 사단의 '위안부'였던 나』를 출간했다. 그리고 이 책은 2005년 시민모임에서 한국어로 번역하여 『버마 전선의 일본군 '위안부' 문옥주』로 출간되었다. 문옥주의 육성을 녹취한 여러 자료와 그것을 기반으로 서사화된 서사물의 목록은 다음과 같다.

연번	증언(인터뷰 및 육성 증언)				서사물		
	시점	생산자	내용	유형	시점	내용	유형
1	1991. 12.5. *1992. 4.~12. 정대협/연구소 생존자 증언 조사	정대협 (윤정옥)	신고 사실 관련 (강제동원 과정, 위안소 생활 등)	(비공개) 인터뷰	1993. 2.25.	증언집1 〈강제로 끌려간 군위안부들〉	도서 (한국어)
2	1991. 12.18.	이토 다카시	강제동원 과정, 위안소 생활 등	녹음 파일 (6시간 분량)	1997. 8.15.	남북 종군위안부 27인의 증언	도서 (한국어)
					2017. 3.31.	기억하겠습니다 -일본군 위안부가 된 남한과 북한의 여성들	도서 (한국어)
3	1992. 3.28.	모리카와 마치코 / 김광열 (국가기록원)	일본 후쿠오카 등 4개 지역 순회 집회(위안소 생활)	동영상 (1:45) / 녹음 파일 (2시간 분량)		후쿠오카(남녀공동참획 추진센터 아미카스홀) 증언 집회	
						기타큐슈(최창화 목사 시무 서남교회) 증언집회	
4	1992. 3.30, 4.3, 10.	문옥주 씨의 군사우편 저금의 지불을 요구하는 모임	일본 우정성과의 교섭		1993. 5.	私の貯金を返せ 내 서금 내놔라	자료집 (일본어)
5	1992. 9.14.		일본 도쿄 법정 증언	녹음 파일		아시아태평양전쟁한국인희생자보상청구 법정 증언	
6	1992.	김광열	강제동원	녹음		대구 지인 집에서 인터뷰(국가기록원 소장)	

				파일 (5시간 분량)		과정, 위안소 생활 등	
		9.25.	과정, 위안소 생활 등				
7	(미확인)	경상매일	강제동원 과정, 위안소 생활 등	(미확인)	1992.12. 11. ~1993.1. 31.	근로정신대 할머니 육필수기-지옥의 나날들	기사 (한국어/ 총 8회 연재)
8	(미확인)	김문숙	강제동원 과정, 위안소 생활 등	(미확인)	1994. 11.1.	천황의 면죄부-침략전쟁은 아직 끝나지 않았다.	도서 (한국어/ 150쪽 중 7쪽 분량)
9	(미확인)	대구매일 신문	강제동원 과정, 위안소 생활	(미확인)	1995. 9.2.~ 10.21.	나는 증언한다 광복50년 전일본군 위안부 수기	기사 (한국어/ 총 7회 연재)
10	1993. 9. ~ 1996. 5.	모리카와 마치코	증언록 작업을 위한 인터뷰(수십 회)	모리카와 마치코의 문옥주 증언 관련 자료는 현재 일본 WAM 귀속(비공개) *1994.12. 16. 도쿄에서 문옥주와의 환담(문옥주 씨를 초청하는 실행위원회	1995. 7.25. ~8.10.	50年に巡り合う旅-慰安婦問題に取り組んで 50년 만에 만난 여행-위안부 문제와 씨름하며	기고문 (일본어/ 10회 연재)
					1996. 2.1.	文玉珠 ビルマ戦線 楯師団の『慰安婦』だった私 문옥주, 버마 전선 다테 사단의 '위안부'였던 나	도서 (일본어)
					1997.5.~ 1998.9.	현지조사 기록영상_버마로 사라진 위안부들	동영상 (일본어/ 21:23)
					2016.5.	文玉珠 ビルマ戦線 楯師団の『慰安婦』だった私 新装増補版 신장증보판	도서 (일본어)
					2020.8.14.	대구 mbc보도특집 일본군 위안부 다큐멘터리-모리카와의 진혼곡	동영상 (한국어/ 49;43)

			주최)을 담은 녹음파일(1시간 분량) 확보		
11	모리카와 마치코 증언록의 한국어번역판 출간		2005.8.3.	버마 전선 일본군 '위안부' 문옥주	도서 (한국어)
12	모리카와 마치코 증언록(신장증보판)의 한국어번역판 작업 중		2021.12.	버마 전선 일본군 '위안부' 문옥주(증보판)	도서 (한국어)

    증언은 역사적 사건에 관한 기억을 복원하여 이야기하는 행위로서, 서사의 형태로 이루어진다. 역사적 사실에 대한 증언자의 경험 혹은 기억이 서술narration됨으로써 그것을 듣고 읽는 청자와 독자에게 전달되고, 그 서사화 과정에 정치 등 다양한 맥락context들이 작동한다. 서사narrative로서의 증언은 일본군 '위안부'라는 역사적 실체 혹은 사건이 증언자(발신자)로부터 그것을 듣는 수신자에게 이전되는 서술 행위에 의해 성립되는 것이다. 무엇보다도 일본군 '위안부' 생존자들의 증언은 발화되어 청중들에게 직접 전달되기도 하지만 대부분 인터뷰나 면담을 거치면서 재배열되어 서사화된다. 일본군 '위안부' 증언을 모아 집대성한 한국정신대문제대책협의회(이하 '정대협')·한국정신대연구소의 증언집[2]을 비롯한 대다수

---

[2] 정대협에서 발간한 증언집 전체 목록은 다음과 같다. 한국정신대문제대책협의회/한국정신대연구소 편, 『증언집Ⅰ-강제로 끌려간 조선인 군위안부들』, 한울, 1993; 한국정신대문제대책협의회/한국정신대연구소 편, 『증언집-강제로 끌려간 조선인 군위안부들 2』, 한울, 1997; 한국정신대문제대책협의회/한국정신대연구소 편, 『증언집-강제로 끌려간 조선인 군위안부들 3』, 한울, 1999; 한국정신대문제대책협의회 2000년 일본군 성노예 선범여성국제법정 한국위원회 증언팀 편, 『강제로 끌려간 조선인 군위안부들 4-기억으로 다시 쓰는 역사』, 풀잎, 2001; 한국정신대문제대책협의회 2000년 일본군 성노예 전범여성국제법정 한국위원회 증언팀 편, 『강제로 끌려간 조선인 군위안부들 5』, 풀잎, 2001; 한국정신대문제대책협의회 2000년 일본군 성노예 전범여성국제법정 한국위원회 증언팀 편, 『강제로 끌려간 조선인 군위안부들 6』, 풀잎, 2001. 이 글은 문옥주의 증언이 실린 『증언집 1』을 대상으로 논의하였다.

의 증언집이 그러하다. 이러한 측면에서 증언에 내포된 의사소통행위 및 서사의 층위는 중층적이다. 게다가 일본군 '위안부' 증언은 역사, 정치, 외교 등 다양하고 복잡한 맥락과 그에 연계된 다양한 인지적 프레임에 따라 매우 래디컬한 지점에 위치한다.

이러한 증언의 위상을 매우 실제적으로 보여주는 것이 문옥주의 증언이다. 문옥주는 한국 내에서 최초 증언(1991.8.14.)한 김학순에 이어 두 번째로 피해 신고(1991.12.2.)를 했으며,3) 세상을 떠나기 전(1996.10.26. 별세)까지 일본을 오가며 활발하게 증언하며 일본군 '위안부' 해결 운동에 앞장섰던 인물이다. 문옥주는 1924년 대구에서 출생하여 16세(1940년)에 강제연행되어 만주 동안성에서 일본군 '위안부'가 되었다가 위안소에서 탈출하여 집으로 돌아왔지만, 18세(1942년)에 취업 사기로 인해 싱가포르, 버마 등 남방 일본군의 '제4차 위안단'에 강제동원되었다. 대만과 싱가포르를 거쳐 버마(미얀마) 랑군에 도착한 문옥주는 해방 전까지 버마 전선의 위안소를 이동하며 생활했는데, 이때 팁을 모아 군사우편저금을 들었다. 문옥주의 증언이 공개되면서 문옥주의 군사우편저금을 지불해야 한다는 일본 시민사회와 그에 반대하는 우익 세력 간에 큰 논란이 일었다. 문옥주의 증언은 한국과 일본을 넘나들며 시민단체의 적극적인 지지와 연대를 추동하는 한편, 현재까지도 일본군 '위안부'의 역사적 실체를 부정하고 왜곡하는 우익 집단들의 공격대상이 되고 있다.

특히 문옥주의 증언은 여러 통로를 통해 생성되었고 육성 수기, 기사, 증언집 등으로 서사화되었다. 신고 당시 정대협 및 윤정옥 교수와의 비공개 증언을 시작으로, 여러 경로를 통해 문옥주의 이야기는 활자화되었다.

---

3) 일본군 '위안부'의 최초 증언은 1975년 일본에 살았던 배봉기의 증언이다. 한국 사회에서 본격적인 위안부 운동이 시작된 계기가 된 김학순의 첫 증언이 나오기 16년 전, 『교도통신』 등 일본 언론을 통해 자신이 일본군 위안부임을 밝혔다. 문옥주 증언록을 쓴 모리카와 마치코는 그의 책에서 문옥주는 세 번째 증언자라고 밝혔는데, 이것은 배봉기, 김학순의 증언에 이어 세 번째로 증언한 사실에 기반한다.

문옥주는 한국과 일본을 오가며 증언 활동을 했고, 그와 관련된 기사나 기고문 등 자료가 상대적으로 많다.

문옥주의 증언에서 생성된 이들 기록물(증언 서사물)은 상황에 따라 다하지 못한 이야기를 남겨놓거나 다른 이야기의 맥락 가운데 새로운 기억들을 발견하는 등 증언에 내포된 특성들을 구체적으로 보여주고 있다. 한편으로 이 기록물들은 일본군 '위안부' 문옥주의 삶이라는 동일한 내용과 서사를 다루지만, 그것을 바라보는 서술자의 시점에서 다양한 차이를 드러낸다. 문옥주의 증언을 하나의 이야기라고 할 때, 증언을 기반으로 한 서사 기록물에서도 이야기 세계를 바라보는 서술자(혹은 화자)의 시점과 서술의 문제에 주목할 필요가 있다.

4. 못다 한 증언과 사라진 경로

피해자 신고 직후 문옥주의 증언은 면담(인터뷰) 형식으로 진행된 비공개 증언이었다. 정대협 대표 윤정옥(1991.12.5.), 이토 다카시(1991.12.18.)와의 인터뷰가 그러했다. 이토 다카시와의 인터뷰 녹음파일과 녹취록에서 확인되듯이, 면접자interviewer의 질문에 증언자가 답변하는 방식으로 진행되는 인터뷰의 특성상, 면접자의 질문이나 의도에 따라 증언의 내용이나 방향이 달라진다. 일본군 '위안부' 피해 사실을 신고한 이들은 침묵과 은폐가 강요되어왔던 시간을 살았기 때문에 일본군 '위안부'라는 역사적 사건을 이야기한다는 것은 투명하고 명확한 언어로 발화되기 어렵다. 이러한 상황에서 면접자의 질문은 증언자의 발화 상황을 더욱 복잡하게 만들게 된다. 물론 이 과정에서 침묵이나 머뭇거림, 증언부언 등 명확한 언어로 수렴되지 못한 무수한 공백들이 발생한다. 이러한 불균질적인 공백의 증언을 기록으로 남기는 과정에서 최초 구술한 증언자 본인의 서사에 면접자에 의해 무언가 덧붙여지거나 삭제되는 등 최초 구술된 증언과 차이가 날 가능성이

크다. 1차 구술을 녹음한 파일을 확인하면 그것이 활자화된 증언 서사물과의 차이를 명확하게 확인할 수 있다.

이에 비해 공개석상에서 진행된 증언의 경우는 증언자가 특정한 사실, 즉 일본군 '위안부'라는 역사적 실체에 대해 자신이 체험하고 목격한 '자기 이야기'를 직접 할 수 있다. 물론 이 경우에도 증언자의 이야기가 매끄럽게 이어지지 못하거나 침묵이나 한숨 등 여러 공백이 발생하지만, 비공개 인터뷰와 비교할 때 증언을 듣는 청중들은 증언자의 생생한 이야기를 매개 없이 직접 들을 수 있다. 문옥주의 공식적인 공개 증언은 1992년 3월 일본 후쿠오카에서 시작되었다. 문옥주는 김학순과 함께 1991년 12월 "아시아태평양전쟁 한국인 희생자 보상청구소송"에 참여하였는데, 이와 관련하여 일본 시민단체에서 '위안부' 피해자 증언 집회를 기획하였고 여기에 문옥주가 증언하게 된 것이다. 3월 28일에 진행되었던 후쿠오카 집회에서 문옥주는 다음과 같이 증언하였다.

> 저는 위안부 문옥주라 합니다. 이때까지 알리지 않고 감추고 있었던 것은 너무도 부끄러운 일이고 이래서 알리지를 못했고, 이때까지 있었습니다. 그래서 지금 말씀하신 김여사 (최초 공개증언한 김학순-인용자)께서 방송에 나오셔가지고 너희는 시대를 잘못 타고나서 그렇지 너희한텐 아무 죄가 없고 부끄러운 일도 없으니까 아무 주저하지 말고 신고하라 그래서 신고하게 되었습니다. 그래서 지금부터 얘기가 나오는데, 제가 붙들려갈 때는 소화 17년 7월 10일입니다. 부산으로 갔습니다. 부산으로 가서 어디 가는 줄도 모르고 배를 타라 그래요. 그래서 배를 타고 어디로 가냐 하면 배를 타보라 그래요. 그래서 배를 탔더니 첫째 가는 곳이 대만이고 그다음에 가다가 또 쉬었는 곳이 사이공이고 또 갔던 곳이 가는 도중인데 가는 곳이 싱가포르고 그 다음에 갔던 곳이 비르마(버마-인용자) 랑군입니다.[4]

김학순의 증언에 힘을 얻어 자신도 신고하게 되었다는 문옥주는 소화 17년, 즉 1942년 부산에서 출발지도 모르고 승선하게 되었으며, 대만과 사이공(베트남), 싱가포르를 경유하여 버마(미얀마) 랑군에 도착하여 위안소 생활을 시작하게 되었다고 밝히고 있다. 이러한 문옥주의 이동은 일본군이 위안부 조직과 모집에 직접 관여한 '제4차 위안단'의 이동 경로와 일치하는데, 4차 위안단은 주로 버마 전선에 배치되었다. 2013년 출간된 『일본군 위안소 관리인의 일기』는 버마 등 동남아시아에서 위안소를 관리하던 조선인이 쓴 일기가 발견되어 출간된 것으로서, 이 일기에 나오는 제4차 위안단이 1940년 7월 10일에 부산에서 출발했으며, 후일 문옥주가 언급한 위안소 관리인의 이름이 일기에서도 발견된다. 이로써 문옥주의 증언은 일본군 '위안부' 관련한 여러 공적, 사적 자료의 사실과 일치함이 밝혀졌다. 이날 문옥주의 증언에 따르면, 랑군항에 대기 중인 트럭에 태워져 야카브(아끼압)를 거쳐 만달레이(만달라)의 위안소에 도착했고, 곧바로 군인들을 상대해야 했다. '다테檜 8400부대'에 소속된 이곳의 '위안부'들은 7, 8개월 뒤엔 부대를 따라 최전선인 아캬브로 이동했는데, 그곳은 매일 폭격이 쏟아붓는 지옥 같은 전장이었다. 아캬브에서의 끔찍한 몇 개월이 지나고 다시 프롬과 랑군에서 위안소 생활을 했다. 일본군의 퇴각과 함께 '위안부'들도 태국 방콕으로 후퇴했고, 이후 아유타야의 육군병원에 간호부 일을 하다가 해방을 맞았다.

이날 공개 증언에서 문옥주는 자신이 위안부로 강제동원되어 간 버마 전선의 위안소 생활과 그 이동 경로에 대해 집중적으로 이야기했다. 문옥주는 "제가 하고 싶은 말은 태산도 부지기고 마이크 앞에 나오는 게 떨리고 앞에 말은 먼저 해야 할지 뒤에 말을 먼저 할지 몰라서 횡설수설했고 하고 싶은 이야기도 많은데 생각이 잘 나지도 않고 그래서 다음에 더 미뤄서 하겠습니다."라며, 남은 이야기를 추후 보충하겠다고 밝혔다. 실

---

4) 후쿠오카 증언집회(1992.3.28.) 녹취. *녹취록 제공 : '시민모임' 제공

제로 이날 증언에는 미처 하지 못한 중대한 이야기가 남겨져 있다. 그것은 버마 전선의 위안부로 강제동원 되기 전에 만주의 위안소에 끌려갔다 탈출했던 사실이다. 후쿠오카 집회 이후 일본과 한국에서 수차례 인터뷰를 했던 문옥주는 1992년 조선인 강제징용사건을 조사하던 김광열과의 면담(1992.9.25.)에서 자신이 열여섯 살 되던 해에 일본군으로 추정되는 사람들에게 강제로 끌려가 만주의 위안소에서 생활한 사실을 이야기했다. 이후 정대협 증언집 출간을 위한 면담에서 문옥주는 못다 한 이야기를 밝혔고, 이는 『증언집 1』(1993.2.25. 출간)에 실리게 된다.

> 작년에 젊은 시절 권번에서 알았던 이 씨가 권하여 맨 처음 이 사실을 신고할 때만 해도 중국 이야기는 밝히지 않았다. 그때는 창피스러운 일을 뭐 전부 이야기하랴 싶어 남방에 갔다온 이야기만 했었다. 하지만 내 이야기가 다 알려질 대로 알려진 지금 무엇을 더 숨길 게 있나 싶어 생각나는 대로 모두 다 이야기했다. 이제 이야기를 다하고 보니 가슴이 후련하다.[5]

문옥주는 최초 신고 당시에 만주 위안소에서 있었던 이야기는 하지 않았다. 『증언집 1』에 따르면, 16세가 되던 1940년 문옥주는 친구 집에서 귀가하는 중에 일본인 군복을 입은 사람에게 끌려갔고, 먼저 와 있던 여자와 함께 대구역에서 평복을 입은 일본인 남자와 조선인 남자에서 넘겨졌다. 대구역에서 '아카츠키'라는 기차를 타고 3일간 달려 도착한 곳은 북만주 동안성東安城[6](현재 헤이룽장성黑龍江城)이었고, 그곳에서 군용트럭에

---

5) 한국정신대문제대책협의회·한국정신대연구소 편, 「내가 또다시 이리 되는구나」, 『강제로 끌려간 조선인 군위안부들 1』, 한울, 1993, 165쪽.
6) 『증언집1』에서는 '만주 도안성挑安城', 이후 매일신문에 연재된 수기에는 '도안현挑顏縣'으로 표기되었으나, 모리카와 마치코 등과의 면접 과정 및 일본군 위안소 관련 연구 등을 통해 문옥주가 생활한 만주 위안소가 위치했던 곳이 동안성東安城이었음이 밝혀졌다.

실려 외딴 곳에 위치한 위안소에 내려졌다. 소련과 중국의 국경 지역에 위치한 만주 동안성은 1940년 당시 일본군 15군사령부와 예하 24사단이 주둔하며 국경 수비를 담당하고 있었다. 10개 연대 및 대대와 24사단 사령부가 주둔한 동안성에는 병력 규모만큼 많은 위안소가 있었다고 추정된다.

정대협에서 출간한 다수의 증언집을 비롯하여 김숨의 소설들에도 이곳 만주 동안성의 위안소 이야기가 등장한다. 이곳에서 문옥주의 생활은 증언집에 실린 '위안부'들의 삶, 김숨의 『한 명』에 등장하는 소녀들의 이야기와 크게 다르지 않다. 문옥주는 『한 명』에 등장하는 그들처럼 군복을 입은 남자들에게 영문도 모른 채 끌려와 강제로 '위안부'가 되었고, 고통을 함께한 동료들의 죽음을 지켜보았다. 만주 위안소에서 일 년을 보낸 후 문옥주는 군대 물품 관리 장교와 친분을 쌓아 그곳을 탈출한다. 고향에 계신 아픈 어머니를 만나고 돌아오겠다고 장교를 설득하여 여행허가증을 받았고, 문옥주는 국경을 넘어올 수 있었다. 집으로 돌아온 문옥주는 홀어머니를 대신해 생계를 책임져야 했고, 식당에 취업하여 큰돈을 벌 수 있다는 친구의 말을 믿고 무작정 집을 떠났다. 그리고 문옥주는 부산역에서 취업 알선업자로 보이는 마츠모토라는 조선인을 만났고, 함께 있던 여자들과 함께 버마 전선으로 향하는 배를 타게 된다.

이와 같이, 문옥주는 1940년에는 유괴 · 납치되어 만주 위안소로, 1942년에는 취업 사기에 의해 '위안부'로 강제동원 되었다. 문옥주는 두 번씩이나 일본군 '위안부'로 강제동원 되었으면서도 모든 것을 이야

정대협에서 간행한 일본군'위안부' 증언집 제1권 『강제로 끌려간 조선인 위안부들』

기하지 못하고 만주 위안소에서의 일들을 묻어두었다. 강제로 끌려간 만주 위안소에서 군인들을 상대하는 고통을 충분히 경험했고, 또 군인들을 '위안'하더라도 돈을 벌 수 없다는 것을 알고 있었던 문옥주가 자발적으로 다시 '위안부'가 되기는 어려웠을 것이다. 그럼에도 문옥주가 최초 신고와 공개 증언에서 이러한 사실을 "전부 다" 말하지 못했던 것은 무엇 때문이었을까?

그것은 일본군 '위안부'를 바라보는 당시(해방 이후부터 계속되어온) 사회적 시선들, 말하자면 일본군 '위안부'가 이야기되는 혹은 공론화되는 방식과 무관하지 않다. 한국 사회에서 '위안부'라는 존재는 "공적 기억에서는 식민지 피해의 구체화된 표상으로 인식되고, 대중의 인식에서는 '성'의 문제가 포함된 문제로 은폐되고 터부시되며 침묵하게 하는 이중적 구조"[7]로 각인되어 왔다. 김학순의 공개 증언 이후 일본군 '위안부' 피해에 대한 국가적 책임이 공감대를 형성되어 가고 있기는 했지만, 여전히 그러한 이중적 시선에서 벗어나지는 못했다. 정대협『증언집 1』과 비슷한 시기에 발표된 또 다른 문옥주의 증언 서사물인「지옥의 나날들」은 한국 사회의 그러한 이중적 시선과 인식을 매우 잘 보여주고 있다.

문옥주와의 인터뷰를 기반으로『경상매일』에 연재된「지옥의 나날들」은 "근로정신대 할머니의 육필수기"라는 부제로 8주간(1992.12.11. ~1993.1.31.) 게재되었다. 이 글에서 만주 위안소 생활을 다루지 않는 것으로 봐서 이 글은 김광열과의 인터뷰 이전에 진행되었던『경상매일』기자와의 인터뷰 내용을 바탕으로 기술된 것으로 보인다.

    태평양 전쟁 당시 종군위안부로 끌려갔던 대구 출신 문옥주 여사(일명 吉子)의 생생한 체험 수기를 공개한다. 일제의 사슬에서 풀린 지 반세기 이제 우리는 세계무대에서 선진대국들과 어깨를 겨루며 힘찬

---

[7] 한혜인,「젠더유산으로서의 일본군 '위안부' 기록물」,『기록인』44호, 2018, 103쪽.

발전을 하는 중이다. 그러나 아직도 사회 곳곳에 남아 있는 일제의 잔재와 그들이 남긴 상처는 우리 가슴속에 앙금으로 남아 있다. 특히 여자정신대문제는 인류 역사상 그 유례가 없는 만행으로 이는 끌려간 당사자만의 문제가 아니라 온 국민의 국가적 차원의 대응책이 절실히 요구된다 하겠다. 그럼에도 우리 정부당국이나 일본 정부의 태도가 지극히 미온적이어서 뜻있는 사람들의 울분을 자아내게 하는 것 또한 우리의 현실이다. 한 번 더 일제의 만행을 고발하고 우리 국민에게 경각심을 주기 위해 최초의 육필수기를 공개하기로 결정한 문여사에게 감사를 표한다.[8]

인용문은 총 8회로 연재될 「지옥의 나날들-挺身隊 할머니 文길자 씨 눈물로 쓴 肉筆手記」에 대한 신문사의 소개글이다. '정신대'는 1944년 일제가 여성근로정신대령을 발령하면서 조선 여성을 노동력 동원을 위해 만든 것이지만, 여자근로정신대에 동원된 여성이 '위안부'로 끌려간 사례가 많아서 일본군의 '위안'을 위해 강제 동원된 일본군 '위안부'를 '정신대'와 혼용해 사용되어왔다. 일본군 '위안부' 문제가 공적으로 논의되던 1990년 초반에도 그러한 상황이었고, 정대협(정신대문제 해결을 위한 대책협의회)도 이러한 사정 아래 발족된 것이다. 정대협이 발족된 1990년 이후 '정신대' 문제가 한국 사회에 중요한 이슈로 떠오르면서 일제강점기의 역사문제가 소환되기 시작했고, 일제강점기 강제동원 피해자들로 구성된 "아시아태평양전쟁 한국인 희생자 보상청구소송"이 한창 진행 중이었다. '창간특집'으로 연재된 '정신대 할머니의 육필수기'는 이러한 사회적 맥락에서 기획된 것으로 추정된다. 일제의 잔재와 상처, 일제의 만행을 고발하기 위해 공개된 최초의 육필수기라는 언급은 식민지 피해의 표상으로서

---

8) 「挺身隊 할머니 文길자 씨 눈물로 쓴 肉筆手記-지옥의 나날들」 1, 『경상매일』, 1992.12.11.

'정신대'(일본군 '위안부')가 호명되고 있음을 보여주고 있다.

「지옥의 나날들」은 육필수기라는 형식에 따라 1인칭 시점으로 서술되고 있으며, 가난 때문에 근로정신대에 입대해서 버마 전선의 '위안부'로 가기까지의 과정과 버마 위안소에서의 생활, 그리고 귀환까지의 내용을 담고 있다. 이 글의 구성은 다음과 같다.

- ▶ 굶주림에 뻗친 마수 1, 2
- ▶ 우리에 갇힌 사람들 1, 2, 3
- ▶ 의혹 1, 2
- ▶ 돌아온 고국땅

전체 5개의 소제목으로 구성되어 있는 이 글의 전반부는 가난한 가정형편 때문에 근로정신대에 입대하는 과정("굶주림에 뻗친 마수")과 함께 부산항을 떠나 버마에 도착하여 자신이 일본군 '위안부'로 동원되었음을 알게 되는 과정("의혹")을 다루고 있으며, 버마 위안소에서의 전시 성폭력과 전쟁 체험(우리에 갇힌 사람들)이 3회에 걸쳐 구체적으로 서술되고 있으며, 귀환의 과정과 함께 자신의 고통을 나눌 수 없었던 '한 맺힌 세월'을 한탄하며 글을 맺고 있다(돌아온 고국땅).

'육필수기' 형식의 1인칭 시점으로 서술된 이 글은 주로 일본군 '위안부'로 강제동원되었던 '나'(경험자아)를 바라보는 서술자아의 시점과 서술이 중심이 된다. 이 글에서는 다른 증언 서사물에서 다루지 않았던 어릴 적 동네 이야기와 센닌바리 등 당시 풍속에 관한 이야기들이 등장하는데, 이것 또한 경험자아가 겪었던 사건을 청자(수신자)에게 전달하는 서술자아의 서술이 중심이 되고 있다. 이 글에서 경험자아의 목소리가 생생하게 서술되는 것은 "사람이란 억울한 일이거나 고초를 겪었을 때 측근한테 호소를 해서 위안을 얻고자 함이 상정이 아닙니까. 그러나 나는 어머니에게조차 억장이 무너진 사연을 하소연 한 마디 못하고 가슴속에 묻어둔 채 한 맺힌 세월 70이 되도록 죽지 않고 살고 있습니다. 나는 전생에 무슨 큰 죄를 지었나 보지요."라고 밝힌 마지막 부분이다.

흥미로운 점은 1인칭 시점으로 서술된 다른 증언 서사물과 비교할 때, 문옥주의 서사를 바라보고 전달하는 남다른 지점들이 발견된다는 사실이다. 첫째, 「지옥의 나날들」에는 문옥주의 증언들을 기반으로 한 서사물 가운데 일제강점기를 환기하는 정황들을 세세하게 묘사하는 부분이 많다. 예컨대, 마츠모토라는 조선 남자에게 '황군 용사'의 속옷 빨래를 해주고 많은 돈을 벌 수 있다는 이야기를 듣고 근로정신대 입대 문서에 손도장을 찍는 장면에서 마츠모토가 직접 계약서 전문을 읽는다거나, 부산행 기차를 기다리는 대구역에서 '귀축미영 격멸', '천황폐하 만세' 등 구호를 외치는 군대 행렬의 모습을 구체적으로 묘사하고 있다. 특히 분이라는 소녀가 국민총력연맹 군 지부에서 보낸 통지서를 받는 장면에서 '대동아공영권을 지키기 위해 여성 근로정신대를 조직'한 일제의 정황을 설명하는 일본 관리의 지루한 연설을 그대로 기술하고 있다.

이처럼 「지옥의 나날들」은 일제강점을 표상하는 장면들을 유별나게 재현함으로써 식민지 피해의 공적 기억을 환기하고 있다. 특히 '근로정신대'와 관련된 기술도 많은데, 이러한 서술은 문옥주의 강제동원을 '근로정신대'로 파악한 서술자의 의도가 반영된 것으로 보인다. 「지옥의 나날들」에는 문옥주가 근로정신대에 지원했다고 서술되고 있지만, 다른 증언 서사물에는 그런 언급이 전혀 없다. 그렇다면, 문옥주가 그렇게 직접 증언한 것일까? '육필수기'라는 형식이 증언자 본인이 직접 썼다는 의미로 이해한다면 문옥주의 직접 증언이라고 봐야겠지만, 「지옥의 나날들」을 살펴보면 문옥주와의 인터뷰 내용을 바탕으로 기자가 가필하여 재구성한 것임을 짐작할 수 있다. 이 부분은 문옥주의 다른 증언 자료들과 비교할 때 명확하게 드러난다. 예컨대, 「지옥의 나날들」에는 근로정신대와 관련하여 분이라는 인물이 등장하지만, 다른 증언 서사물과 비교할 때 '분이'는 가공된 인물이다. 그런 점에서 문옥주가 근로정신대에 지원했다는 부분은 문옥주의 직접적인 진술이라기보다는 여러 맥락 사이에서 기자가 정리한 내용이라고 가정해볼 수 있다. 이와 관련된 인터뷰 자료를 확인할 수 없는 상황이라 문옥주의 육성이 담긴 다른 녹취록의 내용을 비교하여 유추할 수밖에 없다. 이토 다카시나 김광열의 녹취자료를 확인해보면, 1930년대 당시 근로정신대로 끌려가는 사람들이 많았다고 문옥주가 이야기한 부분이 있는데, 이러한 진술을 문옥주의 '근로정신대' 지원으로 연결한 것이 아닌지 추정해볼 수 있다. '정신대'로 차출되거나 지원한 여성들이 위안소로 강제동원된 사례가 많았던 역사적 맥락은 「지옥의 나날들」에서 일제강점의 식민지 피해를 환기하는 다양한 서사들로 채워지고 있다.

둘째, 「지옥의 나날들」에는 '위안부'로 강제 동원되는 문옥주를 성적 대상으로 묘사하는 장면이 빈번하게 등장한다. 이 글의 절반 정도를 차지하는 버마 위안소 부분-'우리에 갇힌 사람들'에서 재현되는 성적 묘사는 당시 『선데이 서울』류의 매체에나 다룰 정도로 노골적이고 폭력적인 부분이 많다. 특히 위안소에서 일본군을 처음 상대하는 장면은 여성에 대한 성적 학대와 폭행을 최대치로 재현하고 있다. "처녀의 순결이 무너지는 순간"을 "아다라시"라며 아랫도리를 닦아 다른 군인들에게 자랑하는 일본군의 모습이 길게 묘사되고 있는데, 이는 '일본군'에 의해 짓밟히는 식민지 여성의 피해를 부각하는 한편, 동시에 남성의 성적 대상으로 향유되는 존재로서 일본군 '위안부'를 재현함으로써 일본군 '위안부'를 바라보는 이중적 시선이 드러나고 있다.

일본군 '위안부'에 대한 이러한 성적 묘사는 일본군 '위안부' 문제가 공식적으로 제기되기 이전에도 대중매체에서 공공연하게 소비되던 방식이다. 1950년대 이후 다수 출판되었던 참전 일본군 병사들의 일기와 수기 속에 일본군 '위안부'에 대한 재현이 많았고, 이들 중 일부는 한국에서 번역되기도 했다. 그러한 글에는 일본군인 혹은 그것을 다시 전유한 한국 남성의 시선에서 '위안부'가 다뤄지고 있다. 일본군 '위안부'에 대한 담론은 김학순 증언 이전에도 한국 사회에 존재했다. 1940년대에도 '처녀공출'에 대한 풍문이 떠돌았으며, 해방 이후에도 일본군 '위안부'를 다룬 각종 수기, 소설, 영화 등이 존재했다. '위안부'는 참전 병사들의 기록 속에서 전쟁과 군국주의를 향수하는 소재, 그 시절을 '위안'하는 존재로 재현되며, 남성 판타지를 충족시켜주는 서사로 왜곡되었는데, 「지옥의 나날들」은 '남성 병사의 성적 판타지'로서 '위안부'를 대상화하는 일본 참전 용사들의 시선이나 그들의 서사와 겹쳐진다.

뿐만 아니라 이 글에는 전체 맥락과 전혀 관련 없는 상황에서도 문옥주를 성적 대상화하는 부분이 발견된다. 예컨대 집 떠나기 전날 동네 노천 목욕탕을 찾아 "열여덟 살 순결한 처녀"가 "속옷조차 벗지 않고 목욕"하는 것을 세세하게 묘사하는 장면 등이다. 이 부분은 전체적인 서사의 흐름에 자연스럽게 섞이지도 못할 뿐 아니라, 문옥주가 직접 이야기했다고 전혀 상상할 수 없을 정도로 여성의 몸을 관음적으로 바라보는 남성의 시선이 은폐되어 있다. 게다가 버마 위안소에서 성적 학대를 당하는 장면들은 읽는 이로 하여금 성적 수치심을 느끼게 할 정도인데, 자신의 이야기로서 전시 성폭력 부분을 이러한 방식으로 서술할 수 있다는 사실이 놀라울 정도이다. 전시 성폭력 묘사 부분을 검토할 때,「지옥의 나날들」이 표면적으로는 일본군 '위안부'를 성적으로 학대·수탈하는 일본군을 통해 전쟁의 참상을 고발하고 있지만, 그것을 명분으로 하여 전시 성폭력을 외설적으로 기술하고 있다는 혐의를 지울 수 없다. 이는 조선인 '위안부'의 수기라는 형식은 전쟁의 참상을 고발한다는 윤리적 명분을 부여해 주는 것처럼 보이나, 실제로 전시 성폭력을 외설적으로 기술할 수 있는 허울이 되었다.

이와 같이, 「지옥의 나날들」은 "근로정신대 할머니의 육필수기"라는 제목의 1인칭으로 서술되면서도 문옥주의 이야기를 민족(반일)과 섹슈얼리티의 서사로 채우고 있다. 이 과정에서 1인칭 '나'로 서술되는 문옥주의 목소리는 그녀 자신의 것으로 보기 힘든 또 다른 목소리가 덧대어 있으며, 그 목소리는 당대 남성들의 시선으로 문옥주의 서사를 응시하고 있다. 녹취록이 남아 있는 이토 다카시와 김광열의 인터뷰 내용과 비교해볼 때, 「지옥의 나날들」은 녹취록의 목소리와는 다른 시점으로 자기 삶을 바라보고 또 이야기하고 있는 셈이다. 말하자면, "육필수기"라는 이름으로 자신을 (성적) 대상화하고 있는 모순적인 서사인 것이다. 「지옥의 나날들」에는 증언이 서사화되는 다양한 방식 중에서도 당시 한국 사회에 내재된 일본군 '위안부'에 대한 이중적 시선이 내면화되는 과정이 잘 드러나고 있다. '위안부' 피해자의 증언은 식민지의 피해를 표상한다는 공적 담론과 기억을 기반으로 하고 있지만, 정작 소비되는 방식은 성의 도구 혹은 은폐되어야 할 것으로 취급되고 있는 것이다. 문옥주의 묻어둔 증언과 숨겨진 경로는 이러한 모순적인 두 개의 어긋난 시선에서 비롯된 것이 아닐까.

5. 증언의 흔적을 찾아서 : 정대협 증언집에서 모리카와 마치코의 증언집까지

김학순의 공개 증언 이후, 일본군 '위안부' 피해자들은 자신의 이야기를 증언하는 한편 시민사회와 함께 진실 규명을 위한 활동을 전개했다. 그 과정에서 그들은 침묵하고 은폐해왔던 사실들을 기억해내고 증언했고, 그들의 증언을 지지하는 이들과 함께 증거를 찾아가며 기록해왔다. 정대협에서 출간한 증언집 『강제로 끌려간 조선인 군위안부들』 시리즈를 비롯하여 진상규명을 위한 다양한 증언집회 등이 대표적 사례이다. 이러한 작업은 제국의 언어로 기록된 공식 사료를 근거로 일본군 '위안부'의 강제동원을 부정하는 일본 정부에 맞서 은폐되어온 역사를 복원하는 일이었다.

문옥주의 증언이 실린 『증언집 1』은 증언자들이 구술한 내용을 몇 가지 범주―성장 과정에서부터 위안소에 강제동원된 과정, 위안소에서의 생활, 귀환 후 생활―에 따라 면담(면접)자들에 의해 재정리된 것이다. 구술된 증언들은 오랫동안 은폐되어온 기억들이 사투리와 구어로 발화되기 때문에 불명료하며 비균질적인데, 면접자들과의 수차례 면담을 거치면서 그들의 서술을 통해 재구성된다. 말하자면, 증언자 '나'의 시점으로 자신의 삶을 바라보면서 '나는'으로 사건을 이야기하는 1인칭 화자서술인 셈이다.

3장에서 언급한 바와 같이, 문옥주는 이전에 밝히지 못한 만주 위안소 생활을 이 증언집에 덧붙였는데, 「내가 또다시 이리 되는구나」라는 제목이 이러한 내용을 함축적으로 나타내고 있다. 이 글은 다음과 같은 소제목으로 구성되어 있다.

▶ 어린 시절 ▶ 만주에서의 위안부 생활 ▶ 고향에 다니러 왔으나 ▶ 다시 남방으로 ▶ 남방에서의 위안부 시절 ▶ 그 외 생각나는 것들 ▶ 해방을 맞이하여 ▶ 조국에 돌아와서

일대기 형식의 이글은 문옥주가 살아온 시간과 공간의 이동을 중심으로 사건이 전개되고 있다. 비교적 객관적인 사실을 위주로 내용이 전개된다는 점에서 「지옥의 나날들」과 대비되는데, 「지옥의 나날들」에서 다루지 않았던 이야기들이 추가된다. 만주 위안소로 강제 연행된 사건과 함께 그 이전인 13세 무렵에 일본에 사는 친척집에 갔다가 일 년 만에 귀향한 사건이 포함된다. 증언에 따르면, 아버지를 여읜 후 일본에 사는 먼 친척이 학교를 보내준다고 하며 후쿠오카현 오무타로 데려갔는데, 그곳에서 친척은 허드렛일만 시킬 뿐 학교에 보내주지 않았다. 1년 후 문옥주는 그곳에서 도망해서 집으로 돌아왔고, 야학을 다니면서 글을 배우고 공장에서 돈을 벌었다. 그러다가 16세가 되는 1940년 가을, 친구 집에서 귀가하는 중에 일본인 군복을 입은 사람에게 끌려갔고, 대구역에서 일본인 남자와 조선인 남자에게 넘겨져 만주로 가는 기차에 실렸다.

「내가 또다시 이리 되는구나」에는 문옥주가 만주 위안소로 강제연행되는 경로가 비교적 상세하게 기술된다. 대구에서 출발해서 안동, 봉천을 거쳐 만주 국경지대인 동안성에 도착하는 이 경로는 당시 일본이 관할하던 철도 시스템과 관련된다. 문옥주가 강제연행되던 1940년경엔 일본군과 외몽고군의 충돌로 인해 만주와 소련 국경에 일본군 병력이 집중되던 시기였으며, 일본군을 위한 '위안부'가 철도 시스템을 통해 동원되었다. 1939년 만주 국경에서 일본군과 외몽고군이 충돌하고, 소련군이 외몽고를 원조함으로써 만주와 소련 국경에 일본군 병력이 집중되기 시작했다. 이 시기 만·소 국경지대 일본군은 '불량한 생활상으로 인해 '위안'이 필요한 상황이라면서 사단장이 본국에 '위안단 파견을 요구'하는 공문서가 확인되기도 했다. 대구역에서 철도를 통해 안동과 봉천을 거쳐 만주 동안성으로 이동했다는 문옥주의 증언도 이러한 상황과 관련된다. 또한 2005년 흑룡강성 당안관에서 발굴된 일본군 공문서에 따르면, 일본군이 현지에 위안소를 설치 및 관리했다는 사실이 발견된다. 동안東安 헌병분대 작성문서에는 '군기보호'를 담당하는 군사경찰이 군내의 특수위안소 등의 관계자 신분증 발급을 엄격하게 관리하고 있음이 드러났다. 이는 「내가 또다시 이리 되는구나」에서 문옥주가 동안성 위안소를 탈출할 때 일본군 관리자를 통해 여행 증명서를 발급받은 사실과도 연결된다.

만주 위안소를 어렵사리 탈출한 문옥주는 귀향했으며, 이후의 행적은 이미 공개된 버마 전선의 위안소 생활과 해방 후 귀환으로 이어진다. 이 글에서도 일본군 다테사단과 함께 버마 전선을 이동한 경로와 위안소 생활 등이 서술되는데, 「지옥의 나날들」에서 노골적이고 외설스럽게 재현되던 일본군의 성폭행 장면은 거의 없으며 피해 사실을 나열하는 정도로 서술되고 있다. 버마 랑군항에서 만다레이, 아캬브, 프롬, 다시 랑군의 위안소에서 생활한 문옥주는 일본군의 패전으로 태국으로 이동하고, 전쟁이 끝나고 몇 달 후 귀국선을 타고 귀향한다. 귀향 후 문옥주는 가족들의 외면 속에서 힘들게 살아왔으나, 자신이 직접 낳지 않은 자식들을 교육하며 열심히 살았다. 귀환 이후 생활을 자세하게 기술하지는 않았지만, "살아온 것을 다 풀어버려 맘이 놓여진 것인지, 잠을 자기도 하고 조금씩 먹기도 한다"며 증언을 통해 조금이나마 삶이 회복되고 있음을 밝히고 있다.

『증언집 1』 이후 문옥주의 증언은 몇 년 후 대구 지역 유력 일간지인 『매일신문』에 다시 실린다. 「나는 증언한다 -광복 50년 前일본군 위안부 수기」라는 제하의 이 글은 광복 50주년을 맞은 1995년 9월 초에 시작하여 10월까지 총 7회 연재된다. 1995년 광복절은 '역사 바로 세우기'라는 기치 아래 일제의 잔재로 표상되는 조선총독부 건물의 철거를 시작한 날이기도 하다. 이와 함께 문옥주 등 대구·경북지역 일본군 '위안부' 피해자를 지원하던 대구여성회에서 정신대문제대책위원회(정대위)가 1995년에 결성되어 정부에 등록된 지역의 위안부 피해자들의 복지 지원사업과 함께 당시 일본 정부가 만들었던 국민기금에 대한 반대 운동을 전개했다. "전후 50년, 일본군 '위안부' 문제는 왜 해결되지 않았는가?"라는 주제로 열린 제3차 일본군 '위안부' 아시아연대회의에 문옥주가 참석하기도 했다. 『매일신문』의 '前일본군 위안부 수기'는 이러한 사회적 맥락에서 기획된 것으로 보인다. '수기'라는 부제가 달린 「나는 증언한다」는 「내가 또다시 이리 되는구나」와 마찬가지로 1인칭 시점으로 서술되고 있으며, 다음과 같은 소제목으로 구성된다.

> ▶ 강제 연행 ▶ 만주의 위안소 ▶ 잠시동안의 귀향 ▶ 다시 버마로 끌려 감 ▶ 만다레와 아키아부(제목 확인 불가, 내용상 추정-발표자) ▶ 랑군 가이칸 ▶ 귀향

「나는 증언한다」는 대체로 「내가 또다시 이리 되는구나」의 내용과 유사하지만, 소제목 '강제 연행'이나 '끌려감'에서 드러나듯이 일본군의 피해 사실을 중점적으로 다루고 있다. 무엇보다 「나는 증언한다」는 『증언집 1』의 내용 중에 일부는 전혀 언급하지 않는데, 그것은 군사우편저금에 관한 것이다. 군사우편저금은 문옥주의 '위안부' 서사에서 중요한 위치에 있다. 1991년 12월 정대협에 신고한 이래, 녹취록으로 남아 있는 문옥주의 구술증언에서 뚜렷하게 확인되는 사항 중 하나가 군사우편저금에 관한 내용이며, 문옥주가 끝까지 강력하게 문제 제기했던 사안이다.

일본에서 열렸던 증언집회에서 문옥주는 자신의 군사우편저금에 관한 증언했고, 이 문제를 해결하기 위해 일본 시민단체는 '문옥주 씨의 군사우편저금의 지불을 요구하는 모임'을 결성하고 관련 활동을 진행했다. 이 과정에서 문옥주의 군사우편저금 원부가 발견됨으로써 그의 증언이 사실로 밝혀졌다. 하지만 전시 인플레이션을 감안하지 않은 상태에서 공개된 저금원부로 인해 "문옥주는 고급창녀였다"는 일본 우익의 공격을 받게 된다. 이런 상황에서 문옥주의 군사우편저금에 관한 증언은 상당히 논쟁적인 위치에 놓여있었다. 『매일신문』의 「나는 증언한다」는 일제의 잔재와 역사의 흔적을 지우고자 했던 당시의 정치 상황 및 기획 의도, 지역 유력 일간지라는 매체 영향력을 고려할 때, 논란의 여지가 있었던 군사우

편저금 부분을 일절 언급하지 않은 것으로 판단된다.

「나는 증언한다」에서는 기술되지 않았지만, 군사우편저금과 관련된 문옥주의 증언은 그의 증언록을 집필하게 된 모리카와 마치코(梨の木舍, 이하 '모리카와'로 표기)와의 운명적인 만남의 계기가 되었다. 후쿠오카 집회를 기획한 모리카와는 문옥주의 군사우편저금의 원부가 보관되어 있는 시모노세키 우편국에 근무한 적이 있었고, 이것을 계기로 문옥주의 군사우편저금 지불 운동을 전개했다. 모리카와는 군사우편저금과 관련하여 우정성 교섭 및 서명운동을 함께 하면서 문옥주의 인간적인 매력에 빠지게 되었고, 그의 증언록을 출판하기로 한다. 모리카와는 3년 동안 대구에 10번 이상 방문하고 대구, 도쿄, 후쿠오카, 서울 등에서 들었던 이야기를 정리하여 1996년 2월 『文玉珠 ビルマ戰線 楯師團の『慰安婦』だった 私(문옥주, 버마 전선 다테 사단의 '위안부'였던 나)』를 출판하였다.

이 책은 크게 문옥주의 일대기를 다룬 부분(문옥주 할머니 일대기)과 관련 내용을 해설한 부분(해설편)으로 구성되어 있는데, 일대기의 분량만큼 그에 대한 세부적인 해설이 덧붙여있다. 1인칭으로 서술되어 있는 "문옥주 할머니 일대기"의 구성은 다음과 같다.

▶ 대구에서 태어나 ▶ 만주 동안성으로 ▶ 남쪽 나라로 ▶ 만달레이에서의 일상 ▶ 최전선으로 ▶ 지옥의 섬, 아끼압 ▶ 퇴각, 프롬, 그리고 랑군 ▶ 군법회의 ▶ 해방 어머니 곁으로

이전의 증언 서사물과 비교할 때, 모리카와가 집필한 증언록은 세부 내용이 더욱 구체적이다. 성장 과정을 다룬 "대구에서 태어나"에는 자신의 이름 '옥주'와 관련된 꿈 이야기, 독립운동을 했다는 아버지와 자기 성 씨, 과부가 된 어머니에 대한 이야기를 비롯하여, 생계를 위해 일본에 건너간 이야기들이 비교적 소상하게 기술되어 있다. 특히 일본 오무타의 이야기는 이제까지의 증언에서는 담기지 않았던 매우 세세한 내용이 추가

되었다. 증언록에 따르면, 문옥주를 데려간 친척은 '을종 요릿집'인 "쿠슈 오무타시 나까지마정 부산관"을 운영하며 어린 문옥주에게 허드렛일을 시켰다. 학교도 안 보내주고, 일이 시키다가 더 크면 자신을 팔아버리려는 것을 눈치챈 문옥주는 일본인 노동자에게 역까지 가는 길을 미리 알아두고, 기회를 봐서 탈출하게 된다. 오무타역에서 시모노세키역까지, 시모노세키에서 현해탄을 건너 부산역까지 이동하는 동안 여러 사람들의 도움으로 무사히 귀향하게 된다. 이 과정에서 1930년대 말 오무타 시내에 대한 부분이 자세하게 기록되는데, 이는 문옥주가 어렵사리 끄집어낸 기억을 따라 이후에 모리카와가 직접 오무타를 현지 답사하며 당시 상황을 확인한 결과이다. 나까지마정 주변 환경이나 1937년 당시 개점한 백화점 등이 문옥주의 기억과 일치하는 것을 모리카와가 확인한 것이다.

모리카와의 증언록이 다른 증언 서사물과 차이를 보이는 것은 문옥주의 위안소 생활에 대한 부분이다. 성 수탈이 일상화된 위안소 생활의 고통이 모리카와의 증언록에서도 나타나지만, "살아남는 지혜", "만사 요령이 있어야" 등의 제목으로 만주와 버마에서 살아남기 위해 자신의 재능을 살리는 이야기를 다루고 있다. 노래에 재능이 있었던 문옥주는 당시 유행하던 '중국의 밤', '하카다 밤배' 등이나 버마 현지 노래를 배워 부르며 일본군 장교들의 모임에 불려 나가기 시작했고, 그것으로 팁을 모을 수 있었다. 모리카와의 증언록에는 이러한 노래들이 다수 실려 있는데, 이것은 면담 과정에서 문옥주가 모리카와에게 직접 불러준 노래들이었다. 그 노래들은 위안소 생활에서 살아남을 방법이 되기도 했고, 고통스러운 삶에 잠시나마 위로가 되었을 것이다. 이 부분은 일본군 '위안부' 피해자로서의 서사가 강조되는 여타 증언 서사물과 달리, 극한의 상황에서도 살아남겠다는 '생존자'로서의 서사가 부각된다.

확보된 문옥주의 증언 녹취록을 보면, 이토 다카시와의 인터뷰(1991.12.18.)에서부터 문옥주는 버마 전선의 '다테 8400부대'와 연계된 위안소에 있었다고 밝힌 바 있다. 모리카와의 증언록에는 버마 위안소의

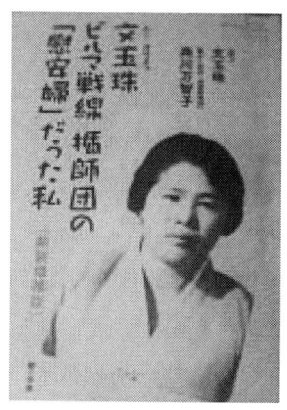 

모리카와 마치코가 집필한 문옥주 증언록 일본어판(좌)과 한국어번역본(우)

일상과 함께, 다테사단의 전선 이동과 함께 위안소 또한 이동되었음을 명확하고 구체적으로 밝히고 있다. 랑군에서 만달레이, 야카브(아끼압), 프롬 등으로 위안소를 이동하고, 일본군의 퇴각과 함께 태국으로 이동하는 과정까지 모리카와의 증언록에는 이전의 증언에서 밝히지 않았던 다양한 사건들이 서술되어 있다. 이 부분은 "해설편"에서 더욱 구체적으로 설명되는데, 미군이나 일본군 문서 등 공식문서와 함께 다테사단이 편성된 시코쿠현 젠쯔지에 소재한 다테사단 전우회와의 접촉을 통해 모리카와가 확인한 사실을 바탕으로 문옥주의 증언을 보다 세밀하게 다룰 수 있었다. 모리카와의 조사에 따르면, 문옥주가 증언한 버마에서의 이동 경로는 다테사단의 제1차 아끼압 작전, 임팔 작전 등 전선 이동 경로와 일치했다. 1995년 탈고 전후에 모리카와는 버마를 두 번 방문하여 당시 다테사단에 근무했던 현지인으로부터 조선인 위안부 관련 사실과 문옥주가 있었다는 프롬의 오토메 위안소 등을 확인했다. 모리카와는 1996년 증언록 출판 이후에도 10여 차례(14개월간 장기체류 포함) 버마 현지를 방문하여 문옥주의 증언이 사실이었음을 확증하고 있다. 이는 모리카와의 표현대로 "문옥주 할머니가 걸었던 길을 따라가 본" 것이다.

이와 같이, 모리카와의 증언록은 문옥주의 관점에서 1인칭으로 서술한

"일대기"와, 그러한 문옥주 이야기를 보다 객관적이고 구체적인 근거로 설명하는 3인칭 서술의 "해설편"으로 구성되어 있다. 일대기에는 이전 증언에서 다루지 않았던 개별적 인간으로서의 문옥주의 삶이 생생하게 서술되고 있는데, 이것은 사지에서 끈질기게 살아남은 '생존자'로서 면모를 돋보이게 한다. 이러한 문옥주의 일대기는 그것이 사실임을 확인하는 "해설편"의 다양한 근거들로 생동감을 얻게 된다. 모리카와는 문옥주의 이야기를 역사의 확실한 증언으로 남겨두기 위해 가능한 문헌들을 찾고 현지를 답사하며 그 증거들을 확인하고자 했다고 밝히고 있다.

이와 함께, 해설편에는 문옥주의 이야기를 직접화법으로 서술함으로써 당사자의 목소리를 생생하게 들려주고 있다. 모리카와의 책 속에 담긴 문옥주의 목소리는 지독한 위안소 생활에서 그저 살아남기 위해 버텨낸, 뒤돌아보면 "그 시절 나는 사람이 아니었어"라고 말할 수밖에 없는 참담한 것이지만, 자신의 삶을 내팽개치지 않고 강인하게 살아온 인간이었음을 강렬하게 들려준다.

> 문옥주 할머니는 전쟁 중에도 '위안부'라는 그 처지에 지지 않고, 강고한 애정을 가지고 주위의 사람들을 대하고, 전쟁과 군대를 투철한 눈으로 보고 있습니다. 할머니가 살아오신 반생을 듣고, 국가나 군대라는 것은 적과 우리 편에 관계없이 인간에 대한 폭력장치라는 것을, 그러나 그것이 얼마나 광포한 것이었다고 해도 우리들 인간은 그것에 의해서는 결코 파괴되지 않는다는 것을 배웠습니다. 그런 의미에서 이 책이 특히 젊은 여성들에게 용기를 줄 것이라고 기대됩니다. 나는 할머니에게 사죄와 국가배상을 하려 들지 않는 일본 정부를 부끄럽게 생각합니다.[9]

---

9) 모리카와 마치코, 김정성 역, 『버마전선 일본군 '위안부' 문옥주』, 아름다운사람들, 2005, 214쪽.

문옥주의 증언을 듣고 증언록을 쓰며, 또 그 증언들이 사실임을 확증해 간 모리카와의 작업은 문옥주와 같은 '위안부'의 증언이 하나의 발화로 완결되는 것이 아니라 그것을 듣고 혹은 읽으며 일본군 '위안부' 피해자의 실제적인 행적 혹은 흔적을 따라 증언을 보충하는 과정임을 보여준다.

문옥주의 흔적을 따라간 모리카와는 일본군 '위안부'들이 생활했던 공간 혹은 그들이 강제적으로 이동할 수밖에 없었던 경로들이 아시아·태평양 전쟁의 시스템 속에서 작동되었음을 확인하였다. 문옥주의 증언에서 드러나듯이, 일본군 '위안부'는 전시 성폭력뿐 아니라 치열했던 전투 현장에 내몰렸던 직접적인 피해자였다. 모리카와의 일련의 작업은 문옥주의 증언들을 역사적으로 고증하는 한편, 문옥주의 증언 이면에 담긴 소중한 메시지—국가와 민족의 경계를 넘어 전쟁이라는 거대 폭력 장치에 맞서 일어서는 세계시민을 향한 메시지를 전하고 있다.

6. 증언을 읽고 쓴다는 것

이 글은 대구 지역에 살았던 일본군 '위안부' 문옥주의 증언과 그것을 서사화한 여러 자료를 통해 문옥주의 비극적 모빌리티가 서사화되는 다양한 방식을 살펴본 것이다. 일본군이 존재하는 거의 전 지역에 만들어졌다는 일본군 위안소 중에서 중국 만주 지역과 남방의 버마 전선의 위안소를 거쳤던 문옥주의 이동이야말로 전쟁이 남긴 가장 비극적 모빌리티의 흔적이다.

이 글에서 살펴본 문옥주의 증언 및 증언 서사물들은 이러한 일본군 '위안부' 문옥주의 이동이 아시아·태평양 전쟁을 둘러싼 다양한 정치 군사적 상황과 연동되며, 그러한 비극적 모빌리티 서사가 증언 서사물로 남겨지는 과정에서도 당대의 정치 사회적 맥락과 담론장의 상황에 따라

변동되었음을 보여주고 있다. 문옥주는 일본군 '위안부'로서 아시아·태평양 전쟁 당시의 상황을 자신의 비극적 모빌리티 서사와 연계하여 매우 구체적으로 증언했다. 만주 위안소를 비롯하여 버마 위안소에서의 여러 이동 경로와 당시 생활상은 당시 만주 및 버마 전선 일본군 전황과 매우 긴밀하게 연동되었다. 이에 관한 내용은 아시아·태평양 전쟁 문서와 관련 연구, 그리고 『위안소 관리인의 일기』등을 비롯한 전쟁 관련 수기 등을 통해 사실임이 판명되었다. 특히 문옥주와 깊이 교류하고 관련 증언을 모아 증언집을 저술한 모리카와 마치코는 자신이 듣고 기록한 문옥주의 비극적 모빌리티를 따라 그의 증언이 역사적 실체였음을 확인하는 작업에 남은 생애를 바쳤다. 모리카와 마치코는 문옥주의 증언에서 누락되거나 잘못 기록된 부분까지 확인하며 증언을 보충하며 문옥주의 증언을 완성해갔다.

문옥주는 최초 증언과 공개 증언 당시 만주 위안소에서의 생활을 밝히지 않았는데, 문옥주의 증언을 육필수기의 형식으로 최초 발표한 『경상매일』의 「지옥의 나날들」을 통해 만주 위안소 생활을 밝히지 않은 문옥주의 침묵을 부분적으로 이해할 수 있었다. 증언자들은 증언 후에도 증언과 침묵 사이에 갈등한다. 긴 침묵의 시간을 흘려보낸 후에 비로소 증언할 수 있었지만, 증언 이후에도 여러 사회적 조건으로 인해 선택적으로 침묵하기도 한다. 「지옥의 나날들」에서 드러나듯이, 일본군 '위안부' 문제가 사회적으로 공론화되어 신문 지상에 중요하게 다뤄지고 있었음에도 여전히 그들을 향한 시선은 민족과 섹슈얼리티 사이에서 이중적으로 어긋나 있었던 것이다. 두 번이나 일본군 '위안부'가 되어야 했던 문옥주가 만주 위안소 생활을 침묵한 것은 이처럼 사회적으로 구축된 수치심과 불안에 기인한 것으로 보인다. 『증언집 1』에서 언급했듯이 문옥주는 증언의 과정, 그리고 아시아·태평양 전쟁 피해보상 청구 소송이나 군사저금우편 지불을 위한 우정성 교섭 등의 활동을 통해 수치심과 불안에서 조금씩 벗어난 것으로 보이며, 그 과정에서 만주 위안소 생활을 증언할 수 있었다.

　살펴본 문옥주의 증언'들'은 피해자의 증언이 그들을 둘러싼 사회의 사고방식과 문법 속에서 생산되는 언어라는 사실을 방증한다. 증언자들의 구술은 투명하고 완결된 것이 아니라 면접자 혹은 해석자의 시선을 의식하면서 자신의 체험과 사건을 재현한 것이다. 면접과 해석의 과정에서 의미의 맥락을 풀어서 선별하고 얽혀 있는 기억의 맥락을 찾아내는 전 과정을 통해 최초 구술된 증언은 독립된 서사로 거듭난다. 이런 의미에서 증언은 구술한 증언자와 그것을 서사화하는 서술자와의 공동 산물이다. 문옥주의 증언'들'은 증언을 듣고 다시 쓰는 과정에서 그 결과물이 얼마나 달라질 수 있는지를 여실하게 보여준다.

　증언은 기억과 이야기narrative라는 측면에서 문학과 밀접하다. '기억을 재현하는 서사'라는 측면에서 증언과 문학은 같은 지점에 서 있으며, 완전한 재현 혹은 복원이 불가능하다는 점에서도 그러하다. 2016년 이후 발표된 일본군 '위안부' 서사를 다룬 김숨의 연작소설은 이러한 증언의 서사적 특성을 문학의 형식으로써 재현하고 있다는 점에서, 그리고 역사와 기억의 구성방식에 관여하는 증언이 이들 소설을 추동한다는 점에서 증언 연구에 반드시 검토되어야 할 텍스트이다. 무엇보다 김숨의 소설들은 『한 명』(2016) 이후 역사적 사실과 증언을 기반으로 한 복수의 목소리와 기억들을 중층적으로 배치하는 방식을 즐겨 사용하고 있다. 일본군 '위안부' 관련 소설들에 이어 발표한 『떠도는 땅』(2020)도 1937년 강제이주에 관한 고려인과 후손들의 증언을 소설화한 것이다. 그리고 최근 발표된 『듣기 시간』(2021)은 구술증언자와 채록자의 이야기를 다룸으로써 2016년 이후 자신이 해온 작업에 대한 메타적 글쓰기를 시도했다. 이처럼 김숨의 소설들은 방대한 증언자료의 증언 자체를 소설에 그대로 기입하거나 증언의 과정 자체를 서사화하고 있는데, 이는 역사적 사실로서의 증언을 서사화하는 '증언의 재현방식'을 소설로 다시 쓰는 작업이라 하겠다.

참고문헌

1. 기본자료

경상매일신문사,『경상매일 : 대구문화예술아카이브 이필동 기증자료』, 1992.12.7.(창간호)~1993.4.11.(100호).
김광열, 문옥주 인터뷰 자료(인터뷰), 국가기록원 자료(관리번호 DTA0016451), 1992.9.25.
김문숙,『천황의 면죄부-침략전쟁은 아직 끝나지 않았다』, 지평, 1994.
모리카와 마치코, 김정성 역,『버마 전선 일본군 '위안부' 문옥주』, 아름다운사람들, 2005.
이토 다카시, 문옥주 인터뷰 녹취자료, 정신대할머니와함께하는시민모임 제공, 1991.12.18. 인터뷰.
이토 다카시,『남북 종군위안부 27인의 증언』, 눈빛, 1997.
_____,『기억하겠습니다-일본군 위안부가 된 남한과 북한의 여성들』, 알마, 2007.
정신대할머니와함께하는시민모임, 문옥주의 후쿠오카 증언(녹음 파일 및 녹취록), 1992.3.28.
_____, 문옥주의 키타큐슈 증언(녹음 파일 및 녹취록), 1992.4.3.
_____,『문옥주 지오그라피』, 2021.
한국정신대문제대책협의회/한국정신대연구소 편,『증언집 강제로 끌려간 조선인 군위안부들 1』, 한울, 1993.
_____,『증언집 강제로 끌려간 조선인 군위안부들 2』, 한울, 1997.
_____,『증언집 강제로 끌려간 조선인 군위안부들 3』, 한울, 1999.
한국정신대문제대책협의회 2000년 일본군 성노예 전범 여성국제법정 한국위원회 증언팀,『증언집 강제로 끌려간 조선인 군위안부들 4-기억으로 다시 쓰는 역사』, 풀빛, 2001.
한국정신대문제대책협위외20년사 편찬위원회,『한국정신대문제대책협의회20년사』, 한울, 2014.
森川万智子,『文玉珠 ビルマ戦線 楯師団の「慰安婦」だった私』, 梨の木舎, 1996.
_____,『新装改訂版 文玉珠 ビルマ戦線 楯師団の「慰安婦」だった私』, 梨の木舎, 2015.

2. 논문 및 저서

박정애, 「총동원체제기 식민지 조선에서 정신대와 위안부 개념의 착종 연구 : 정신대의 역사적 개념 변천을 중심으로」, 『아시아여성연구』 제59권 2호, 아시아여성연구원, 47-80, 2021.

배지연, 「기억의 서술과 문학적 재현-김숨의 일본군'위안부' 관련 소설들을 중심으로」, 『우리말글』 86, 우리말글학회, 71-102, 2020.

_____, 「비극적 모빌리티 서사와 증언의 문제-대구지역 일본군'위안부' 문옥주의 증언을 중심으로」, 『비평문학』 83, 한국비평문학회, 185-222, 2022.

안병직 번역 해제, 『위안소 관리인의 편지』, 이숲, 2013.

양현아, 「증언과 역사쓰기-한국인 '군 위안부'의 주체성 재현」, 『사회와 역사』 60, 한국사회사학회, 60-98, 2001.

이지은, 「조선인 위안부, 유동하는 표상-91년 이전 김일면, 임종국의 위안부 텍스트를 중심으로」, 『만주연구』 25, 만주학회, 173-207, 2018.

_____, 「민족국가 바깥에서 등장한 조선인 '위안부'와 귀향의 거부/실패-1991년 이전 대중매체의 일본군 '위안부' 재현을 중심으로」, 『사이』 28호, 국제한국문학문화학회, 367-402, 2020.

한혜인, 「총동원체제하 직업소개령과 일본군 위안부 동원」, 『사림』 46권, 수선사학회, 371-413, 2013.

_____, 「젠더유산으로서의 일본군 '위안부' 기록물」, 『기록인』 44호, 101-115, 2018.

● 이 글은 "일본군'위안부' 증언의 서사적 효과와 재현방식 연구"라는 주제로 그간 발표해온 다양한 논의들을 정리한 것으로서, 2021년 대한민국 교육부와 한국연구재단의 지원을 받아 수행된 연구이다. (NRF-2021S1A5A8069869) 이 글의 3~5장은 기발표된 논문 (배지연, 「비극적 모빌리티 서사와 증언의 문제-대구지역 일본군'위안부' 문옥주의 증언을 중심으로」, 『비평문학』 83, 2022.)의 일부를 본 저서의 성격에 맞게 다시쓰기한 것이다.

02장

문옥주와 군사우편저금

1. 문옥주는 누구인가?

1) 문옥주, 그는 누구인가

문옥주는 조국이 일본의 식민지가 되어 있던 일제강점기에, 1924년 4월 대구에서 태어났다. 아버지는 독립운동을 하느라 만주를 드나들며 집안을 돌보지 않았고 몸이 나빠져 문옥주가 여덟 살 때 돌아가셨다. 나이 차이가 많이 나는 언니와 오빠와 남동생이 있었다. 12살 때 자기네 아이들을 돌봐주면 먹여주고 학교에도 보내주겠다며 일본 오무타에서 요릿집을 하는 부부가 찾아와서 그들을 따라 규슈 오무타시 나카무라정에 있는 부산관으로 가게 되었다. 가게는 번성하고 있었으나 그는 학교에 가기는커녕 애보기와 청소, 빨래, 가마에 불때기 등으로 하루 종일 바쁘게 일해야만 하였다. 더구나 그곳은 을종요릿집으로 매춘업을 하는 곳이었다. 밤마다 일본인 게이샤가 여럿 와서 노래를 부르고 춤을 추었고 그곳에 찾아온 손님들에게 조선요리를 내고 있었다.

그곳에서 5, 6개월 정도 있다가 13살 생일을 맞이하였다. 학교에 보내준다는 말은 거짓말이었고 몇 년 동안 일을 시키다가 좀 크게 되면 몸을 팔도록 강요당하거나 다른 업소에 팔아버리려고 한다는 걸 눈치채고 그는 기지를 살려 혼자의 힘으로 도망쳐서 돌아왔다. 그리고는 어머니의 이름으로 부산관 앞으로 무사히 돌아왔으니 안심하라는 전보를 보냈다.

열여섯 살 가을, 화장터를 운영하던 친구 하루코네서 놀다가 저녁 무렵 걸어서 집으로 돌아가다가 '너, 여기로 잠깐 와.'하는 소리를 들었다. 일본인 헌병과 조선인 헌병 그리고 조선인 형사가 있었다. 그들이 데려간 곳에서 밤을 새고 다음날 대구역에서 다른 여자애와 함께 기차에 태워져서 중국 북만주의 동안성으로 끌려갔다. 거기서 군대 '위안부'가 되었다. 하지만 일년 만에 평소 가까이 지내던 헌병에게 졸라 기차표를 사는 데 필요한 증명서를 얻어서 거기서 벗어나는 데 성공하였다. 집안은 여전히 끼니를 걱정할 정도로 가난하였고 그는 가족을 부양하기 위해 기생이 되기로 하고 달성 권번에 들어갔다. 보통 졸업하기까지 3년 걸리는 수업을 그는 1년이 안 되어 수료할 수 있었다.

열여덟 살이 되어 평소에 가까이 지내던 히토미와 기화 자매가 일본군 식당에서 일하면 돈을 벌 수 있다고 하는 말을 듣고, 이미 시집은 못 가게 되었으니 차라리 돈이나 많이 벌자는 생각으로 어머니에게는 말도 하지 않고 셋이서 부산 가는 기차를 탔다. 지정된 갑을여관에서 하루를 묵고 다음날인 1942년 7월 10일 부산항의 군전용으로 보이는 부두에서 중년 남자들의 인솔하에 부산을 떠났다. 대만과 싱가폴을 경유하여 한달 남짓 항해 끝에 도착한 곳은 버마(지금의 미얀마)의 항구도시 랑군(지금의 양곤)이었다.

이후 그는 일본이 패전할 때까지 군대와 함께 만달레이, 아키압, 탕갑, 프롬, 랑군 등을 전전하며 지옥같은 '위안부'의 삶을 살아야 하였다. 태국의 방콕에서 가까운 나콩나욕에서 간단한 교육을 받고 간호부로 일하다가 패전을 맞았다. 다른 조선인들과 함께 아유타야에 억류돼 있다가 1946년 봄 인천으로 귀국하여 고향인 대구로 돌아왔다.

귀국한 뒤에도 그는 가난한 집안을 위해 참으로 열심히 일하면서 살았다. 함께 살던 사람이 사업에 실패하여 죽어버리자 그의 세 자식을 맡아서 기르기도 하고 자신이 불임의 몸이 된 것을 알고 가까이 지내던 남자의 부인의 허락을 얻어 그가 낳은 자녀를 양자로 데려다 키우기도 하였다.

1991년 8월 '위안부'피해자 김학순이 처음으로 자신을 드러내며 이 문제를 사회에 고발하는 뉴스가 나온 뒤로, 같은 해 12월 2일 국내에서 두 번째로 서울의 정신대 신고 전화에 자신이 피해자임을 알린 사람이 되었다. 서울에서 찾아온 사람들을 만나 자신이 겪은 일들을 이야기하였고, 이는 1993년에 『강제로 끌려간 조선인 군위안부들』이라는 제목으로 국내에서 처음으로 출판된 피해자 증언집[1])에 '내가 또 이리 되는구나'라는 제목으로 실렸다.

그는 또한 태평양희생자유족회가 1991년 12월 일본 정부를 상대로 제소한 아시아태평양전쟁희생자보상청구소송에 1992년 4월 13일 2차 소송 원고단의 한 사람으로 참여하여 같은 해 9월 14일 2차 공판에서 법정 증언을 하기도 하였다.

그 뒤 1996년 10월 26일 평소 그를 괴롭히던 만성신부전증이 악화되어 한 대학병원의 응급실에서 별세하기까지 만 5년이 되지 않는 기간 동안 그는 국내외를 다니며 증언집회를 비롯하여 이 문제 해결을 위한 여러 활동에 참여하였고, 무엇보다도 자신의 전 생애에 대해 생생한 구술을 남겼다. 몇십 년 전의 일에 대해 날짜까지 정확하게 구술하게 한 그의 뛰어난 기억력은 그 뒤 『일본군 위안소 관리인의 일기』가 우연히 발견되면서 기록을 통해 입증되어 세상 사람들을 다시 한번 놀라게 하였다.

『일본군 위안소 관리인의 일기』는 경기도의 사설 박물관인 타임캡슐이 경주의 헌책방에서 구입하여 보유하고 있던 개인의 일기이다. 작은 크기의 공책에 한자와 한글, 일본어 가나가 섞인 글씨로 일본식 연호와 음력날짜,

---

1) 한국정신대문제대책협의회 · 정신대연구회, 『강제로 끌려간 조선인 군위안부들 1』, 한울, 1993

그날그날의 날씨와 기온까지 꼼꼼하게 적어놓았다. 전체 26권 중에서 1943년과 1944년치가 현대어로 해독되어 공개되었는데 버마와 싱가포르에서 군위안소의 장부를 기입하고 회계를 보는 카운터 일을 보며 날마다의 일상을 기록한 업무일지에 가까워서 군대위안소 실태의 일부가 그대로 드러나 있어서 주목을 받았다. 이 일기를 쓴 사람은 조선인 박 씨로서 역시 위안소 경영자인 그의 처남과 함께 1942년 7월에 4차 위안단의 일원으로 부산항을 떠나 버마에 온 인물임을 알 수가 있다. 문옥주가 부산항에서 만났던 인솔자 마츠모토 역시 그의 일기에 오토메테이乙女亭의 경영자로 세 번 등장을 하고 있으며 박 씨는 1943년 7월 10일치의 일기에서 작년 오늘 부산에서 배를 타고 출발한 지 벌써 만 1년이 되었다는 기록을 남겼다. 일기에 등장하는 일본군 위안소는 버마의 27개소와 싱가포르의 10개소를 합하여 모두 37개소2)인데 경영자 한 사람이 이곳저곳으로 위안소를 이동하며 운영하기도 하여서 오토메라는 이름의 위안소는 프롬과 만달레이, 아키압에도 등장하며 그곳의 경영자는 모두 마츠모토로 되어 있다.

모리카와는 이 일기에 등장하는 마츠모토의 행적을 통해 그가 페구에서도 오토메위안소를 경영하였고 문옥주가 여기에도 있었을 가능성이 있다고 보았다. 여러 번 방문하였던 페구에서 조선인 '위안부'가 있던 위안소가 좌우로 늘어선 거리로 안내된 적도 있었다.

장기간 현지조사를 하며 페구에 갔을 때 위안소 거리에 안내되었지만 문옥주와 관련있다고 생각을 못하여 한 번만 조사하고 말았는데 박 씨의 일기가 20년 전에 발견되었더라면 훨씬 상세하게 조사했을 거라고 하였다. 또한 박 씨의 일기가 20년 전에 발견되었더라면 랑군의 고드윈Godwin 로에서 랑군회관을 찾아낼 수 있었을 것이라고 하였다.

모리카와는 증보판으로 낸 자신의 책에서 이 일기에서 기술된 것과 문옥주의 이야기는 마치 협주곡처럼 공명하며 전쟁의 리얼리티를 각각의

---

2) 안병직, 『일본군 위안소 관리인의 일기』, 이숲, 2013. 27쪽

장면에서 서로 보완해 주면서 전해주고 있다고 썼다. 다시 말해 이 일기 역시 위안소가 틀림없이 군대의 일부분이라는 것, 위안부들이 '종군'되고 있다는 것을 알게 해주는 자료라고 하였다.3)

서일본 신문에 1995년 7월부터 8월에 걸쳐 10회 연속으로 연재하였던 기고문의 마지막회4)에서 모리카와는 문옥주의 묵직한 한 마디의 말을 그대로 전하고 있다.

"그건 '역사'였던 거지요. 정치가가 긴 곰방대로 담배를 뻐끔거리면서 느려터진 정치를 하고 있었기 때문에 조선은 일본의 식민지가 되고 말았지요. 우리들의 희생이 그 결과인 거지요. 정치가 잘못되면 이렇게 되는 거요."

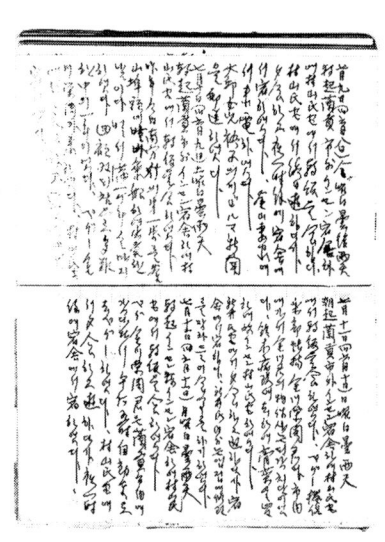

『일본군 위안소 관리인의 일기』 표지와 내용 일부 (사진 제공: 파주 타임캡슐)

---

3) 森川万智子, 「文玉珠―ビルマ戦線楯師団の「慰安婦」だった私」, 新装増補版, 2015. pp.263-264

4) 森川万智子, 「50年に巡り合う旅―「慰安婦」問題に取り組んで」, 西日本新聞, 1995.08.10.

문옥주의 생전 활동들에 대한 자세한 내용은 현재 도쿄에서 대학강의를 하고 있는 정신대할머니와함께하는시민모임(이하 정신대시민모임)의 창립회원인 이령경 선생이 이번에 온갖 자료들을 뒤지고 또 사람들을 만나 인터뷰를 하면서 관련자료를 최대로 모아 이 책의 뒷부분에서 글로 정리하였다.

또한 모리카와의 생전에 따라 상세한 인터뷰를 하여 그의 활동도 이번에 면밀하게 정리를 하였고 그래서 앞으로 귀중한 자료가 될 문옥주-모리카와의 연표가 만들어졌다.

2) 문옥주와 모리카와의 만남

일본군'위안부'문제가 한국에서 사회문제로 처음 떠올랐을 때 일본정부는 '위안부'는 민간업자가 데리고 다닌 것이라는 답변을 공식적으로 하며 계속 발뺌을 하고 있었다.

후쿠오카에서 여성인권 관련 문제에 관심을 가지고 활동하고 있던 모리카와는 '적어도 우리 시민들은 소녀들이 강제연행된 사실을 인정하고 있다는 것을 캠페인으로 알리고 싶어서' 〈문옥주를 초청하는 실행위원회 연락회〉를 꾸리고 한국정신대문제대책협의회(이하 정대협)에 편지를 썼다. 정신대 신고전화에 피해자로 신고한 사람들 중에 한 분을 초청하여 직접 증언을 듣고 싶으니 도와주십사고 요청한 것이었다.

그리하여 1992년 3월 문옥주가 정대협의 김신실과 함께 후쿠오카로 가게 되었고, 11일간 머물면서 후쿠오카시를 비롯하여 지쿠호, 기타큐슈시, 시모노세키시 등 4곳에서 열린 증언집회에 연사로 참석하였다.

이것을 계기로 문옥주가 '위안부' 시절 장교의 연회에 불려가 노래 부르고 받은 팁을 모아 저축하였던 군사우편저금을 찾아주기 위하여 〈문옥주씨의 군사우편저금의 지불을 요구하는 모임〉이 결성되었고 일본 우정성과의 교섭이 시작되었다.

1992년 8월 한국이 주축이 되어 위안부 피해자가 있는 아시아의 여러 나라들, 대만, 필리핀, 홍콩, 태국, 일본 등 6개국의 단체 활동가들이 모여 이 문제의 해결을 위해 한 목소리를 내기 위한 아시아연대회의를 열기 시작하였다. 여기에 참석하였던 모리카와는 2005년 8월 그의 책이 한국어로 번역되어 나온 것을 기념하여 정신대시민모임에서 마련한 출판기념회에 참석한 뒤 보내온 글[5]에서 1992년 8월 제1회 일본군 위안부 문제 아시아연대회의에서의 기억을 이야기하고 있다. 당시 이효재 정대협 공동대표가 일본인 참가자들에게 인사하기를 '당신들은 가해자의 딸로서 그리고 피해자의 자매로서 문제해결을 향해 이중의 책임을 지고 참가하고 있다. 나는 당신들을 이중으로 존경하고 감사하고 있다'고 하였고 모리카와는 그 말을 듣고 몸이 마구 떨렸던 것을 기억하고 있다고 하였다. 그러면서 그는 일본인인 당신이 왜 '위안부' 문제를 열심히 조사하는가 묻는 기자들에게 '가해자의 딸로서, 피해자의 자매로서 저는 이 문제의 해결을 위해 노력하고 있습니다'라고 답하고 있다.

뿐만 아니라 모리카와는 이후에 문옥주의 전 생애를 담은 일대기를 쓰기로 작정하고 1993년 9월 본인에게 허락을 받은 뒤 문옥주가 사는 대구를 2년에 걸쳐 13번이나 방문하며 그의 말을 줄기차게 듣고 글로 옮겼다. 단순히 문옥주가 한 이야기를 듣고 정리만 한 게 아니라 두 번에 걸쳐 버마에 직접 가서 자료를 찾고 사람들을 수소문하여 인터뷰하고 문옥주가 진술한 내용을 따라 현지 조사를 하여 당시의 위안소 건물이 아직 남아 있는 것을 발견해 내고 그 사진을 찍어와서 자신의 책에 싣기도 하였다.

그리하여 1996년 2월에 문옥주의 일대기 『버마전선 다테楯사단의 '위안부'였던 나』[6]가 일본에서 출간되었고, 같은 해 10월 문옥주는 세상을

---

5) 森川万智子,「なぜ日本人である私が「慰安婦」問題に取り組み続けているのでしょうか」, (personal communication) 2005.
6) 森川万智子,「文玉珠ービルマ戦線楯師団の「慰安婦」だった私」, 梨の木舎,

떠났다. 문옥주가 세상을 떠난 뒤에도 모리카와는 이듬해 장기간 버마를 찾아가 현지 조사를 계속하였고 그래서 추가로 밝혀진 내용들을 담고 책표지를 새롭게 하여 2015년 4월에 신장증보판을 발행하였다.

3) 문옥주와 대구여성회의 만남

조선 시대의 양반마을이 지금도 남아 있는 경상북도에 있으며 내륙에다 지형이 분지이기도 한 대구는 광역시의 모습을 갖추고 있지만 가부장제의 관습이 아직도 많이 남아 있는 보수적인 도시이기도 하다. 아들을 낳기 위해 불법임을 알면서도 여아 낙태를 몰래 행하여 남녀성비불균형이 심각한 것이 이를 증명한다.

1986년 6월에 있었던 시민항쟁의 여파로 1988년 1월에 창립한 대구여성회는 가정과 사회에서 여성이라는 이유만으로 받아야 하는 차별과 억압을 없애자는 취지로 시작되었다. 같은 학교를 졸업하고 똑같은 자격을 갖추고 있어도 취업과 승진에서 여성은 뒤로 밀리는 일이 당연시되고 결혼 퇴직, 임신 퇴직이 공공연히 요구되던 시절이었다.

일본군'위안부'문제가 사회문제로 떠올랐을 때 이것이야말로 전형적인 여성 문제라는 인식하에 대구여성회에서 지역의 피해자 신고 전화를 유치하게 된 것은 어쩌면 당연한 일이었다. 그래서 지역에 살면서 '위안부' 피해자로 신고를 하신 분들과도 자연스럽게 연결이 되어 그들에 대한 지원사업이 시작되었다. 이들은 식민지로부터 조국이 해방을 맞이하고 수십 년이 지났건만 철저하게 잊혀진 채 우리 사회의 맨 밑바닥에서 외로움과 생활고를 견디며 어렵게 살아오신 분들이었다. 그들에게 설과 추석 명절에 인사드리기, 생신 챙겨드리기, 병원에 갈 때 동행하기, 종합병원에서 건강검진 받게 하기 등을 하게 되었고 댁으로 찾아가 말벗을 해드리는

1996.

것만으로도 피해자분들은 엄청 반기며 고마워하셨다.

1992년 4월 30일 대구여성회와 대구YWCA의 공동주최로 "정신대 문제의 실태와 우리의 자세"라는 제목의 초청강연회가 열렸다. 강연회의 연사로는 문옥주와 최창화 목사가 참석하였다. 재일 대한기독교 고쿠라小倉교회의 최목사는 재일 한국인의 인권 개선, 외국인 지문날인 폐지 운동에 앞장섰던 분으로, 〈문옥주를 초청하는 실행위원회 연락회〉의 기타규슈 실행위원회 책임자이기도 하였다. 문옥주가 자신의 저금을 되찾고자 지원단체 사람들과 시모노세키 우편국을 방문하였을 때 동행하기도 하였다.

1993년 10월 일본 사이타마현의 국립교육부인회관에서 열린 제2차 강제종군위안부 문제 아시아연대회의에는 전년에 참석했던 대만, 필리핀뿐만 아니라 중국과 북한, 인도네시아 등 7개 국가가 참석하였다. '위안부' 문제를 여성인권문제로 부각시켜 세계적으로 확산시키는 데 뜻을 모았으며 유엔인권회의에서 임명된 유엔인권소위원회의 특별보고관7)에 대해 활동을 지원하기로 결의하였다. 연대운동의 중요성을 더욱 통감하게 되었으며 일본 전국에서 풀뿌리운동을 하고 있는 단체들이 많이 참석해 있었다.

대구여성회에서 '위안부' 문제를 담당하고 있던 안이정선이 여기에 참석하였다. 일본 전국의 시민단체들이 모여 자기의 활동을 홍보하는 부스를 둘러보다가 우연히 "내 저금 내놔라"라는 한글 제목을 가진 A4 용지 크기의 책자를 보게 되었다. 놀라서 자세히 보니 그것은 〈문옥주 씨의 군사우편저금의 지불을 요구하는 모임〉이 1992년 3월부터 1993년 4월까지의 활동들을 정리하여 묶어낸 보고서였다. 대구에 살고 계신 '위안부' 피해자에 대한 지원 활동이 이렇게 일본에서 진행되고 있었던 것이다. 그리고 그 책자를 펼쳐놓은 부스를 지키고 있던 이가 모리카와였다. 모리카와는 문옥주를 만나러 대구에 자주 온다고 하였고, 이후 모리카와와

---

7) 스리랑카의 변호사 라디카 쿠마라스와미

안이정선은 일본과 한국에서 만남을 이어갔고 2019년에는 대구MBC의 취재팀과 함께 미얀마에까지 동행하였다.

4) 나와 모리카와의 만남

문옥주는 나와 모리카와를 만나게 해주고 3년 뒤에 하늘나라로 떠나버렸다. 1993년 10월 제2차 아시아연대회의에서 처음으로 모리카와를 만난 뒤 2019년 9월 대구에서 작별하기까지 지난 26년간의 만남을 이번에 정리해 보기로 한다. 그간 그에게서 받은 엽서와 편지, 메일과 사진들, 함께하였던 시간들에 대한 많은 기억들을 언젠가 한번은 정리하여 기록해 두고 싶었다. 이는 우리 두 사람의 단순한 친교가 아니라 '위안부' 문제 해결 운동에 관한 역사의 한 부분이기도 하기 때문이다.

> 14개월간 현지조사를 마치고 9월 17일에 후쿠오카에 돌아왔습니다. 그리고 11월 1일에 이사했어요. 버마에서는 35건의 위안소 건물과 20건의 위안소가 있었던 자리를 확인했어요. 자료가 뒷받침된 건 그 중에서 8채 정도입니다. 현지에 사는 전 일본군 통역의 증언을 얻었어요.
> (1998년 12월 5일에 보내온 엽서)

> 건강 순조로이 회복하시기를 빕니다. (전년도에 나는 암수술을 받았다-필자 주). 문옥주 책 번역본 출간이 잘 되기를 빕니다. 지난 11월 말에 (제가 만든) 버마의 비디오 한국어판을 보내주셔서 감사드려요. 이번 정월에 문옥주 한글판의 기고문을 쓰겠습니다.
> (2005년의 연하엽서)

희움일본군'위안부'역사관의 준비로 분주하던 2014년 8월 29일에 메일로 중요한 사진들을 사진 설명과 함께 보내주셨다. 사실 역사관 건립을 위해 터를 다지고 나서 건물을 올리는 것은 몇 달만에 끝낼 수가 있었다. 하지만 그보다 더 중요한 것이 어떤 내용을 어떻게 담아낼 것인가였다. 우리는 모리카와의 큰 도움에 힘입어 1층의 상설전시에 문옥주를 주인공으로 내세우기로 하였다. 2층의 기획전시실은 개관 당시 일본에서 이 문제로 활동하며 연대해 온 개인과 단체들을 소개하는 전시, '해방 70년, 한일 시민들이 함께 만들어 온 평화 이야기'로 이를 위해 일본의 이령경 회원이 큰 수고를 해 주었다.

여러분 역사관 건립 준비로 바쁘시지요 올바른 역사를 전하는 존엄한 일에 마음으로 경의를 표합니다. 의뢰하신 문옥주 씨와 버마위안소의 사진을 보냅니다. 스캐너 사용법을 겨우 익혔어요. 제가 가진 사진이 도움이 된다면 영광입니다.

나중에 증보판 책의 표지로도 쓰인 40세 경의 젊은 문옥주의 사진을 비롯하여 1992년 3월 후쿠오카에서 증언하는 문옥주의 사진과 프롬과 만달레이에 남아 있는 위안소의 사진들을 보내주셨다.

2013년 『위안소 관리인의 일기』가 출판되면서 문옥주는 다시 한번 세간의 입방아에 올랐다. 1996년에 일본에서 출간된 책에서 문옥주가 진술하였던 내용이 위안소 관리인의 일기를 통해 그리고 그 책에 함께 실린 「일본인포로심문보고」[8])에 의해 정확하게 검증되었기 때문이다. 그의 놀라운 기억력에 대한 칭송과 함께 그가 '위안부' 시절에 했던 군사우편저금이 다시 떠오르게 되었고 '위안부' 피해자가 아니라 고급창녀였다, 당시의 장성보다 더 많은 돈을 벌었다 등의 터무니없는 비난에 휩싸였다. 그러면서 헌책방에서 문옥주의 일대기가 호사가들 사이에서 다시 유명해져서 한 권에 18,000엔까지 값이 올라가게 되었다는 얘기를 모리카와로부터

---

8) 미국 전시정보국 심리작전반의 「일본인포로심문보고」 제49호(407~423쪽)

들었다. 출판사 측에서 문옥주의 사후 모리카와가 버마에서 현지조사를 계속하여 밝히게 된 내용들을 담아 2015년 4월에 신장증보판을 내게 된 데에는 이러한 사정이 있었다.

문옥주의 책을 새로운 장정으로 다시 펴내면서 출판사의 하타 유미코羽田ゆみ子 대표는 자사의 책들을 홍보하는 한 장짜리 작은 전단지를 만들며 그 한 면을 문옥주의 책에 대한 내용으로 채웠다.

1996년 2월에 처음 출간한 뒤 1997년 3월에 초판 3쇄를 찍으며 6,000부를 발행하여 지난 19년간 그걸 열심히 팔았다고 하였다. 모리카와의 말을 빌어 문옥주에 대해 '지혜롭고 절대 남에게 지지 않으며 열심을 다해 살고 약자에게는 친절했던' 문 씨는 자신의 판단대로 머리와 발을 사용하여 똑바로 살라고 말하고 있다. 젊은 여성들이 문 씨의 이야기를 읽었으면 좋겠다고 하였다. "모리카와 씨 시간 내어 문 씨께 책 보여드리러 함께 가요"라고 하였지만 이 말은 끝내 지켜지지 못했다.

2015년 4월 20일에 새로 나온 신장증보판 책 몇 권과 손편지를 모리카와가 우편으로 나에게 보내주셨다. 1997년부터 14개월 동안 버마에서 현지조사를 실시한 성과를 크게 세 가지로 정리해 주셨고(잔류병 요시오카 노리키吉岡德喜 씨와 병사보로 통역을 담당했던 우 상페 씨를 만났던 일 그리고 혼다 미네오가 전사한 것을 확인하게 된 경위) 2013년에 위안소 관리인의 일기가 발견된 점 그리고 문옥주의 군사우편저금에 관한 것을 정리하였노라 하였다.

  우정성이 공개한 예불조서의 잔고가 높은 금액이라고 사후에도 우익의 공격을 당하는 일이 너무 가슴아파요. 할머니의 분하고 원통함을 받아안고 그것을 풀기 위해 열심을 다해 조사하고 궁리하여 전직 우편국원으로서 지식을 총동원하여 그것을 밝히려고 노력했어요. 우편국에서 근무했던 사실을 이번처럼 잘했다고 생각한 적이 없습니다.
  추신: 약간의 문장을 보태는 데 1년이나 걸려 버렸어요. 역사관의

내용이 충실하게 잘 되기를 빕니다. 할머니가 피해자 신고하신 때가 67세, 저는 68세가 되었어요!!

모리카와는 2015년 12월 5일 막 개관한 희움일본군'위안부'역사관을 방문하러 와서 문옥주의 산소에 신장증보판을 가지고 가서 인사를 드렸다.

(사진 제공 : 안이정선)

5) 통영 〈저자와 함께하는 북토크 행사〉

일본군'위안부'할머니와함께하는통영거제시민모임(이하 통영거제시민모임)에서 중고등학생들을 대상으로 신청자를 모집하여 문옥주의 책을 미리 한 권씩 나눠주고 그 책을 읽게 한 뒤 저자와 만나 직접 이야기를 듣고 질문도 할 수 있는 행사를 2017년 8월에 마련하였다.

그래서 2박 3일의 일정으로 모리카와가 통영을 방문하게 되었고 부산항에 도착하여 다시 부산항에서 여객선을 탈 때까지 전 일정을 내가 함께하게 되었다. 통영에 오신 김에 시민들의 힘으로 2013년 통영시내 남망산공원에 세워진 '정의비'도 보고 통영노인전문병원에 입원해 계신 98세의 위안부 피해자 김복득 할머니(1918-2018)도 찾아뵈었다.

사진 제공 : 통영거제시민모임

학생들은 다양한 소감과 질문들을 하며 위안부 문제에 대한 관심을 표명하였다.

피해자 할머니들이 한 명씩 계속 고인이 되고 있는데 우리 세대가 할머니들을 위해 무엇을 할 수 있을지 묻기도 하고, '위안부' 문제를 잘 모르는 일본의 국민들, 학생들에게 이 문제에 대해 효과적으로 알릴 수 있는 방법을 질문하기도 하였다.

다음은 몇몇 학생의 독후감이다.

이 책을 읽으며 문옥주 할머님께 감사한 마음을 가지게 되었다. 어쩌면 묻혀 흘러가버리는 역사일 수도 있었는데, 인터뷰를 통해 자신의 생애를 세상에 밝히는 용기를 내어주신 덕분에 진실들이 밝혀지게 되었기 때문이다. (통영여고 2학년 정○나)

그 지옥 같은 곳에서 삶에 대한 의지를 잃지 않고 어렸을 때의 똑똑한 두뇌와 음악적 재능을 활용하여 놀라울 정도의 적응력과 생활력을 발휘하고 꿋꿋하게 극한적인 상황을 헤쳐나간 할머니의 용기와 강인함 그리고 능동적인 삶의 방식에 깊은 인상을 받게 되어 '위안부'라고 하면 나약한 이미지를 떠올리던 나의 인식이 완전히 변화하는 데 지대한 영향을 미쳤다. (통영여고 2학년 서○경)

분명 위안부 할머니들은 일본군으로 인한 끔찍한 경험을 받은 엄연한 피해자인데 이런 피해자들이 오히려 더 고개를 숙이고 불안에 떨며 지내야 한다는 것이 너무나도 불합리하고 슬프다고 느꼈다.

(통영여고 2학년 문○희)

6) 미얀마 현지 취재

2019년 3월 30일부터 4월 8일까지 대구MBC의 취재팀(심병철 기자, 마승락 사진기자)과 함께 미얀마를 답사하여 문옥주의 다큐멘터리를 만들었다. 만달레이에서 남쪽으로 내려오며 양곤까지 문옥주의 족적을 좇는 코스였다. 이는 2015년 10월에 모리카와가 아사히朝日신문의 기타노 류이치北野隆一 기자와 함께 답사하였던 코스를 참조하여 짜여졌다.

아사히 신문은 2014년 8월에 32년만에 1982년 요시다 세이지吉田淸治[9]가 아사히 신문과 했던 인터뷰 기사를 공식취소하면서 큰 타격을 받았다. 그 뒤 아사히 신문사는 공신력 회복을 위해 다각도의 노력을 기울여오게 되었는데 2014년 12월의 연속 인터뷰, 2015년 6월 전문가 초청간담회, 11월 미국 '위안부' 기림비와 상의 건립을 둘러싼 논쟁, 2016년 3월 '위안부'와 정신대의 혼동 등 한국에서의 '위안부' 문제 등을 다루어왔다. 그 연장선상에서 피해자의 증언에 나오는 지명과 부대 등이 문서나 기록으로 확인이 가능한 많지 않은 사례 중의 하나로서 문옥주의 일대기를 길잡이 삼아 현장답사를 하였고 군사우편저금에 대한 내용과 위안소 관리인의 일기에서 확인된 내용을 소개하며 2016년 5월 17일 신문의 16면에 전면 기사[10]를 실은 바 있다.

---

9) 1982년 요시다 세이지가 아사히신문 인터뷰에서 1943년 제주도에서 일본군이 어린 미혼 여성들을 사냥하듯이 납치했다고 밝혔고 이후 아사히신문은 이를 토대로 1980-1990년대에 10여 차례 관련 기사를 보도하였음.

10) 北野隆一, 「慰安所の生活たどる(韓国の故文玉珠さんの場合)」, 朝日新聞,

대구 MBC의 취재팀이 만달레이에서 모리카와와 만나기에는 항공편 시간이 잘 맞지가 않아서 결국 모리카와가 대구에 와서 합류하여 김해공항에서 만달레이로 함께 출국하였다. 만달레이 공항에는 양곤에 사는 모리카와의 지인 톤톤우 씨가 촬영장비 등 짐이 많을 것을 고려하여 12인승 승합차를 몰고 8시간을 운전하여 마중나와 있었다. 모리카와가 미얀마에 장기체류할 적부터 알던 사람으로 큰 덩치에 순한 얼굴을 하고 모리카와를 누나처럼 모시며 따르는 모습이었다. 혼자서 장거리 운전을 해야 하는 형이 걱정되어 도중의 지역에 사는 동생 쏘미야쵸 씨가 중간에 합승하여 같이 왔다며 두 사람이 나와 있었다.

이튿날 찾아간 만달레이 시내의 위안소 3곳은 두 곳(버마관과 아사히클럽)이 지금은 사라지고 없었고 광동인 '위안부'가 있었다는 반라이야万來家만 옛모습의 자취가 조금 남은 채 지금은 직업교육을 하는 학원으로 쓰이고 있었다. 아사히클럽 자리에 들어서 있는 약국에 들러 탐문하던 중 약사가 말하길 자기 부모가 찍은 아사히클럽의 사진이 있다고 하였고 사진을 보여주며 부모님의 인터뷰까지 주선해 주었다. 86세와 82세의 부부 모두 영어가 가능하였다. 장관을 지낸 그의 조부가 아사히 클럽의 건물을 지었다고 하였는데 나중에 그 부지를 나누어 팔았고 중국인이 땅을 사서 지금은 병원을 지어 운영하고 있었다. 마다야로 이동하여 오토메 위안소를 답사하였다. 전쟁 때의 총탄자국이 아직도 벽에 남아 있는 2층집이었는데 지금은 가정집으로 쓰이고 있었다. 사가잉에 들러 일본군 전우회가 세운 다양한 위령비들을 둘러보았다.

파간에서 제일 높은 사원인 탓피뉴 파야는 높이가 60m에 달하는 큰 사원이었다. 1, 2층에는 승려들이 거주하며 3층은 박물관으로 유물을 보관하고 있다고 한다. 휠체어에 앉은 86세의 노스님이 우리를 맞이해 주었다. 왼팔도 마비가 와서 불편해 보였다. 문옥주가 자타가 공인하는 스짱으

2016.05.17.

로 가까이 지냈던 혼다 미네오本田峯雄 - 모리카와는 책을 쓰면서 혹시 그가 생존해 있을지도 몰라서 프라이버시를 생각하여 '야마다 이치로'라는 가명을 사용하였다. 문옥주는 자신이 아키압에 있을 때 어느 날부터인가 그가 찾아오지 않았다고 하였는데, 이 사원에 봉납된 전사자 명부에 그의 이름이 있었다. 뜰에는 일본군 제33유미사단에 속했던 군인이 전후에 결성한 전우회가 건립한 위령비가 있었다. 그는 유미부대 보병 제213연대 제3기관총 중대에 속하여 아키압 작전과 임팔 작전에 참여한 것으로 추정되는데 전사일은 1945년 3월 28일, 장소는 만달레이-타잉, 칸우로 손글씨로 쓰여있었다. 문옥주가 혼다 미네오를 다테사단의 하사관으로 알고 그렇게 말한 것에 대해서 모리카와는 1943년까지 다테 제55사단과 함께 행군하고 있었던 유미 제33사단에 속한 병사였음이 확인된다고 하였다.

숙소를 네피도에 잘못 예약하는 바람에 페구산맥을 넘게 되었고 도중에 차를 세우고 드론을 띄워 촬영하기도 하였다. 프롬에 도착하여 우 샹페 씨의 손자를 만나 함께 오토메위안소를 찾아갔는데 지금은 완전 폐가가 되어 쓰러지기 직전의 모습이었고 사람이 살고 있지는 않았다. 경찰의 관리하에 있는 듯 우리가 건물을 둘러보고 사진을 찍고 있으니까 금방 어디선가 경찰이 나타났다.

문옥주가 있었던 프롬의 오토메 위안소　　파간의 탓피뉴사원 (사진 제공: 대구 MBC)

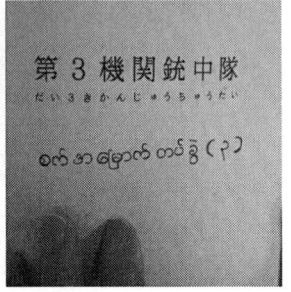

사원에 보존되어 있던 전사자 명부   혼다 미네오가 소속되어 있던
제3기관총 중대의 전사자 명부
표지(사진 제공 : 대구 MBC)

프롬에서 남쪽으로 차로 40분을 달려 쉐다운에 남아 있는 위안소(2층의 벽에 일본어로 된 낙서가 남아 있음)를 보고 다시 5시간을 달려 양곤에 도착하였다.

이튿날 아침을 먹고 모리카와는 나만 데리고 옛날에 자신이 장기투숙하며 묵었던 외국인 전용 게스트하우스에 갔다. 주인인 밍밍 씨가 아주 반갑게 맞이해 주었다. 톤톤우 씨의 부인이 하는 국수가게에도 들렀다. 문옥주가 보석을 쇼핑했다는 보쪽아웅산 시장BoGyoke Aung San Market에도 갔다. 의류와 화장품, 보석, 가방, 골동품 등 생활용품을 파는 남대문시장 같은 곳이었다. 지금도 옛날 군표를 액수별로 비닐 커버에 넣어서 우표와 함께 팔고 있었다. 고드윈Godwin 거리에 있는 옛 위안소 건물인 YMCA 건물과 그 옆의 소학교도 둘러보았다.

양곤 시내 중국 사찰觀音古廟이 있는 거리에서 모리카와가 중국인 두 위안부 임미진, 양소련에 대해 이야기해 주었다. 일본이 패전하면서 페구 산맥에 버려진 중국인 위안부 28명을 영국군이 보호하고 있다가 차이나타운에 데리고 왔는데 중국인 이李 씨가 데려다 먹이다가 이 절 앞에 줄을 세워놓고 얼굴에 종이봉지를 씌운 상태에서 경매하듯이 팔았다고 하였다.

자동차로 산맥을 넘을 때 길 공사 비용을 모금하느라 여성들이 양푼을 들고 길가에 서서 지나가는 차들을 행해 신호를 보내고 있었다. 톤톤우 씨는 여러 차례 통행료처럼 그럴 때마다 소액의 돈을 지불하였다. 길을 닦는 공사장에서 땡볕에 땀흘리며 일하는 여성들이 많았다. 톤톤우 씨는 몇 번이나 차를 멈추고 물과 간식거리를 말없이 전하고는 다시 돌아와 운전을 하였다.

암 수술을 한 친구의 간병을 위해 미얀마에서 돌아온 뒤 4월 22일에 나가노 현으로 이주한 모리카와는 6월 11일에 자전거를 타고 가다가 큰 교통사고를 당했다. 늑골이 네 개나 부러지고 요추 골절에다 외상성 거미막하출혈 등 큰 부상을 당하였다고 했다. 그런데 9월에 다시 대구를 찾아왔던 것이다. 자기가 참여한 일을 마무리하기 위해 얼마나 필사적으로 치료에 임했을지 생각하니 마음이 먹먹해졌다.

9월 16일부터 20일까지 4박 5일 동안 다큐멘터리를 완성하기 위한 두 번째 취재가 있었다. 파주에 있는 사설 박물관 〈타임캡슐〉을 방문하여 촬영을 하고, 서울의 수요시위 현장을 찾고, 문옥주의 산소를 방문하였으며 대구MBC의 스튜디오에서 나레이션을 녹음하였다.

파주를 향해 차를 이동하며 목적지가 가까워오자 모리카와가 이 노래를 알고 있냐며 낮은 목소리로 '임진강'[11] 노래를 불렀다. 문옥주의 산소를 방문하였을 때 모리카와가 가방에서 기린맥주 캔 두 개를 꺼냈다. "할머니가 좋아하시던 기린맥주예요" 하고 우리는 맥주를 산소에 골고루 뿌려드렸다. 산소에서 내려오며 모리카와가 말했다. 저번 교통사고 때 내가 죽지 않고 살아남은 건 할머니가 나를 지켜주셨기 때문이라고 생각한다고. 이 다큐프로그램을 완성시키라고 지켜주신 것 같다고 하였다. 파주로 이동하던 중에 고속도로에서 지나가던 큰 트럭을 보고 저런 차와 접촉사고가 있었다고 했다. 8톤 트럭이었다. 경찰이 접촉사고에 대해 이례적으

---

[11] 경기도가 고향인 월북한 공헌예술가 박세영의 시에 고종환이 곡을 붙인 노래로 일본에서는 조총련계의 아픔을 달래는 노래로 그리고 안보투쟁 시위대의 노래로 알려짐. 남한에서는 통일을 염원하는 노래로 김연자, 양희 등이 불렀음.

로 현장 검증을 하고는 즉사하지 않고 살아남은 것이 기적이라고 했다는 말과 함께.

파주에서 저녁을 먹고 쉬면서 모리카와가 차분한 목소리로 우리에게 말했다. "나는 문옥주 할머니를 만나면서 사람이 태어나 어떻게 살아야 하는지를 배웠어요. 할머니가 72살에 돌아가셨는데 제가 올해 일흔둘이에요. 할머니 나이만큼 살았으니 나는 이제 언제 죽어도 괜찮아요."

9월 20일 아침에 대구공항에서 두 기자와 함께 모리카와를 배웅하며 허그를 하고 헤어진 게 마지막이었다. 10월 1일 그가 쓰러졌다는 소식을 들었고 며칠 뒤인 10월 5일에 그는 하늘나라로 갔다. 문옥주의 나이만큼 살고 문옥주가 떠난 10월에 그도 이 세상과 하직하였다.

가족만 참석한 장례식이 금방 치러졌고 그를 아끼던 수많은 동지들이 11월 24일에 추도모임을 열었다. 27년 전 1992년 3월 28일에 문옥주가 모리카와의 초청을 받아 증언집회를 하였던 바로 그 장소(후쿠오카시 남녀공동 참획추진센터 아미카스홀)에서 모리카와의 추도회가 열렸다.

모리카와를 아끼고 좋아했던 수많은 친지와 동지들이 추모사를 써서 모은 것이 50쪽에 달하는 추도집이 되었다. 제목은 "고마워요"ありがとう이다.

나에게도 추모사를 준비해 달라는 연락이 와서 추모사를 준비하여 대구MBC의 두 기자와 같이 그 추도 모임에 참석하였고 그 자리에 함께한 이령경이 통역을 해주었다. 모리카와와 함께 미얀마에서 취재한 영상을 대구MBC에서 짧게 편집하여 추도식장에서 상영하였다.

이듬해에 터진 코로나19 등 여러 사정으로 인해 이 다큐멘터리는 결국 2020

추도집 표지
(사진 제공: 안이정선)

년 8월 14일에 1부가 〈모리카와의 진혼곡〉12)이라는 제목으로 전국에 방영되었다. 2부는 일주일 뒤인 8월 21일에 〈길잃은 위안부 운동〉13)이라는 제목으로 전국 방영되었다. 이 작품으로 심병철과 마승락 두 사람은 방송기자연합회가 주는 이 달의 기자상을 받았다.

2. 후쿠오카 방문과 증언집회

1992년 3월 27일 후쿠오카 공항에 문옥주와 그 일행을 맞이하러 꽃다발을 들고 나가 기다리고 있는 사람들을 두 팔로 얼굴을 가린 채 지나쳐서 입국장의 저쪽 끝까지 가버린 당시 문옥주의 행동은 그가 얼마나 긴장하고 있었는지를 짐작하게 해준다. TV 방송국에서 나와 있는 카메라를 보고 그는 본능적으로 그런 행동을 취하였던 것이다. 공항에 있는 동안에도 그는 자신을 초청해 준 사람들에게 계속 등을 보인 채였다고 한다.

3월 28일 후쿠오카에서 첫 증언집회가 시작되었다. 집회는 저녁 무렵에 있을 예정이었음에도 아침부터 우익의 가두 선전차가 스피커를 켠

 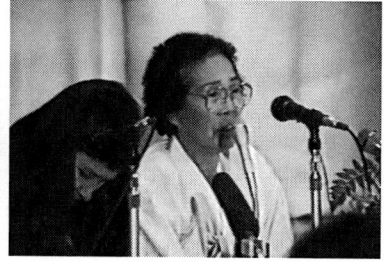

1992년 3월 28일 후쿠오카 증언 집회 녹화 화면 캡처(영상 제공: 모리카와 마치코)

---

12) 대구MBC특별취재팀, 「일본군 위안부 제1부 모리카와의 진혼곡」, 2020.08.14. 방영, http://youtu.be/rZQ8pVFEDcs
13) 대구MBC특별취재팀, 「일본군 위안부 제2부 길잃은 위안부 운동」, 2020.08.21. 방영, http://youtu.be/NHafFTgJOOw

채로 큰소리를 내며 집회장 주변을 돌고 있었고 집회 장소에는 제복을 입거나 사복을 한 경찰이 동원되어 있었다고 한다.

분홍색 치마저고리를 입은 문옥주는 "저는 위안부 문옥주입니다."로 입을 연 뒤 또렷하고 그리고 담담하게 자신의 체험을 이야기하였다. 증언이 끝나자마자 과거에 일본군 병사였던 사람 하나가 일어나 '이 집회를 연 실행위원회는 종군위안부와 여자정신대를 혼동하고 있다. 이런 행사 중지해야 한다. 나는 위안소도 집창촌도 알고 있다. 아무도 좋아서 군대에 가지 않았다.' 등으로 긴 발언을 하며 집회의 분위기를 망치는 일도 있었다.

3. 군사우편저금 찾기운동

1) 〈문옥주 씨의 군사우편저금의 지불을 요구하는 모임〉의 결성과 활동

모리카와의 말에 의하면 문옥주가 일본으로 오게 된다는 사실을 알게 된 뒤로 그에 대한 자료를 조사하는 과정에서 사진 잡지「Friday」를 통해 문옥주가 위안부 시절에 군사우편저금을 하고 있었다는 사실을 알게 되었다고 한다. 또한 우체국에서 16년간 근무한 모리카와 자신이 시모노세키 우편국 저금과에 근무한 경험이 있고 군사우편저금의 원부를 우정성이 보관하고 있다는 것을 알고 있었기 때문에, 이 일은 반드시 자신이 해드려야 한다고 생각을 하였던 것 같다.

문옥주가 증언집회 참석을 위해 후쿠오카에 도착한 첫날 밤에 버마에서 맡긴 군사우편저금을 되찾기 위한 반환청구서를 작성하기 위해 모리카와가 문옥주를 처음으로 인터뷰하였다고 하는데 일본어로 하는 질문 전부를 완전히 알아듣고 한국어 통역을 듣기도 전에 답변을 해왔다고 하였다.

만달레이 혹은 랑군의 야전우체국에서 저금을 시작하였고 팁을 모아 돈이 생기면 조금씩 저금한 것이라고 하였다. 다테 8400사단에서 여기저기를 전전하며 도중에 통장을 잃어버려서 그것을 다시 만들기도 하였는데, 그때 군인에게 물어보니 본사는 시모노세키 우편국이라고 하였다는 진술도 하였다.

이렇게 하여 만들어진 반환청구서를 모리카와와 지원모임의 사람들이 3월 30일 시모노세키 우편국에 접수를 시켰고 4월 3일에도 찾아가 문옥주의 군사우편저금의 지불을 요구하는 교섭을 벌였으나 저금원부를 찾을 수 없다며 우체국 직원들에게 문전박대를 당하였다.

하지만 본인이 요청하면 대답해야 하는 규칙에 따라 2개월 후인 5월에 우정성은 일한청구권협정에 의해 권리가 소멸되었기 때문에 저금의 지급은 불가능하다고 하면서도 저금 원부의 예금출금조서를 교부하였다. 조서에는 현재 잔고가 50,108엔으로 기입되어 있었는데 한일기본조약이 체결된 1965년까지 이자가 매년 정확하게 가산되어 있었다.

이것은 '위안부' 시절에 군인들을 위해 만든 군사우편저금을 자신이 이용했었다는 문옥주의 증언이 사실로 증명된 것을 뜻하며, 그 저금의 원본이 지금도 일본 정부에 의해 보관되고 있다는 것을 보여준 것이 되었다. 이후 우정성을 상대로 그 원본을 찾아서 내놓으라고 요구하는 지원모임의 교섭이 계속되었다. 5월 11일 제3차로 시모노세키 우편국을 방문하였고, 후미하라 교쿠쥬文原玉珠라는 이름으로 된 저금 원부를 발견하여 본인임을 확인하였다.

1992년 문옥주를 초청하여 증언을 듣기 위해 〈문옥주를 초청하는 실행위원회 연락회文さんをまねく実行委員会連絡会〉를 만들어서 모임을 시작하였다가 그 이름과 목적을 바꾸어 5월 25일 정식으로 발족한 〈문옥주 씨의 군사우편저금의 지불을 요구하는 모임文玉珠さんの軍事郵便貯金の支払いを求める会〉에서는 7월부터 10월까지 매주 일요일마다 가두 서명 운동을 벌여 14,906명의 서명을 받았다.

10월 22일 제4차 교섭을 위해 다시 시모노세키 우편국을 방문하여 이 서명 용지를 전달하려 하였으나 거부당했다. 우편국 측은 진정할 사항이 있으면 도쿄의 우정성으로 하라고 주장하면서 교섭 자체를 거부하였다.

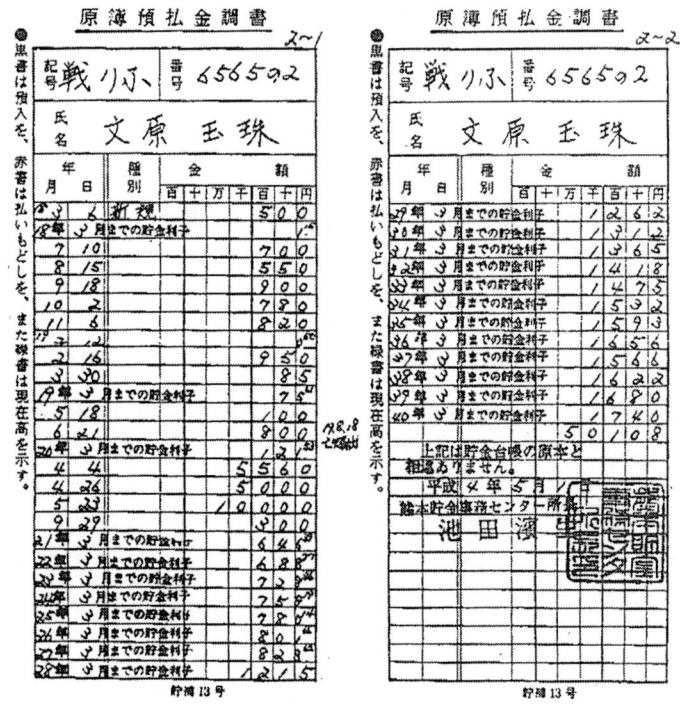

우편국 측이 제시한 문옥주의 군사우편저금 원부의 예불금 조서.

2) 일본 우정성과의 교섭 과정

문옥주의 저금을 찾아주기 위한 지원모임에서는 츄고쿠中国우정국 저금부와 교섭을 시작하면서 다음의 몇 가지를 요구하였다.

(1) 문옥주 또는 후미하라 요시코 명의의 저금 원부를 조사하고 공표할 것.

(2) 본인 확인이 된 경우 전액을 환불할 것

(3) 그 외 여성 명의의 원부를 조사하고 사생활이 침해되지 않는 방법으로 공표할 것
(4) 군사저금의 취급을 이후 어떻게 할 것인지 방침을 분명히 밝힐 것

우편국 측은 지원단체가 제시한 문옥주 또는 후미하라 요시코文原吉子 명의의 원부는 발견하지 못했다는 답변서를 제시하며 원부의 확인을 피해 가려고 애를 썼지만 조사 방법을 놓고 추궁을 거듭하자 결국 유사명의 존재를 밝혔다. 그 유사명 원부의 공개를 요구하자 얼버무리며 버티다가 결국 공개에 응했는데, 그 유사명이 후미하라 교쿠쥬文原玉珠였다. 위안부 시절에 요시코吉子로 불린 적도 있는 문옥주는 자신의 저금통장을 만들 때에는 본래 자신의 이름인 옥주를 썼던 것이다.

발견된 문옥주의 저금원부를 보면 1944년 8월 18일 자로 통장을 잃어버렸다는 망실 신고가 기입되어 있어서 문옥주의 증언과 일치하였다. 그리고 일제 강점기 조선총독부의 창씨개명령에 따라 문文 성이 말소되고 후미하라(文原; ふみはら) 성이 명기되어 있는 제적등본을 제출하여 우정성과 지원단체 모두 그 원부가 문옥주 본인의 원부임을 확인하였다. 예금합계는 26,145엔, 1965년 3월까지 원리금 합계는 50,108엔이었다. 하지만 우편국 측은 예금의 지불에 대해 한일기본조약 및 관계 법령14)을 근거로, 일정 기간 내에 일년 이상 일본에 거주했던 사람을 제외한 한국인에게는 지불하지 못한다

(사진 제공: 안이정선)

고 주장하며 끝내 거부하였다.

4. 문옥주의 군사우편저금이 시사하는 것

문옥주 씨를 초청하는 실행위원회 시모노세키 대표로서 문옥주 씨의 군사우편저금을 찾아주기 위한 모임에서도 열심히 활동한 바 있는 히로사키 류이치広崎隆一는 시사주간지 '주간 금요일' 26호(1994년 5월 20일 발행)에 히로사키 류廣崎リュウ라는 필명으로 "종군위안부에게는 반환되지 않는 군사우편저금"이라는 글을 기고하여 일본 정부의 행태를 조목조목 비판한 바 있다. 그의 글과 그에 앞서 발간된 〈내 저금 내놔라〉라는 이 모임의 활동자료집에서 말하고 있는 군사우편저금에 대한 내용을 몇 가지로 정리하면 다음과 같다.

1) 군사우편저금이란?

군인, 군속을 대상으로 하는 군사우편저금제도는 청일전쟁 중인 1895년에 창설되었다. 그리고 러일전쟁이 발발한 1904년에는 '군사우편환저금규칙'이 시행되고 법제화되었다. 그 후 아시아태평양전쟁에서 일본이 패망할 때까지 일본군이 점령한 각지에 개설된 야전우체국에서 군인과 군속에 대한 급여의 지불과 예금 업무가 이루어졌다. 예금하는 통화는 군용수표(군표) 외 현지 통화도 가능하고 예금한도액, 이율 등은 내지의 통상저금과 같은 취급을 받았다.

---

14) '재산과 청구권에 관한 문제의 해결 및 경제협력에 관한 대한민국과의 협정'(1965년 조약 제27호)과 '재산과 청구권에 관한 문제의 해결 및 경제협력에 관한 일본과 대한민국과의 협정 제2조의 실시에 따르는 대한민국 등의 재산권에 관한 조치에 관한 법률'(1965년 법률 제144호).

〈환저금사업백년사〉(1978년 3월, 우편저금진흥회 발간)에 의하면 군사우편저금은 야전우체국 또는 해군군용우편소에서 예금되는 저금으로서 그 창설 이유는 '군인, 군속 등이 현금을 가지고 있을 필요가 적고 낭비하기 쉬운 환경에 있기 때문에 저축심을 함양시키기 위해'라든가 '전쟁터 등에 저축기관을 설치해 달라는 강한 요망이 군인, 군속 등으로부터 있어서'라고 되어 있다.

그러나 저금은 대부분 상관의 명령에 의해 대체로 강제적이었다는 전직 군인의 증언이 있고, '저축심을 함양시킨다'라기보다는 병사들의 급여를 저축시킴으로써 국가재정의 피폐를 방지하고 윤택한 전비를 확보하려는 의도가 있었음은 부인할 수가 없다.

1992년 4월 참의원 예산위원회에서 나온 정부위원의 답변에 의하면, 야전우체국은 중국의 베이징, 광둥, 홍콩, 동인도 지역의 수마트라섬, 인도차이나의 하노이 등 약 400곳에 개설되었고 패전시의 잔액은 약 315만 5000계좌, 약 10억 3820만 4000엔이었다.

2) 일본군 '위안부' 제도와 군대, 정부의 관련성

군사우편저금의 본사가 시모노세키에 있었던 것은 군사우편저금의 원부가 당시 시모노세키에 보관되어 있었기 때문이다. 그리고 그것은 시모노세키가 지리적으로 대륙침략의 거점이었던 데 기인한다. 나중에 아시아 각지에 대한 침략으로 팽창하게 된 군사우편저금의 원부를 보관하는 '원부소관청'이 되었고 그 뒤에 보관 장소의 협소함, 공습에 의한 소실 위험 등의 이유로 구마모토熊本저금지국으로 옮겨졌다.

1991년 말 현재 군사우편저금의 미지불 계좌 수는 약 73만, 잔액은 약 21억 4900만 엔이었다. 패전 때보다 계좌수가 지불로 인해 감소하고 있는데 비해 잔액이 높은 것은 미지불 계좌에 민법의 시효가 적용되지 않아 매년 이자가 가산되고 있기 때문이다.

일본은행조사통계국이 발행하는 '경제통계월보'에는 달마다 우편저금의 예금지불 실적이 게재되어 있다. 그 잔액의 항목에 (C)의 기호가 붙어서 난외에 저금사무센터 계수(구 외지저금 등을 포함)이라고 주석이 붙어 있다. 이 '구 외지저금 등'에 군사우편저금이 포함되어 현재도 잔고에 대한 법정이자의 계산이 행해져서 총잔고에 계상되고 있는 것이다. 실은 미지불된 약 73만 계좌의 대부분이 구 식민지 출신자의 것으로 생각된다.

또한 문옥주의 저금에 대한 이자가 한일기본조약이 체결된 1965년 3월까지 정기적으로 계산되어 기록되어 있음으로써 조약체결 이전의 권리는 인정하고 있음을 보여주는 것이 되었다.

문옥주가 '위안부' 시절에 야전우체국에서 다른 군인, 군속들과 같이 군사우편저금제도를 이용하였고 그 원부가 발견됨으로써 군이 '위안부'를 통괄하고 있었다는 점이 아이러니하게도 일본국가 측의 증거로 뒷받침된 것이다.

3) 구식민지 출신자에 대한 차별성

일본은 우정성이 전쟁 당시의 군사우편저금에 대해 전후에도 계속 관리는 하되 현재 내국인이 아니라는 이유로 지불청구에 대해서는 끝내 일본으로 찾아온 예금주 본인에게조차 지불을 하지 않는 태도를 견지하였다. 한일청구권협정의 체결에 의해 한국국민이 가진 재산권은 완전히 동시에 최종적으로 해결되었다는 주장을 되풀이하였는데, 당연한 말이지만 그 협정이 체결될 당시에 군대'위안부'제도와 그것의 피해자들에 대한 언급은 단 한 마디도 어디에도 없었다.

우정국측은 한일기본조약 및 관계법령을 근거로 일정한 기간 내에 일년 이상 일본에 주재했던 사람을 제외한 한국인에게는 지불하지 못한다(우정성 고시 제927호, 우정성령 제43호)고 주장하기도 하였다. 이에 문옥주는 "이 돈은 내 개인의 정조를 희생하여 받았던 돈이기 때문에 이것은 개인의 사유재산이다. 따라서 한일관계의 조약이라는 것과는 관계가 없기 때문에 돌려받기를 원한다"고 호소하였다.

문옥주의 경우 군대'위안부' 시절에 군사우편저금을 했다는 본인의 주장이 원부예불금조서의 형식으로 확인되고 공개되었으나 일본 정부가 끝내 지불하기를 거부한 반면에 일본인들에게는 적극적으로 환불이 이행되었다.

1945년 9월 외지의 인플레이션이 국내에 파급될 것을 염려하여 연합국 최고사령관 각서에 기초하여 칙령 제578호, 대장성령 제88호에 의해 통장을 가지고 귀국하는 것이 전면적으로 금지되었다.

다음 해인 1946년 일본정부와 GHQ(연합군총사령부)의 교섭으로 통장의 수입과 지불이 완화되었고 이후 대장성고시에 의해 지불액이 점차 완화되었다. 그리고 1954년 5월 시행된 군사우편저금 등 특별처리법에 의해 군사우편저금의 지불제한이 완전히 철폐되었다.

이 처리법의 시행에 의해 우정성은 1955년부터 1957년에 걸쳐서 국내의 주소가 판명되어 있는 일본인 예금자 약 52만 명을 대상으로 환불권장장을 발송하였고 약 20만 명에게 환불을 하고 있다. 그러나 통장의 망실, 연합군의 몰수, 예금자의 망각, 사망 등으로 약 26만 계좌의 환불 청구가 없는 채로 방치되었다.

환불권장장을 발송할 때 국내외 구 식민지 출신자를 발송대상에서 제외하는 방법으로 성명이 일본인인지 아닌지를 기준으로 했다고 하는데 이것 또한 문제점으로 지적하지 않을 수가 없다. 1940년 조선총독부가 공포한 창씨개명법에 따라 많은 조선인들이 일본명을 강요당하여 개명하고 있었기 때문이다. 이 점을 지적한 데 대해 우정성 저금국 업무과장은 '환불한 것이 일본인뿐이라고 말할 수는 없다.'라고 답하였다.

일본이 패전 후 상대국 국민의 재산, 관리 및 이익을 일방적으로 소멸시키는 국내법을 입법하고 시행한 것은 사실 한국과 미크로네시아에 대해서뿐이었다. 따라서 한국 국적자 이외(무국적 포함)로부터 저금 지급청구를 받은 데 대해서는 '지불하도록 한다'는 것이다.

4) 대만의 예금자들에게 돌아간 혜택

한일청구권협정의 개인의 재산, 권리 및 이익을 일방적으로 소멸시키는 법률에 막혀 문옥주가 자신의 저금을 돌려받지 못하는 어려움에 처하자 모리카와는 시미즈 스미코淸水澄子 의원의 질문과 그에 대한 답변을 듣고서 대만을 방문하여 문옥주와 같은 사례의 사람들을 만났다. 군사우편저금을 했던 대만의 '위안부' 피해자들은 이미 사망한 상태였지만 〈일본시대 각종채무의 지불을 요구하는 모임〉에는 군사저금 뿐만 아니라 구 외지우편저금, 간이보험증서 등을 가지고 있는 사람들이 있었다. 그들은 한결같은 목소리로 일본 우정성에 지불을 요청하는 편지를 보냈으나 정부 간의 처리방법을 논의 중이어서 지불문제는 미해결 상태라는 답신만을 받고 있다고 하였다.

당시 사회당의 참의원이었던 시미즈 스미코 의원의 질문은 "…그렇다면 일한청구권협정에 근거한 우정성령 제43호에서 말하는 대상외 지역, 예를 들어 대만, 북한, 중국 등에 거주하는 예금자로부터 청구가 있으면 군사우편저금을 지급할 용의가 있다는 것인가?"였다. 이에 대해 정부 책임자가 "일한협정과 같은 재산권 등에 관한 특별 협정이 체결되어 있지 않은 지역의 사람이 소유한 군사우편저금에 대해서는 일본 국내에서 지급 청구가 있으면 예금에 대해 확정적 채무라는 의식을 가지고 있기 때문에, 법적으로는 지급할 의무가 있다고 생각한다"고 답변하였던 것이다.(제123회 국회 참의원 예산위원회 회의록 제13호, 1992년 4월 8일)[15]

이것을 계기로 대만인이 보유한 (구)외지우편저금이라 불리운 우편저금, 간이보험은 물론이고 미지급 임금 등을 포함한 확정 채무 총액 380억

---

15) 『버마 전선 일본군 '위안부' 문옥주』 한글판 252쪽, 일본어판 207쪽 참조

엔이 적십자를 경유하여 지급되었다. 대만의 채무자에 대해 통장 등 증권을 소지한 사람에게는 개인별로 이자를 포함한 액수가 지급되었고, 나머지는 대만 적십자사를 통해 요양원 등 복지시설을 설립하는 자금으로 지급되었다.

모리카와는 문옥주책의 신장증보판을 내면서 「역사평론」에 실은 글에서 문옥주가 위안부 생활을 하며 엄청난 돈을 번 것처럼 매도당하는데 대해 안타까움을 표하며 전시인플레이션을 감안한 일본정부의 계산방식에 대해 말한 바 있다. 문옥주의 저금이 만약 지급된다고 하더라도 군사우편저금 등 특별처리법에 따라, 1,500엔까지는 1대 1로, 1,500엔에서 3,500엔까지는 1대 11로, 3,500엔을 넘으면 1대 432로 환산하여 지급되었을 것이라는 것이다. 결국 이자를 포함하여 총액 50,103엔은 1,800엔밖에 되지 않는다고 하였다.16)

일본 도쿄의 여성들의 전쟁과 평화자료관Women's Active Museum, WAM에서는 2016년 7월부터 1년간 〈지옥의 전장 버마의 일본군 위안소-문옥주의 발자취를 따라〉 전시를 한 바 있다. 그 전시에서도 문옥주의 저금액을 거론하며 육군대장의 연봉보다 높다고 공격한 우익에 대해 터무니없는 얘기라고 일축하고 있다. 일본의 패색이 짙어지며 일본군의 점령지는 대단한 인플레에 휩싸였고 1945년 3월 만달레이의 함락 이후에는 군표가 거의 무가치한 것이 되었다는 것이다. 문옥주의 저금액이 큰 폭으로 느는 것이 그 즈음인데 연회에서 장교가 거의 휴지가 된 군표를 팁으로 건넸고 그것을 저금했기 때문으로 판단하였다. 문옥주가 저금한 26,145엔은 당시 도쿄의 물가지수로 환산하면 20엔 정도밖에 되지 않았다는 것이다.17)

---

16) 모리카와 마치코, 위안부의 증거가 필요한가-「문옥주버마전선 다테사단의 위안부였던 나」 신장증보판에 관하여, 역사평론 vol.793, 2016.05.
17) 여성들의 전쟁과 평화자료관 제14회 특별전시 도록 10쪽.

결국 문옥주는 자신의 군사우편저금을 한 푼도 찾지 못하고 한많은 세상을 하직하였다. 다음은 문옥주 자신이 군사우편저금에 대해 생전에 했던 말이다.

"돈을 갖고 싶어서가 아닙니다. 내 눈물과 땀이 배어 있는 그 돈의 역사를 생각하면 일본에 놓아두기가 정말 괴로운 거예요."

문옥주는 아픈 몸을 이끌고 몇 차례나 일본을 방문하여 자신의 저금을 되찾고자 노력하였으나 끝내 자신의 재산인 그 돈을 받아내지 못하였다. 나중에 문옥주의 호소는 피맺힌 분노의 절규가 되어 일본의 우편국에서 메아리쳤다.

"위안부의 저금까지 빼앗아 일본은 부자가 되었는가!!!"

참고문헌

대구MBC특별취재팀, "일본군 위안부 제1부 모리카와의 진혼곡", 2020.08.14. 방영.
   http://youtu.be/rZQ8pVFEDcs.
_____, "일본군 위안부 제2부 길잃은 위안부 운동", 2020.08.21. 방영.
   http://youtu.be/NHafFTgJOOw.
안병직, 『일본군 위안소 관리인의 일기』, 이숲, 2013.
(사)정신대할머니와함께하는시민모임 부설 희움일본군'위안부'역사관, 『故문옥주 20주기 추모전: 옥주씨』, 도서출판 희움, 2016.
한국정신대문제대책협의회·정신대연구회, 『강제로 끌려간 조선인 군위안부들 1』, 한울, 1993.
廣崎リュウ, 「從軍慰安婦には返還されない軍事郵便貯金」, 週間金曜日, 1994.05. 20.
女たちの戰爭と平和資料館, 『地獄の戰場 ビルマの日本軍慰安所』, 2017.
森川万智子, 「50年に巡り合う旅―「慰安婦」問題に取り組んで」, 西日本新聞, 1995. 07.25.-1995.08.10.
_____, "なぜ日本人である私が「慰安婦」問題に取り組み続けているのでしょうか". (personal communication), 2005.
_____, 『文玉珠―ビルマ戰線楯師團の「慰安婦」だった私』, 梨の木舍. [김정성 역, 『버마전선 일본군 '위안부' 문옥주』, 아름다운사람들, 1996.

＿＿＿＿,『文玉珠ービルマ戦線楯師団の「慰安婦」だった私』, 新装増補版, 2015.
＿＿＿＿,「「慰安婦」の証拠」が必要なのかー「文玉珠ビルマ戦線楯師団の「慰安婦」だった私」新装増補版をめぐって」,『歴史評論』, vol.793, 2016.
福岡, 森川万智子偲ぶ会,「ありがとう」(森川万智子追悼集), 2019.11.24.
北野隆一, "慰安所の生活たどる(韓国の故文玉珠さんの場合)", 朝日新聞, 2016. 05.17.
文玉珠さんの軍事郵便貯金の支払いを求める会, 『私の貯金を返してください(내 저금 내놔라)』, 1993.

03장

우연과 우연이 겹쳐 필연, 운명으로
─문옥주와 모리카와 마치코의 삶과 인연

1. 들어가며

"우연과 우연이 겹쳐 필연, 운명이 된 것 같다."

2016년 8월 모리카와 마치코森川万智子(이하 모리카와)가 첫 인터뷰를 마치면서 내게 한 말이다.

1991년 12월 2일 대구의 문옥주(1924~1996)는 정신대문제대책협의회(이하 정대협)가 개설한 피해자 신고 전화에 연락해 자신이 '위안부'피해자임을 밝힌다. 그해 8월 14일 김학순이 기자회견을 통해 일본군 성노예제의 진실을 생생하게 공개 증언한 이후 두 번째 피해 생존자의 등장이었다. 문옥주는 1996년 10월 생을 마감하기까지 약 5년간 한국과 일본을 오가며 천황과 일본 정부의 전쟁범죄에 대한 책임을 추궁하고 일본군 '위안부'문제의 역사적 진실을 밝히는 일에 앞장섰다. 군사우편저금 반환 운동과 국민기금반대 운동을 하면서 일본과 한국에서 증언을 했으며 피해자보상소송을 통해 일본 정부에 직접 '위안부'문제 해결을 요구했다. 일명 아시아태평양전쟁 한국인희생자 보상청구사건은 1991년 12월 6일 김학순 등 군'위안부' 피해자 3명과 군속을 포함한 군인, 그 유가족 35명이 일본 정부를 대상으로 식민지 지배에 대한 반성과 공개 사죄 및 배상을 요구하며 제기한 소송이다. 문옥주는 1992년 4월 13일 다른 위안부 피해 생존자 5명과 함께 2차 원고단으로 합류한다. 1992년 9월 처음으로 도쿄지방재판소 법정에 선 문옥주가 1996년 5월에는 걷기도 힘든 몸을 이끌고 두 번째 진술을 했다.

일본 후쿠오카福岡의 모리카와 마치코(1947~2019)와 문옥주의 인연은 1992년 정초 모리카와가 서울 정대협에 보낸 한 통의 편지로 시작됐다. 모리카와의 초청으로 문옥주는 1992년 3월 27일~4월 6일까지 후쿠오카를 방문한다. 그 만남 이후 모리카와는 피해 생존자로 세상으로 걸어 나와 활동가로 산 문옥주의 5년을 동행했고, 문옥주가 세상을 떠난 뒤에는 그가 남긴 이야기를 지도로 삼아 일본의 식민지 지배와 전쟁 범죄에 대한 책임을 물었다. 2019년 10월 갑작스럽게 세상을 떠날 때까지 모리카와는 일본공문서관에서 문옥주의 '이야기'와 관련된 군 관련 사료 조사를 하고 강연을 했다. 두 사람 모두 72년의 생을 살았다.[1]

두 사람은, 문옥주가 말하고 모리카와가 구성과 해설을 담당하는 공동작업으로 『文玉珠 ビルマ戦線 楯師団の「慰安婦」だった私』(1996.02, 梨の木舍) 초판과 초판의 한국어 번역 『버마전선 일본군 '위안부' 문옥주』(정신대할머니와함께하는시민모임, 2005)을 남긴다. 1996년 문옥주가 세상을 떠난 다음해 5월 모리카와는 문옥주의 발자취를 쫓아 세 번째 버마(미얀마)를 방문했다. 14개월이나 현지에 머무르며 1942년 취업 사기로 버마로 끌려간 18살의 문옥주를 만나고 그가 숨 쉬었던 공기를 마시며 200명 이상의 현지인들을 취재해, 3편의 버마 현지 취재 비디오와 증보판

---

1) 모리카와 마치코 추도 기사 졸고, 「'위안부'피해자 진실을 기록한 일본인」, 『시사인IN』 639호(2019.12.19)와 「일본인이 기록한 위안부'의 악몽」, 『시사인IN』 475호(2016.10.28)을 참조.

(2015년)[2])을 남긴다.

  1992년 3월 첫 만남 이후 문옥주는 모리카와에게 자신이 겪고 본 이야기와 모진 삶을 있는 그대로 풀어냈고, 모리카와는 문옥주의 이야기를 남기고 전하는데 남은 인생을 바쳤다. 한 사람이 누군가를 만나 서로 삼투해 내가 '나'로 터져 나오게 해준 인연. 이 글은 '위안부'문제 해결 운동과 그 속에서 쌓은 인연을 통해 '확장'되는 문옥주의 증언, 그리고 문옥주와 모리카와 마치코의 만남과 인연에 관해 살펴보았다. 일본에서 문옥주를 지원한 일본 시민들의 연대와 그들에게 일본군 '위안부'피해자이자, 생존자이며, 여성이자 인간 문옥주가 어떻게 기억되고 그 만남이 문옥주와 모리카와에게 끼친 영향을, 문옥주 증언과 활동 관련 자료와 필자의 구술자료[3])를 기반으로 살펴보겠다.

2. 말수는 적었지만 해야 할 말은 하는 문옥주

1) '적은 말수에 차분하셨지만, 사람을 꿰뚫어보는 눈을 가진 문옥주' (이희자)

  1944년 군속 동원으로 아버지를 잃은 이희자는 1989년부터 아버지의 기록을 찾기 위해 '태평양전쟁희생자유족회' 활동을 시작해서 일본군'위안부'피해자들과 함께 강제징용 피해자 유족으로서 일본 정부를 상대로 재판투쟁을 이어온 당사자다. 그는 1992년 4월 아시아태평양전쟁한국인희

---

2) 이 글의 문옥주 증언은 모리카와가 쓴 한글 번역본에서, 해설은 한글 번역본과 일본어 증보판을 참고로 했다.
3) 이 글에 쓰인 구술 자료는 2015년 12월 5일 대구의 〈희움일본군'위안부'역사관〉 개관 특별전 '해방 70년, 한일 시민들이 함께 만들어 온 평화 이야기'의 연장선상에서 필자가 수집한 것이다. 희움역사관은 1997년 발족한 '정신대할머니와함께하는시민모임' (이하 시민모임)이 일본군'위안부'피해자들이 겪었던 고통의 역사를 잊지 않고 기억하며, 문제를 해결하기 위한 활동 공간으로 건립했다.

생자 보상청구사건의 2차 원고단으로 참여한 문옥주와 함께 도쿄에서 열리는 재판에 다녔다. 문옥주는 대구에서 혼자 비행기나 열차를 타고 서울로 가서 방일단에 합류했다. 재판 기간 동안 이희자는 같은 방에 묵으며 문옥주를 챙겼다고 한다. 이희자에게 문옥주는, 자기 앞가림은 알아서 하고 흐트러짐이 없었던 사람, 가만히 주위를 바라보기만 하고 말수가 적었지만 사람의 본질을 꿰뚫어 보는 눈을 가진 사람이다. 공개 석상이나 카메라 앞에서 격앙된 언어나 감정을 드러내지 않는 문옥주의 모습은 그 이후도 변함없었던 것 같다.

2) '적은 말수에 담배에 불을 피웠다가 끄고 다시 불을 붙이던 문옥주' (헨미 요辺見庸)

1994년 1월 25일 오전 12시 경 '현생존자강제군대위안부 피해자대책협의회'(이하 피해자회)[4]의 문옥주, 이용수(1928~), 김복선(1926~2012)이 일본대사관 앞에서 구급차에 실려 병원으로 옮겨진다. 일본 정부의 조속한 배상을 촉구하는 시위 도중, 세 사람이 할복자살을 시도했다. 경찰이 칼을 빼앗아 큰 상처를 입지는 않았으나 덩치가 큰 경찰들의 제지로 부상을 당하고 한 명이 실신했기 때문이다(『동아일보』, 1994.01.26).

1993년 8월 4일 고노 요헤이河野洋平 내각 관방장관은 2년에 걸친 한국 '위안부' 피해자에 관한 2차 진상 조사 결과를 보고하며 위안소 설치 및 운영과 '위안부' 이송에 일본군이 관여한 사실과 강제 연행을 인정하고 피해자들에게 사죄와 반성의 뜻을 전하는 담화(일명 고노담화)를 발표했다. 8월 10일에는 호소카와 모리히로細川護熙 일본 총리가 취임 첫 기자회견에서 일본 총리로서는 최초로 제2차 세계대전은 침략 전쟁임을 인정했

---

[4] 1993년 12월 10일 일본군 '위안부'피해 당사자들이 만든 단체. 1994년 8월 1일 "종군위안부"피해자회'로 이름을 바꿨고 문옥주는 1995년 8월까지 공동대표를 맡았다. 이하 피해자회로 통일한다.

다. 1991년 김학순의 공개증언에 용기를 얻은 각국의 피해자들의 증언과 국제 연대 운동이 일본 정부로부터 사과와 반성의 의사를 이끌어 낸 것이다. 그런데, 11월 호소카와 총리가 김영삼 대통령과의 정상회담에서 식민지 지배에 대해서는 사죄하면서도 피해자들에 대한 구체적인 피해 배상 방안은 마련하지 않은 채 사직해 버렸다.

세 사람의 할복자살이 실패로 돌아가자 '퍼포먼스 아니냐', '돈이 목적이냐'는 차가운 시선도 적지 않았다. 할복 자살의 이유를 묻는 헨미 요에게 김복선은 '우리가 죽으면 남은 사람들에게 일본 정부가 보상금을 지급하지 않을까', '일본 사람들에게 죽는 걸 보여 주고 싶었기 때문'이라고 털어놓았다. 할복 자살 시도 기사를 읽은 일본의 작가이자 교도통신 기자 헨미는 '세 사람이 또다시 자결하는 것만은 막아야 겠다'라는 일념으로 10일 동안 세 사람을 따라다녔다. 헨미와 첫 대면한 이용수와 문옥주. 이용수가 '천황을 내 앞에 데리고 와 당장 무릎을 꿇고 사죄하게 해라. 일본인이 처녀 이용수를 창녀로 만들었다'고 절규하며 '위안부 이용수 이야기'를 쏟아 놓을 때, 문옥주는 묵묵히 천장을 올려다 보며 길게 담배 연기만 내뱉는다. 그리고 헨미가 대구 자신의 방을 찾아오자 그때서야 문옥주는 속 이야기를 털어놓는다. 헨미는 '슬픔의 백과사전'같은 문옥주의 이야기를 글로 다 옮길 수가 없었다.[5]

3) '말수가 적고, 담배를 많이 피웠던 문옥주'(노부카와 미쓰코信川美津子)

헨미에게 이제 살아 보겠다고 한 문옥주가 4개월 후인 5월 21일 도쿄 나리타 공항에 내렸다. 4월 하타 쓰토무羽田孜 정권이 들어선 직후인 5월

---

[5] 헨미 요의 취재기는 1993년 3월~1994년 3월까지 교도통신의 국제통년기획 'もの食う人々(먹는 인간)'(총 51회)라는 제목으로 각 신문사에 송출되었고, 1994년 6월 단행본 『もの食う人びと』(株式會社共同通信社)으로 출판, 2017년 한국에서 『먹는 인간』(메멘토)으로 번역 출판되었다.

나가노 시게토永野茂門 법무상이, 태평양전쟁은 침략 전쟁이 아니고 '위안부'는 공창이었다며 고노 담화를 뒤엎는 발언을 한다. 일본 정부의 이러한 태도를 좌시할 수 없었던 문옥주와 피해자대회 생존자 14명은 천황의 사죄와 일본 정부의 공식 사죄와 국가배상을 받아내기 위해 직접 하타 수상을 만나겠다며 무작정 비행기를 탔다. 5월 21일~6월 3일까지 이들의 일본 체류와 전 일정을 옆에서 챙기고 도운 사람이 재일조선인 영화인 박수남과 지인들이다. 평소 박수남 감독과 알고 지내던 노부카와 미쓰코도 피해 생존자들에게 작은 보탬이 되고자 동참했다.

노부카와 미쓰코는 24일 참의원 의원회관 앞에서 문옥주, 이용수 등 일본군'위안부'피해자들을 처음 만난다. 하얗게 부서지는 햇살 아래 하얀 소복을 입은 피해자들이 택시에서 내리던 순간은, 세 아이를 키우느라 바쁜 일상을 보내던 주부 노부카와의 삶에 활동가로서 삶을 더하는 분기점이 되었다.6) 노부카와는 6월 3일까지 11일을 피해자들과 같이 먹고 자는 동안 문옥주가 담배 심부름은 시켜도 자기 이야기를 하는 것을 본 기억이 별로 없다. 집회장과 거리행진의 맨 앞에 서서 꽹과리를 치고 장구를 치며 분위기를 돋구는 문옥주였지만, 평소에는 말수가 적고 앞에 나서지 않았다고 기억한다. 5월 24일 당시 숙소로 제공받은 가와사키川崎의 카톨릭 아사다浅田교회로 TV아사히의 〈ザ・ニュースキャスター〉(더 뉴스케스터)팀이 취재를 하러 왔다. 다른 피해자들이 몸에 새겨진 흉터를 보여주며 일본의 만행을 폭로할 때, 문옥주는 카메라 앞에 서지 않았다.

4) '창밖으로 흘러가는 경치를 조용히 바라보던', 할 말은 하는 문옥주

1994년 5월 문옥주를 비롯한 피해 생존자들의 항의 방일 후, 박수남과

---

6) 노부카와 미쓰코는 이때부터 맺은 이용수의 인연을 지금도 소중히 이어가고 있다. 이용수와 노부카와 미쓰코의 인연에 대해서는 졸고, 「'위안부' 피해자 이용수 할머니가 구순을 맞는다」『시사인IN』 581호(2018.11.06)를 참조.

지인들이 향후 지속적인 지원을 위해 10월 16일 'ハルモニたちを支える会'(할머니들을 지원하는 모임, 이하 지원하는 모임)을 결성한다. 이 모임의 회원이 기억하는 문옥주도 다른 사람들과 비슷하다. 1995년 6월 9~13일 피해자회의 공동대표 문옥주, 배족간(1922~2004), 김경순(1927~2016)은 지원하는 모임의 도움을 받아 일본을 항의 방문한다. 6월 9일 일본 국회가 채택한 '전후50년 국회결의'에 항의하고, 피해자 개인에 대한 사죄와 개인보상을 요구하기 위해서였다. 10일 아침 세 사람은 지원하는 모임 회원들과 함께 주지이자 작가인 세토우치 자쿠초瀬戸内寂聴와의 대담을 위해 교토 행 신칸센을 탔다. 이동하는 내내 문옥주는 창밖으로 흘러가는 경치를 조용히 바라볼 뿐, '말하고 또 말해도 할 말이 많다'며 어릴 적 이야기, 위안소 이야기가 끊이지 않는 배족간과 김경순의 이야기에 자신의 말을 보태지 않았다(지원하는 모임, 『支える会ニュース 生きてたたかう』『지원하는 뉴스 살아서 싸운다』, No.6, 1995.10.01).

장구 장단을 넣으며 함께 노래하고 춤을 춰도 다른 피해자들의 증언에 자신의 이야기를 더하지 않는 문옥주지만, 활동가로서 '필요하다'고 생각하는 말은 하는 사람이었다. 1994년 5월 피해 생존자가 15명이나 직접 일본에 항의 방문을 했지만, 당시 일본에서 전후 보상 운동이나 '위안부' 문제 해결 운동을 하던 일본 사회당이나 시민단체들은 동참하지 않았다. 태평양전쟁희생자유족회나 정대협과 별도로 단체를 만든 피해자회를 '기존 운동단체인 정대협이나 유족회에서 쫓겨 난 골치거리'라고 여겼기 때문이다. 5월 28일 집회에서 마이크를 잡은 문옥주는 다른 피해자들이 자신의 피해에 대해 말할 때, 재판의 원고로, 증언자로 한국의 전후 보상 운동 속에서 함께 활동하고 있다고 자신을 소개한 뒤, 이번에는 피해 당사자들이 직접 일본 정부와 교섭을 하기 위해 왔다며 자신들에 대한 억측에 대해 선을 그었다.[7]

---

7) ハルモニたちを支える会編集・発行, 『生きてたたかうーハルモニたちの熱

1994년 5월 총리관저 앞 피해자들. 다른 피해자들의 맨 뒤 옆으로 비스듬히 앉아 뒤돌아 보고 있는 문옥주에게서, 피해자들 속에서 거리를 두고 피해자들과 자신을 부감하는 듯한 문옥주가 엿보인다(사진 촬영 제공: 노부카와 미쓰코).

3. 드러내지 못한 중국 만주 위안소의 시간

평소 말수가 적었다고 해서 문옥주가 증언 활동에 소극적이었거나 운동의 전면에 나서길 꺼리진 않았다. 내가 확인한 것 만해도 문옥주는 1992년 3월 말 모리카와와 처음 만나게 되는 후쿠오카, 야마구치현山口縣 시모노세키下関, 지쿠호筑豊, 기타큐슈北九州에서의 증언 집회를 시작으로 1995년 11월까지 열 차례에 걸쳐 일본 정부에 개별 사과와 보상을 요구하는 운동과 군사우편저금 지불 운동을 펼쳤고, 두 차례 보상청구소송 법정에 섰다. 다리 부종에 만성 신부전증과 고혈압에 시달리던 문옥주는 1994년 이미 장시간을 이동하거나 걷기가 힘들 정도였다. 1995년 6월 12일 일본 도쿄 참의원회관에서 열린 기자회견에서 문옥주는 '민간모금-아시

い夏 そして今』, 1994.09, Vol.2과 박수남 감독의 영화 〈침묵〉에서 인용.

'아시아평화우호기금'구상 백지 철회와 피해자에 대한 사죄, 개인 보상을 요구하는 성명문을 읽던 도중 양 다리가 부어 의자에 앉을 수밖에 없었다(『支える会ニュース 生きてたたかう』, No.5, 1995.08.01). 그럼에도 문옥주는 한국과 일본을 오가며 문제 해결을 위한 운동에 앞장섰고 인터뷰도 건강이 허락하는 한 응했다.

1991년 12월 5일 정대협의 윤정옥 공동대표의 비공개 인터뷰로 시작된 문옥주의 증언은 한국과 일본의 운동단체, 신문, 개인 인터뷰 등 여러 경로를 통해 활자화되었고 녹취 파일과 녹취록이 남아 있다. 이 증언 기록들을 보면 문옥주의 증언이 운동가로 활동하는 시간이 깊어지면서 '확장'되는 것을 알 수 있다.

윤정옥과의 인터뷰에서 문옥주는 1942년 버마 위안소로의 강제동원 과정과 버마 위안소에서의 생활, 칼을 휘두른 일본 군인을 정당방위로 살해한 사실, 1946년 4월 귀국 후 생활에 관해 이야기했다(『조선일보』, 1991.12.08). 이 비공개 증언은 정대협과 한국정신대문제연구소의 증언 조사팀에 의해 보강되어, 1993년 2월 25일 『증언집1 강제로 끌려간 조선인 군위안부들』(이하『증언집1』)에 실린다. 문옥주의 1인칭 시점으로 정리된 '내가 또다시 이리 되는구나'라는 제목의 구술 기록에는 독립운동을 한 아버지와 가족들과 보낸 어린 시절, 공부시켜 준다는 말에 솔깃해 먼 친척을 따라 후쿠오카현의 오무타大牟田로 갔다가 도망쳐 나온 일, 만 열 여섯 살이 되던 1940년 늦가을 친구집에서 집으로 돌아가던 길에 일본 군복을 입고 긴 칼을 찬 남자에게 유괴 납치되어 중국 동북부 만주 동안성[8]의 위안소로 끌려간 이야기와 만주 위안소에서 생활, 그리고 일 년

---

8) 정대협・한국정신문제연구소 편 『증언집1 강제로 끌려간 조선인 군위안부들』(한울)과 이 책의 문옥주 증언을 인용해 국사편찬위원회가 구축한 사이트 '사료로 본 한국사'(http://contents.history.go.kr/front/hm/view.do?levelId=hm_125_0130. 2023년 3월 25일 최종 열람)의 일본군 위안부의 증언에 동안성이 아니라 만주 '도안성 挑安城'으로 적혀 있다. 그리고 1992년 12월 11일~1993년 1월 31일 경상매일신문이 총 8회에 걸쳐 연재한 '근로정신대 할머니 육필수가-지옥의 나날들'에는 만주 '도안현

만에 기지를 발휘해 위안소를 탈출한 뒤 황해도9) 금천군에 사는 언니를 만나고 왔다는 이야기가 들어가 있다. 이때 중국 만주 동안성 위안소에 대한 증언이 처음으로 활자화된다.

비록 활자화는 안 되었지만, 국가기록원에 만주 동안성 위안소에 관한 중요한 기록(관리번호 DTA0016451)이 남아 있다. 1992년 9월 25일 재일조선인 사학자 김광열金光烈(1927~2015)과의 '대화'다. 대구 김광열의 작은 누이 집에서 진행된 이 '대화'에서 문옥주는, 자신이 열여섯 살 되던 해에 일본군으로 추정되는 사람들에게 강제로 끌려가 중국 만주 동안성의 위안소에서 생활한 이야기를 털어 놓았다. 정대협과 한국정신대연구소 증언 조사팀의 면담 시기(1992년 4월부터 12월로 추정)와 김광열(9월 25일)과의 대화 시기를 감안하면, 문옥주의 증언이 만주 위안소로까지 '확장'된 것은 1992년 4월에서 9월 사이라고 볼 수 있다.

문옥주는 증언조사팀과의 면담 전에 이미 일본인 포토 저널리스트 이토 다카시伊藤孝司(1991.12.18.), 정신대문제대책 부산협의회 김문숙 이사장, 경상매일신문 기자10)와의 인터뷰에도 응했고, 1992년 3월 말에는 일본에서도 증언을 했다. 1991년 12월 18일 이뤄진 이토 다사키와의 인터뷰는 『남북 종군 위안부 27인의 증언』(눈빛, 1997)과 『기억하겠습니다 일본군 위안부가 된 남한과 북한의 여성들』(알마, 2017)에 실렸다. 김문숙 이사장과의 인터뷰는 일본어판이 먼저 나왔다. 1992년 7월 30일 일본에서 펴낸 『韓国女性からの告発―朝鮮人軍隊慰安婦』(明石書店)

挑顏縣'으로 표기 되어 있으나, 모리카와 마치코 등과의 면접 과정 및 일본군 위안소 관련 연구 등을 통해 문옥주가 생활한 만주 위안소는 동안성東安城에 있었음이 밝혀졌다.
9) '정신대할머니와함께하는시민모임'이 주관한 "문옥주 강독회"(2021.06.~12.)에서 문옥주 증언자료를 함께 읽고 논의하는 과정을 통해 문옥주의 언니가 살았던 곳이 함경남도가 아니라 황해도 금천이라는 사실을 확인할 수 있었다.
10) 『경상매일』에 연재된 「근로挺身隊 할머니 肉筆手記-지옥의 나날들」에 실린 문옥주의 증언과 서술에 관해서는 이 책 배지연의 글을 참고로 해 주길 바란다.

에 문옥수라는 가명으로 서술되었고, 한국에서는 1994년 『천황의 면죄부-침략 전쟁은 아직 끝나지 않았다』로 출판된다. 김문숙과의 인터뷰에 동석한 일본 구마모토熊本 지역 TV방송 PD가 방송을 제작했는지는 확인이 안 되지만, 김문숙의 한글판 책에 들어가 있는 문옥주의 증언 서술은 도입부에 인터뷰를 하게 된 경위가 추가되는 대신 아버지의 고향과 가족에 관한 증언과 취업 사기로 버마에 끌려가는 부분은 일부만 정리되어 있다. 증언 마지막 부분에 문옥주가 '지금도 얼굴을 알리는 것은 원치 않는다'고 한 것으로 봐서는, 문옥주가 김문숙과 인터뷰 한 시기는 적어도 1992년 1월 초 모리카와가 정대협에 연락해서 피해 생존자를 초청하고 싶다고 제안한 것을 수락하기 전인 것으로 보인다. 이토 다카시와 김문숙에게 문옥주는 중국 만주 동안성 위안소에 대해서는 말하지 않았다.

중국 위안소에 관한 증언에 대해 문옥주는 1992년 증언조사팀과의 인터뷰에서 다음과 같이 밝힌다.

> 작년에 젊은 시절 권번에서 알았던 이 씨가 권하여 맨 처음 이 사실을 신고할 때만 해도 중국 이야기는 밝히지 않았다. 그때는 **창피스러운 일**을 뭐 전부 이야기하랴 싶어 남방에 갔다 온 이야기만 했었다. 하지만 **내 이야기가 다 알려질 대로 알려진 지금** 무엇을 더 숨길 게 있나 싶어 생각나는 대로 모두 다 이야기했다. **이제 이야기를 다하고 보니 가슴이 후련하다**(『증언집1』, 165쪽: 강조는 필자).

증언조사팀은 피해자 한 사람의 증언을 정리하기 위해 수 차례 장시간에 걸쳐 집중 면담을 했으며, 각 사례 모두 세 차례 이상 면담 보고서를 윤독하고 보완해서 추가 면담을 실시했다(『증언집1』, 313쪽). 한국에서 문옥주가 '다 알려질 대로 알려진' 계기는 1992년 8월 10일 방송된 MBC의 8.15 특집 다큐멘터리 〈종군위안부-못해 온 이야기들〉이다(『한겨레』 1992.08.08, 『경향신문』 1992.08.10). 문옥주는 얼굴은 내지 않는 조건으로 버마 위안소에 관한 증언을 했다. 그런데 문옥주의 이름과 얼굴이 그대로 전파를 탔고, 친인척은 물론 친구들이 '니가 붙들려갔든, 우에갔든, 넘사시럽기로 그런 거 해 놓고'라며 '이른 살이나 되어서, 니 미쳤나'라며 전화를 걸어 윽박질렀다. 약속을 어긴 MBC에 항의 전화하려고 했지만 '더러워서 냅뒀쨌다'고 문옥주는 분통을 터트렸다(국가기록원 소장 김광렬 녹음 DTD0000749_001).

　증언조사팀에게 묻어 뒀던 이야기를 털어놓고 '가슴 후련해'하는 문옥주의 말에서 알 수 있듯이, 증언조사팀과의 작업 속에 중국 동안성 위안소에 관한 증언이 담기게 된 것은 문옥주 스스로가 선택한 증언의 '확장'이다. 1991년 12월 '창피스러운 일'이었던 중국 동안성 위안소 경험이 '무엇을 더 숨길 게 있나 싶은 일'로 바뀌는 사이, 문옥주에게는 어떤 만남과 경험이 있었을까. 1992년 9월 25일 문옥주와 김광렬의 대화 기록(국가기록원 소장)을 토대로, 피해자 문옥주 이야기가 알려지게 된 1992년과 그 이후 문옥주의 활동과 만남에서 그 실마리를 찾아보고자 한다.

4. 활동과 만남을 통해 '확장'되는 증언의 시·공간

1) 피해 생존자 문옥주 세상 밖으로

　먼저, 문옥주가 '피해 생존자'로 세상에 나서게 된 계기를 보자. 『증언집 1』에는 '작년에 젊은 시절 권번에서 알았던 이 씨가 권하여'라고 정리되어 있다. 모리카와의 책에 따르면 이 씨는 문옥주가 학자라 부르며 존경했던 이용낙으로 30년 이상 알고 지낸 사이다. 그간 모른 척했던 이용낙이 12월 2일 문옥주를 불러내 조심스레 김학순과 서울 지역의 '위안부'문제 해결 운동 이야기를 꺼낸다. 그리고 '이것은 역사의 문제니까 당신이 부끄러워할 필요 없다'며 역사의 증인이 되라고 문옥주의 등을 떠밀어 줬다.[11]

문옥주는 모리카와에게 이용낙이 눈치챘다는 사실을 알고 부끄러웠다고 했고 모리카와는 이용낙의 권유를 제대로 받아 안아 피해자 신고를 결심한 문옥주에게 감탄했다.

그럼에도 그 '부끄러움'을 한 순간에 떨치기는 쉽지 않다. 앞서 말한대로 모리카와의 초청을 받은 문옥주는 1992년 3월 27일 정대협의 김신실과 함께 후쿠오카 공항에 내린다. 이때 자신을 기다리는 방송 카메라와 지원자들을 보고 놀란 문옥주는 두 팔로 얼굴을 가린 채 환영 꽃다발도 받지 않고 입국장 저쪽 끝까지 가버렸다. 이튿날인 28일 후쿠오카, 29일 시모노세키, 4월 3일 기타큐슈, 4일 지쿠호에서 증언을 하게 되는데, 3월 28일 첫 증언 집회에서 문옥주는 "저는 위안부 문옥주라고 합니다"라고 말문을 연 뒤 "알리지 않고 감추고 있었던 것은 너무도 부끄러운 일이고 이래서 알리지를 못했고, 이때까지 있었습니다"라고 밝힌다.[12] 문옥주의 이 첫 '목소리'를 통역하는 사이 모리카와가 문옥주에게 다가가 마이크 가까이 앉도록 이끈다. 자신도 모르게 마이크로부터 몸을 뒤로 빼고 앉은 문옥주의 행동에 '부끄러움'이 묻어난다. 일본군 '위안부'피해자들이 안고 살아야 했던 '부끄러움'은 한국 사회가 생존자에게 씌운 굴레다. 1946년 10월 초 태국 방콕에서 고향 대구로 무사히 살아 돌아온 문옥주에게 일가 친인척들은 '양반 집에서 너 같은 아이가 있을 수 없다'며 '야단을 하고' '인간 취급을 하지 않았다'(『증언집1』, 163~164쪽). 열 살 즈음에 기생이 되어 돈을 벌겠다고 했을 때도 '양반집 딸'이 말도 안 된다며 오빠에게 죽을 만큼 맞았다. '양반'에 매여 살던 아홉 살 많은 오빠는 경제적으로 무능했고, 문옥주는 오빠 대신에 가장이 되어 평생 가족을 돌봤다.

---

11) 모리카와 마치코 글 『버마전선 일본군 '위안부' 문옥주』 정신대할머니와함께하는시민모임편, 2005년(이하 모리카와 책 한글 번역본), 182쪽.
12) 영상 제공은 모리카와 마치코, 녹취록 제공은 시민모임. 이때 증언 내용이 향후 군사우편저금 지불 운동에도 쓰였고, '문옥주 씨의 군사우편저금의 지불을 요구하는 모임'이 엮은 소책자 『私の貯金を返せ 내 저금 내놔라』(1993.05)에도 실렸다.

4개 지역 순회 증언 집회에서 문옥주는 자신이 위안부로 강제 동원되어 간 버마 전선의 위안소 생활과 그 이동 경로, 군사우편저금에 대해 집중적으로 이야기한다. 중국 만주 동안성 위안소 이야기는 하지 않지만, 다음과 같이 여지를 남기며 증언을 끝냈다.

제가 하고 싶은 말은 태산도 부지기고 마이크 앞에 나오는 게 떨리고 앞에 말을 먼저 해야 할지 뒤에 말을 먼저 할지 몰라서 **횡설수설**했고, **하고 싶은 이야기도 많은데** 생각이 잘 나지도 않고 그래서 **다음에 더 미뤄서** 하겠습니다(1992년 3월 28일 후쿠오카 증언집회 녹취, 녹취록 제공은 시민모임 : 강조는 필자).

그런데 이때 중국 위안소 이야기하지 않은 것이 문옥주는 내내 마음에 걸렸던 것 같다. 9월 25일 김광렬과의 '대화를 보면 문옥주가 중국 위안소 이야기를 하지 않은 것이 **창피스러운 일**을 뭐 전부 이야기하랴 싶어 남방에 갔다 온 이야기만'한 것이 아니라는 것을 알 수 있다.

문옥주는 "일본 사람들이 지금 이카거든예. 전부 거짓말이다 이카고, 돈 돌라카고 하는, 돈 달라고 저 칸다, 이카거든예, 지금 말이. 그래서 그걸 좀 질게(길게) 놔두면 내가 얘기하고 싶은 거는 무슨 얘기를 하고 싶냐 하면 그 말도 할 수 있어요"라며, 200분(카세트 테이프 5개)에 가까운 시간 김광렬과 그의 누이와 이야기를 나눴다. 피해 생존자 문옥주는 '그 이야기들을 어떻게 한 번에 다 하냐, 이야기한들 과연 일본 사람들이 알아 듣겠냐고 토로한다. 즉, 증언 여건과 가해국 일본의 시민들이 자신의 증언을 들을 준비가 되어 있는가, 증언의 말하기와 듣기에 대한 문제제기다.

3월 말 4개 지역 증언 집회에서 문옥주에게 주어진 시간은 대충 통역 포함해 40분 정도밖에 안 된다. "다음에 더 미뤄서 하겠습니다"고 말한 문옥주였지만, 미처 안 한 이야기를 다른 증언 집회에서 꺼내기가 힘들었는지, 그 이후 공식 증언 자리나 인터뷰에서는 3월에 한 증언 이상의 이야기는 하지 않는다. 활자화가 된다는 것을 인식하고 중국 동안성 위안소 이야기를 한 것은 증언조사팀과의 면담이 처음이다.

2) 연대 – 말하는 사람과 듣는 사람의 관계 맺기

그렇다고 주변에 남겨놓은 이야기를 전혀 안 한 것은 아니다. 김신실, 최창화와 몇 사람(모리카와로 추정)에게는 이미 이야기를 했다고 김광렬에게 밝혔다. 문옥주가 이들에게 다 털어 놓을 수 있었던 것은 3월 4차례 규슈지역 순회 증언 집회와 5월까지 바쁘게 진행된 군사저금우편 지불 운동을 하면서 신뢰를 쌓은 덕분이다.

문옥주와 모리카와의 첫 만남은 모리카와가 정대협에 보낸 편지 한 통이었지만, 이 둘을 인연으로 맺어 준 것은 군사우편저금이다. 1992년 1월 문옥주 초청 준비를 하던 모리카와는 사진 잡지 『FRIDAY』에 실린, 문옥주가 시모노세키 우편국에 군사우편저금을 했다는 기사를 읽고 운명이라 생각했다. 시모노세키 우체국은 모리카와의 직장이었기 때문이다. 일본에 도착한 문옥주는 바로 자신의 군사우편저금을 돌려받길 원한다고 의사를 밝혔고, 모리카와는 우체국 근무시절 퇴역 일본 군인의 미지급 군사우편저금을 돌려주는 업무를 담당한 것이 도움이 될지도 모른다는 사실에 더할 나위 없이 기뻐했다. 문옥주의 증언 집회를 위해 4개 지역 시민들이 모여 '文さんを招く実行委員会連絡会'(문옥주를 초청하는 실행위원회 연락회, 이하 연락회)을 만들었다. 문옥주와 모리카와, 연락회의 시민들은 증언 집회를 개최하면서 3월 30일과 4월 3일 시모노세키의 우정국을 방문해 문옥주가 버마에서 저금한 군사우편저금의 지불을 요구하는 교섭을 했다. 약 10일간 증언 집회에 운동만 한 건 아니다. 모리카와와 지인들은 4월 3일 우정국 방문을 마친 뒤 문옥주와 함께 온천에 가서 문옥주의 생일을 축하하며 즐거운 시간도 보냈다.

이 1992년 3월 말의 만남을 시작으로 모리카와는 문옥주와 정대협을 통하지 않고 직접 연락을 주고 받게 된다. 문옥주는 기타큐슈와 지쿠호 지역 연락회 책임자였던 김광렬과도 이때 만난다. 김광렬은 후쿠오카 지쿠호 지역의 300여 사찰을 찾아다니며 조선인 노동자들의 죽음에 대한 자료와 기록들을 직접 손으로 기록한 역사학자다. 처음에는 피해 당사자를 초청하는 것을 반대했던 김광열도 문옥주의 '미뤄둔 이야기'를 듣고 싶어서, 9월 25일 대구 누나집에서 문옥주에게 연락을 한다. 문옥주의 다른 체험을 듣던 김광렬은 문옥주에게 전부 증언해서 책으로 남기라고 권한다(국가기록원 소장 김광렬 면담 기록 노트 DTA0016451과 면담 녹음DTD0000749_003).

기타큐슈 증언집회 때는 기타큐슈 연락회 책임자인 재일 대한기독교 고쿠라小倉교회의 최창화崔昌華 목사와 친분을 쌓았다. 최창화 목사는 재일조선인 1세로 기타큐슈 고쿠라에서 지문날인 거부 운동 등 재일조선인 인권운동과 강제 동원된 조선인 유골 수습 등 지역에서 평화운동을 이끈 인물이다. 이틀 동안 최창화 목사의 교회에서 숙박을 한 문옥주는 4월 30일 대구여성회와 대구YWCA가 '정신대문제의 실태와 우리의 자세'라는 제목으로 주최한 집회에도 최창화 목사와 같이 참석해 증언을 했다(정신대할머니와함께하는시민모임 편, 『문옥주 지오그라피』, 2021). 지문날인 거부 운동 등으로 일본 정부나 행정 기관과의 교섭 경험이 풍부한 최창화는 이후 모리카와와 함께 군사우편저금 지불 운동을 이끌었다. 5월 10일 일본 야마구치로 문옥주를 초청해 증언 집회를 열고 이튿날 우정국 저금부를 방문해 3차 교섭에 나선다. 1, 2차 교섭 때 우체국 직원들은 문옥주의 저금 원부를 찾을 수 없다며 문전 박대했었다. 3차 방문을 통해 창씨개명한 문옥주의 이름 후미하라 교쿠주文原玉球로 저금된 문옥주의 저금 원부가 발견되었고, 일본의 지원자들은 열흘 뒤인 25일 '文玉珠氏の軍事郵便貯金の支払いを求める会'(문옥주 씨의 군사우편저금의 지불을 요구하는 모임)을 결성해 본격적으로 운동을 펼친다.[13] 문옥주는 이 발족

식 참석을 위해 다시 방일한다. 이렇게 3월 28일 일본에서 첫 증언을 한 문옥주는 5월 말까지 약 두 달 동안 열정적으로 한일을 오가며 운동에 참가했고 그 사이 모리카와, 최창화 등에게 '태산 부지기'로 하고 싶었던 말을 자연스럽게 털어 놓은 것이다.

3) 공간과 인식의 확장

더불어 이 시기 문옥주의 활동은 대구-규슈에서 다른 지역으로 확장되어 간다. 4월 6일 일본에서 돌아온 문옥주는 바로 아시아태평양전쟁 한국인희생자 보상청구소송의 2차 원고단에 합류해(4월 13일), 김학순 등 다른 생존 피해자는 물론 서울의 전후보상 운동단체와 함께 활동을 시작한다. 6월 1일 보상청구소송 첫 공판에는 참석하지 않았지만, 9월 14일 도쿄에서 열린 2차 공판에 출석한 문옥주는 법정 진술을 했다. 보상청구소송 지원 운동을 한 'ハッキリさせる会'(확실히 하는 모임)의 소식지 『ハッキリユース』(『핫키리뉴스』 No.12, 1992.09.20)에 정리된 문옥주의 진술 내용에 따르면, 취업 사기로 버마 위안소에 끌려간 경위, 랑군, 프롬, 아유타야, 아끼압으로 다테楯사단이 이동하면서 '위안부'들을 끌고 다니며 '위안'을 강요한 사실, 일본군의 조선인 차별에 못 이겨 자살하려고 한 자신과 하루에 30명 이상의 군인을 상대해야 하는 위안소 생활을 견디지 못 해 강에 뛰어들어 죽거나 병에 걸려 죽은 친구들 이야기, 태국 방콕을 거쳐 아유타야 육군 병원에서 간호부 생활을 하다 고향으로 돌아온 이야기를 진술했다. 그리고 일본 정부가 지불하지 않고 있는 자신의 군사우편저금은 위안소로부터 받은 돈이 아니라 자신들을 가엾게 여긴 군인들이 팁으로 준 푼돈을 악착같이 모아 저금한 것이라며, 전장에서

---

13) 문옥주의 군사우편 저금 지불 운동에 관해서는 이 책 이정선의 글에서 자세히 고찰하고 있으므로 이 글에서는 생략하겠다.

겪은 고초로 아직까지 자궁내막염 등 육체적 고통과 가난에 시달리고 있으니, 원만한 해결을 해 달라며 진술을 마쳤다. 중국 위안소에 관한 이야기는 덮어두고 있었지만, 문옥주에게 있어 보상청구소송은 일본 정부에 직접 자신의 목소리를 전하고 직접 싸우는 장이었다.

8월에는 필리핀, 대만 등 다른 나라 생존 피해자와의 만남으로 문옥주의 '위안부' 문제에 대한 인식이 '조선'을 넘어 확장된다. 8월 10~11일 서울에서 제1차 정신대문제 아시아 연대회의14)(이하 아시아 연대회의)가 열린다. 정대협의 발의로 개최된 이 회의는 한국, 필리핀, 대만, 태국, 홍콩, 일본의 시민단체와 개인이 참가했다. 회의에 참석한 6개국 대표들은 '강제 종군위안부문제 아세아연대'를 결성하고, 참석자들은 일본 정부에 '강제연행 사실 인정과 진상 조사, 피해배상 요구, 개별 희생자들과 아시아 각 국의 여성들에게 납득할 만한 완전한 공개사죄, 생존자들과 그 가족에게 국제법에 따른 배상을 실시, 일본군이 아시아 나라들을 침략하여 "강제 종군 위안부"라는 이름 하에 아시아 여성들을 강제 연행, 매춘을 강요하고, 인권을 유린한 사실을 일본 학교 교과서에 명기하여 가르칠 것'을 요구하며, 이를 위해 노력할 것을 천명하였다(정신대문제 아시아연대회의 참석자일동, 「정신대문제 아시아연대회의 결의문」, 1992.08.11). 이 회의에 문옥주는 모리카와와 함께 참석했고 대구의 피해 생존자 이용수와도 처음으로 만나게 된다. 이후 문옥주와 이용수는 1993년 12월 10일 다른 생존 피해자들과 함께 피해 당사자들의 단체 '현생존자 강제군대위안부 피해자대책협의회'를 결성한다. 그리고 앞서 헨미 요와의 만남에서도 이야기했듯이, 이듬해 1월 15일 이용수, 김복선과 함께 피해자들에 대한 구체적인 피해 배상 방안 마련은 커녕 망언을 되풀이하는 일본 정부

---

14) 1993년 10월 22일~25일 일본 사이타마에서 열린 제2차 강제 '종군위안부'문제 아시아 연석회의에서 정신대, 강제 종군위안부라는 용어 일본군 '위안부'로 고쳐 쓰기로 정한 뒤, 3차 회의부터 〈일본군 '위안부'문제 아시아연대회의〉로 회의 명칭도 통일되었다. 이 글에서는 시기와 관계없이 아시아연대회의로 통일한다.

를 규탄, 조속한 배상을 요구하는 시위 도중 할복 자살을 시도했다.

김광렬이 남긴 녹취 기록을 보면, 문옥주는 8월 아시아 연대회의에 참가해 다른 피해자들의 경험과 증언을 듣고 많은 생각을 한 듯 하다. 아시아 연대회의에서 집세 50만 원이 없어서 여기저기 떠돌아다니는 피해자를 만난 문옥주는 '자신의 고통'을 '모두의 고통'으로 인지한다. 나아가, '전부 거짓말이다, 돈 받으려고 저런다'라는 일본이 원망스러워, 앞서 기술한 9월 16일 보상청구소송의 제2차 공판 원고 진술 내용을 혼자 미리 준비했다. 이번에도 주어진 시간이 길지 않다는 걸 전해 들은 문옥주는 한 장 정도의 원고를 미리 준비해서 필사적으로 연습했다.

> 고거 고거 그런 얘기 한 번 한 마디 한다고 몇 마디 지낀다고 밤새~도록 혼자 지끼고(말하고: 필자) 연구하고 했는데 아침에 뭐 자고 나더니 할매는 왜 밤 새도록 안 자고 어서 지껴샀냐고, 이 카더라. 그날 지금 나 뭐 내 생각에 뭐 그거 잊어벌까 싶어 지낀다고 그랬다 카이께네, 가다가 웃어샀잖아(국가기록원 소장 김광렬 녹음 DTD0000749_001, 녹취록 제공은 시민모임).

그 후에도 문옥주는 히로시마広島, 기타규슈, 후쿠오카, 구마모토에서 활동하는 페미니스트들과 함께 모리카와가 1993년 4월에 만든 '従軍慰安婦問題を考える女性ネットワーク'(종군위안부문제를 생각하는 여성 네트워크, 이하 여성네트워크)와는 후쿠오카 지역을 중심으로, 한국의 '현생존자강제군대위안부 피해자대책협의회'의 피해 생존자들과 박수남이 중심이 되어 결성한 도쿄의 'ハルモたちを支える会'(할머니들을 지원하는 모임, 1994년 10월 16일 결성)과는 관동 지역을 중심으로, 일본을 오가며 활동을 이어갔다.

이 즈음부터는 공식 석상에서도 중국 만주 위안소에 대해 간단히 언급하고 있다. 1994년 12월 9~16일 도쿄에서 열린 일본 정부의 민간기금구

상의 백지 철폐를 요구하는 집회에 참석한 문옥주는 중국 만주 위안소에 끌려간 사실을 밝힌다(『支える会ニュース 生きてたたかう』, No.2, 1995.02.03). 1995년 2월에는 "전후 50년, 일본군 '위안부' 문제는 왜 해결되지 않았는가?"라는 주제로 서울에서 열린 제3차 아시아 연대회의에 모리카와와 함께 참석했고, 1996년 5월 27일 도쿄 지방 재판소에서 열린 제17차 구두 변론에 다시 출석해 원고 본인 심문에도 응한다. 제2차 공판과 달리 이때는 모리카와와 담당 변호사와 함께 미리 구두 변론 준비와 연습을 한 문옥주는 법정에서 중국 만주 위안소에 관해서도 상세히 증언하고 있다(『ハッキリニュース』, No.50, 1996.07.11). 이 법정 투쟁이 문옥주의 마지막 일본 방문이고 활동이다. 1995년 문옥주는 자신들과 같은 피해를 되풀이하지 않기 위해 앞으로도 당당하게 일본 정부에 사죄와 배상을 요구하는 운동을 하겠다고 하면서도, 모리카와에게 일본군 '위안부'문제에 대해 다음과 같이 자신의 의견을 피력한다.

"나는 지금까지의 상황을 지켜보며 일본정부는 이 문제를 제대로 해결할 의사가 없다고 봐. 왜냐하면 위안부는 한국인만 있었던 건 아니니까. 만약 일본이 우리들 한국인에게 배상을 약속하게 되면 중국에도, 대만에도, 버마에도, 그 외의 다른 나라의 여성들에게도 마찬가지로 배상하지 않으면 안 되니까. 그건 단순하게 생각해도 엄청난 부담이니까 그런 일을 일본정부가 할 턱이 없지. 국가란 그런거야."(『버마전선 일본군 '위안부' 문옥주』, 183쪽).

1992년 9월 김광렬에게, 일본정부가 군사우편 저금은 안 돌려 줄 것 같지만 '위안부'문제는 곧 해결 될 것 같다고 말했던 문옥주였다(국가기록원 소장 김광렬 녹음 DTD0000749_004, 녹취록 제공은 시민모임). 3년간의 활동으로 문옥주는 다른 나라 피해 여성들의 실태도 알게 되었고, 일본정부의 속내도 꿰뚫어 본 것이다. 그리고 1996년 10월 26일, 문옥주는 군사우편저금은 물론 일본 정부의 사죄와 보상도 받지 못 하고 생을 마감했다. 문옥주의 자세한 활동에 대해서는 이 책 마지막에 첨부한 연표 〈문옥주와 모리카와 마치코의 일생과 인연〉을 참고해 주길 바란다.

이상 1991년 12월 생존 피해생존자로 세상으로 걸어 나와 문제해결 운동에 적극 참가한 문옥주의 증언과 인식이 어떻게 변화했는지를 살펴봤다. 남겨진 자료를 통한 단편적인 분석이나, 이해와 공감으로 문옥주의 마지막 5년을 함께 한 사람들이 있어 문옥주의 증언에서 부끄러움이 지워지고 증언의 시·공간이 '확장'되었다고 할 수 있다.

5. 공감과 연대로 엮은 책

1) 전폭적인 신뢰와 '일본어'

1992년부터 문옥주의 이야기를 듣고 정리하던 모리카와가 제대로 책으로 엮어야겠다고 결심하고 문옥주에게 의향을 물어 본 것이 1993년 9월이다. 문옥주의 대답은 간결했다. "모리카와 씨 하고 싶은 대로 다 하세요". 이 대답은 약 1년에 걸쳐 쌓은 두 사람의 관계를 여실히 보여준다. 그리고 1996년 2월 『文玉珠 ビルマ戦線 楯師団の「慰安婦」だった私』(1996. 2, 梨の木舎)가 출판된다. 이 글 처음에 인용한 모리카와의 말 그대로 '우연과 우연이 겹쳐 필연, 운명'으로 완성된 책이다. 이 장에서는 문옥주와 모리카와가 어떤 과정을 거쳐 이 책을 완성했는지에 대해 살펴보겠다.

먼저 책의 구성이다. 모리카와 책은 전반부가 문옥주의 어릴 적부터 귀향까지의 증언을 토대로 쓴 일대기고, 후반부는 모리카와의 해설과 자료다. 전반부 문옥주의 일대기는 증언자 '나'인 문옥주의 시점으로 '나는~'으로 이야기하는 문옥주의 1인칭형 서술이고, 1)문옥주의 해방 후 삶과 버마 전선 2)과거를 밝히다 3)버마 전선 다테사단과 위안부로 나눈 후반부 해설은 모리카와의 시점에서 '문옥주는~'으로 쓰인 모리카와의 1인칭형 서술이다. 그렇기 때문에 일본어 판 책에는 저자에 '구술 문옥주, 구성/해설 모리카와 마치코'로 두 사람의 이름이 같이 들어가 있다. 내가 이 책을 문옥주, 모리카와 마치코 두 사람의 공동작업이라고 일컫는 이유도 여기에 있다.

두 번째로 문옥주와 모리카와의 공동작업의 기본 언어가 일본어였고, 그것을 기반으로 1996년에 책이 완성되었다는 점을 잊어서는 안 된다.

이 글에서 인용한 문옥주의 구술 녹취를 보면 알 수 있다시피, 문옥주의 증언 구술은 전부 우리말, 정확히 말하면 대구 사투리인 구어와 일부 일본어로 발화된다. 일본어가 가능한 다른 '위안부'피해자와 마찬가지로, 문옥주에게도 일본어가 아니면 형언이 안 되는 기억이 있다. 앞서 말한 중국 만주 동안성 표기의 오류도, 문옥주가 증언팀에 동안성東安城을 일본어 발음인 '도안쇼' 혹은 동안만 일본어 발음인 '도안'이라고 했고 증언팀에서 도안성挑安城으로 이해해서 빚어진 오해로 보인다.

지명만이 아니다. 일본어로만 가능한 '시간과 장면'이 있다. 박수남 감독의 영화 〈침묵〉 속 문옥주의 증언이 대표적이다. 1994년 12월 9~15일 도쿄 긴자에서 일본 정부의 민간기금구상 백지 철폐를 요구하는 서명과 선전 활동 중, 박수남 감독은 황궁 앞 광장에서 문옥주에게 제일 생각나는 것이 뭐냐고 묻는다. 너무 분하고 원통해 말도 안 나온다고 입을 연 문옥주는 일본 병사를 죽여 군사재판에 회부되었던 때를 회상한다. 술에 취한 일본 병사가 시키는 대로 안 한다며 칼로 협박하자, 문옥주는 지지 않고 단호하게 일본어로 되받아쳤다. 모리카와의 책에도 이 부분은 문옥주의 일본어가 직접 인용되어 있으며, 나도 모리카와가 문옥주를 흉내 내며 이 장면을 재현하는 걸 들은 적이 있다.

문옥주와 인터뷰를 한 윤정옥, 증언조사팀, 이토 다카시, 김문숙, 경상매일신문 기자 등 모두는 명료하지 않은 문옥주의 대구 사투리, 그리고 한국말로는 표현이 안 되는, 자연스럽게 일본어로 발화되는 경험과 기억들을, 자신들의 언어와 서술로 재구성했다. 반면, 문옥주와 모리카와 사이의 기본 언어는 일본어였다. 한국말을 모르는 모리카와와, 일본말이 완벽하지 않은 문옥주 사이에 한계와 벽이 있었을 것이다. 그런 면에서는 한국말과 일본말이 다 가능한 사학자 김광렬과의 대화가 문옥주에게 가장 이상적이었을지도 모른다.

문옥주는 자신의 증언 내용과 통역에도 민감했다. 1992년 3월 4개 지역 순회 증언 도중 문옥주는 통역을 바꿔 달라고 항의를 해서, 말은 물론 역사도 잘 아는 최창화 목사의 부인이 통역을 하게 된다.

> 오늘 했는 말이, 또 내일 했는 말 또, 영 많이 달라졌어요. 그래서 내가 해명을 했어, 하긴 했어도 그리고 또 뭐 안 했는 것도 천지삐까리가 있고… (중략) 통역하는 사람들, 쯔야꾸(통역, 필자)가 예, 우리 말로 이래, 요 말로 가지고 조금 조금 다르더라도 자기가 거기서 더 좀 잘해야 되는데. 이 놈 녀석이, 내 했는 말을 하나도 번역을 안 하고 고마 슬쩍 넘가뿌고, 딴 소리 딴 소리 지끼거든(얘기하거든, 필자). 저 때 앉아서 들어보면 우리 일본말 모르는 줄 알고, 일본말은 거진 우리가 알아듣지만은 다는 못 하고 또 내가 또 지끼는 말도 다 잘 못 지낄 것 같은 거(국가기록원 소장 김광렬 녹음 DTD0000749_001, 녹취록은 시민모임 제공).

문옥주는 잇따른 증언 집회 동안 자신의 증언이 '똑같지' 않은 것을 우려했고, 게다가 통역을 거치면서 자신의 증언이 '잘려 나가고 바뀌는 것'을 걱정했다. 말로 표현하는 것의 어려움에 공식 역사와 문옥주 개인사 간의 간극이 오역으로 보태지는 것이다. 한국어와 일본어가 다 된다고 해서 문옥주만큼 자신의 증언 내용과 전달에 민감한 피해자가 많지는 않다. 김광렬에게 문옥주는 본인이 서너 달만 일본에 살면 통역자보다 훨씬 더 잘할 것이라고 덧붙인다. 문옥주는 서너 달 일본에서 살면이라고 했지만, 연극인이자 모리카와의 동지인 기리타니 나쓰코桐谷夏子는 1992년 당시 문옥주의 일본어는 충분히 훌륭했다고 기억한다. 모리카와는 문옥주가 60~70년대 요리집에서 한국으로 출장을 온, 혹은 '기생관광'을 하러 온 일본인 상사맨들을 상대로 일을 했기 때문에 위안소 시절 일본어가 나이가 들어서도 여전히 살아 있었던 것 같다고 분석했다.

두 사람은 언어의 한계와 벽을 함께 한 2년(모리카와가 본격적으로 책 집필 작업을 한 1993년 9월~1995년 겨울)이라는 시간으로 넘어섰다. 그 2년간 모리카와는, 아침 일찍 후쿠오카에서 3시간 정도 페리를 타고 부산항에 도착해 부산역에서 새마을 열차를 타고 대구역에 내려 문옥주의 집까지, 13번을 그렇게 왔다 갔다 했다. 문옥주는 아침부터 삼계탕을 끓이면서 오후 3~4시경 도착하는 모리카와를 기다렸다. 모리카와의 당시 여권에는 1992년 8월부터 1996년 문옥주가 세상을 떠나던 해 8월 그의 집을 방문했을 때까지 총 18개의 한국 출입국 도장이 찍혀 있었다. 때때로 대구가 고향인 와세다대학교 유학생이던 최진이 한국과 일본에서 통역을 도와줬지만, 최진은 통역을 위한 통역이라기보다는 도쿄를 방문한 문옥주와 함께 시간을 보낸 두 사람의 지인이다. 대구 여성회 활동의 일환으로 대구 지역 '위안부'피해자를 돕고 문제 해결운동을 하면서 문옥주와 모리카와를 만난 이정선 또한 통역이라기 보다는 같은 길을 가는 동지였다.

식민지 지배 하 가난한 집에서 태어난 여자아이 문옥주는 어린 시절 서당에서 한문을 배우고, 사립 야간학교에서 일본어를 배웠고, 일본군의 버마 전선과 위안소의 '위안부' 문옥주는 살아남기 위해 군인들이 가르쳐주는 일본어를 노래처럼 외웠다. 그리고 고향으로 돌아와서 어머니와 오빠의 가족까지 책임져야 했던 문옥주는 부산과 대구 요리집에서 일본어를 갈고 닦았다. 그렇게 익힌 일본어가 1990년대 피해 생존자, 활동가 문옥주와 모리카와의 공동작업을 가능하게 하는 도구가 된 것이다. 문옥주와 모리카와 사이에 어휘와 표현의 한계는 있었을지도 모르지만, 두 사람은 신뢰로 그 한계를 극복했고, 모리카와는 문옥주가 해 준 그의 이야기를 최대한 그대로 남기고자 최선을 다했다.

2) 탁월한 기억력으로 나눈 '대화', 그리고 조사

세 번째로 문옥주와 모리카와의 작업이 책으로 완성되기까지 두 사람의 작업이 수차례에 걸친, 두런두런 나누는 '대화'였다는 점을 들고 싶다. 문옥주는 질의응답식, 일회성 면담을 싫어했다. 1992년 9월 문옥주는 김광렬에게

> 이거는 이제 앉아서 이래, 차근 차근 우리끼리 쌓인 얘기하면 또 얘기가 또 다른 게 또 붙어지고 또, 붙어지고 앞에 있는 말 내주(나중에) 했는 말, 분별이 없어도 이제 자꾸 이게 나오지(국가기록원 소장 김광렬 면담 녹음 DTD0000749_001, 녹취록은 시민모임 제공).

라며 자신은 대화 방식이 좋다고 밝힌다. 1992년 9월 문옥주는 김광렬과 김광렬의 작은 누이와 자유롭게 '대화'를 나누고 있었다. 대구 문옥주의 집을 방문한 모리카와는 거기서 2~3일씩 같이 먹고 자면서 문옥주와 '대화'를 나눈다. 작업 마지막 즈음에는 이제 더 할 말도 없다던 문옥주가 후쿠오카로 돌아가려고 짐을 챙기는 모리카와에게 툭 하고 새로운 이야기를 풀어 놓아 애를 태웠다. 대구 집에서 문옥주가 일본어로 풀어 놓는 증언을 모리카와가 녹음하며 기록하고, 일본으로 돌아와 정리한 구술을 모리카와가 다시 문옥주의 대구 집에 며칠 묵으면서 일본어로 읽어 주면, 문옥주가 확인하고 수정하는 방식으로 책 작업이 진행되었다. 1996년 초 일본에서 발간된 책을 건네받은 문옥주는 손가락으로 툭툭 치며 밀어낸다. 간단한 히라가나는 읽어도, 일본식 한자나 가타가나라는 일본 고유의 글은 쓰지도 읽지도 못 했기 때문이다.

'자기가 보고 겪은 것만 이야기한다'고 자주 말했다던 문옥주의 탁월한

기억력 또한 두 사람의 공동작업을 가능케 했다. 1942년 7월 10일 부산에서 배를 타고 몇 달 만에 버마 만달레이에 도착한 문옥주는 '다테楯8400사단'에 소속된다. 그 후 다테8400사단과 함께 버마 전선을 이동하게 되는데, 그 모든 이동 경로와 지명, 이동 시기, 위안소의 이름과 지명, 당시 대화, 위안소 이용 요금, 위안소 주변 환경, 거기서 배워 불렀던 일본 노래까지 문옥주는 거의 모든 것을 생생하고 명확히 기억하고 있었다. 문옥주의 정확하고 탁월한 기억력 덕분에 모리카와는 후반부의 버마 전선 다테사단 관련 해설과 자료 편을 쓸 수 있었다.

1993년 9월부터 본격적으로 구술 채록 작업을 시작한 모리카와는 대구-후쿠오카를 오가면서 문옥주의 증언을 '듣고' '기록'한다. 처음으로 상세한 증언을 들은 규슈 오무타의 요리집 부산관을 찾아 현지답사도 했다. 부산관은 열 두 살의 문옥주가 공부도 시켜주고 돈도 벌게 해 준다는 말에 속아 갔다가 도망쳐 나온 규슈 탄광지역의 요리집이다. 문옥주를 통해 일본이 일으킨 전쟁의 실상을 알기 시작한 모리카와의 조사는 다른 지역으로 더 확대된다. 1994년 4월부터는 다테사단의 퇴역 군인들을 인터뷰하기 위해 가가와현香川県 젠쓰지시善通寺市로, 1995년 2월과 가을에는 문옥주의 발자취를 찾아 버마와 태국으로 국경을 넘는다. 당시 군부가 정권을 장악하고 있던 버마는 국내 이동에도 여권이 필요했다.

3) 생존자 문옥주의 이야기를 공동체의 이야기로

그 사이 1992년 3월 문옥주를 처음 만났을 때부터 매번 놀라게 했던 문옥주의 기억력에 대한 감탄이 일본에 대한 의문과 문제제기로 바뀌어 갔다. 태평양 전쟁 당시 지옥의 전장이라 불린 버마 전선에서는 무모한 작전이 강행되어 16만 7천 명의 일본군이 전사했다. 도쿄에 있는 일본 육해군의 공문서를 보관하고 공개하는 방위성 방위연구소 도서관이나 국회도서관에 가서 다테사단과 버마 전선 전투 관련 자료나 미국의 전술

보고서를 뒤지고 과거 일본군 병사들이 쓴 전기나 증언을 찾아 읽었다. 문옥주가 소속되어 있던 다테사단 출신 일본군 병사와 전우회를 찾아가고 '가가와현 버마회'가 주최하는 위령제에 참석해 인터뷰를 진행했다.

일본군의 버마전선 관련 각종 사료와 자료, 일본군 증언 속의 버마 전선 풍경은 문옥주가 묘사한 풍경 그대로였다. 버마 전선에서 복역한 군인들이 남긴 회고록에 조선인 일본군 '위안부'가 등장하고, 참전 군인들이 모리카와에게 자신들이 만난 일본군 '위안부'에 대해 이야기를 한다. 그런데도 일본군이 남긴 공식 전사에는 일본군 '위안부'의 존재가 지워져 있다. 모리카와가 만난 다테사단 출신 군인들은 버마 현지인이나 숙소를 소개 시켜 줄 정도로 모리카와의 조사 작업에 협조적인 '좋은 사람'들이었다. 그러나 공식 석상에서 문옥주를 만나거나 위안소에 대해서 이야기하려 하지 않는다. 모리카와로부터 문옥주의 이야기를 들은 그들은 문옥주를 '전우'라 표현하면서도 가해자로서의 자각은 없었다.

모리카와는 문옥주를 통해 일본이 일으킨 전쟁의 실상, 일본이 남긴 전쟁사에서 누락된 역사를 '다시' 배운다. 그래서 해설편의 세 번째 주제 〈버마 전선 다테사단과 위안부〉는 "나는 다테8400부대의 군속이었다"라는 문옥주 목소리의 직접 인용으로 시작해, 일본군'위안부'로 끌려 다녔던 문옥주를 중심으로 다시 쓴 전사다. 해설과 자료 편에 녹여낸 이 작업은 모리카와 스스로가 문옥주의 체험을 더 사실적으로 느끼고 그래서 문옥주의 일대기를 더 풍부하게 하기 위해 시작해, 나중에는 독자들이 전쟁의 실상과 문옥주의 '위안부'를 더 구체적으로 상상할 수 있게 하기 위해 이어진다. 나아가 일본군의 '위안부' 동원과 위안소의 관리 운영을 부정하는 일본 정부의 기만을 밝히고 있다.

문옥주의 구술과 모리카와의 조사로 더 생생하고 풍성해진 문옥주의 '증언'을 대구 문옥주의 방 한가운데 펼쳐 놓고 두 사람은 다시 읽으며 이야기를 이어간다. 그런 두 사람을 옆에서 지켜 봐 온 기리타니는 어느 순간부터 문옥주가 책을 만들겠다고 뛰어다니는 모리카와를 응원하기 시

1995년 가을 모리카와가 버마에서 찍어온 3곳의 위안소 등 현지 사진과 모리카와가 만든 지도를 함께 보고 있는 문옥주(사진제공 : 모리카와 마치코).

작했다고 회상한다. 초기 윤정옥과 김문숙에게 '잘 부탁한다'며 증언을 하던 문옥주가 1993년 9월부터는 모리카와를 위해 증언을 이어갔다. 그리고, 모리카와의 공동작업으로 문옥주의 증언은 더욱 자세하고 힘있는 전반부의 일대기가 되었고, 모리카와의 후반부 해설은 전쟁을 일으키고 가해 역사를 망각 부정하는 일본사회의 이야기가 되어 문옥주의 증언을 증폭시켰다.

일반적인 증언집과는 다른 이러한 책의 구성 때문에 출판을 꺼린 출판사도 있었다고 한다. 하지만, 모리카와는 스스로가 가해국 일본의 국민으로 화자가 되어 서술하는 해설을 고집했고, 나시노키샤梨の木舎는 아무런 조건 없이 모리카와가 원하는 구성으로 책을 출판했다(2023.01~03. 기리타니 인터뷰, 2022.11. 하다 유미羽田ゆみ子 나시노키샤 대표 인터뷰). 출판사 나시노 기샤의 '교과서에 쓰여 있지 않은 전쟁' 시리즈 22번째로 출판된 이 책은 1997년 6월 3쇄를 찍었다.

  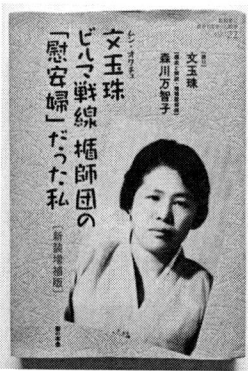

왼쪽부터 일본어 초판과 신장 증보판, 그리고 한국어 번역본 책 표지.

2013년 한국에서 문옥주가 '4차 위안단'으로 갔다는 사실을 증명하는 일본군 위안소 관리인 일기 발견을 계기로 문옥주의 일대기가 다시 주목을 받게 되자, 모리카와는 문옥주의 젊은 시절 사진을 넣어 새롭게 단장한 증보판을 출판한다. 증보판에는 모리카와가 1996년 10월 이후의 자료 조사와 1997년 5월부터 14개월간 버마, 타이에 체류하면서 확인한 새로운 사실(다테시단 잔류 일본 병사와 현지 출신 다테시단 통역의 인터뷰, 위안소 오토메おとめ 건물 확인 등)이 증보판 해설로 추가되었다. 문옥주 기억의 오류와 모리카와 자신의 해설의 오류는 수정했지만, 1995년까지 문옥주가 증언한 문옥주의 일대기는 그대로 실렸다(신장 증보판, 215쪽).

6. 페미니즘 관점에서 '듣고' '다시 쓰기'

1) '약자에 대한 배려로 매 순간을 최선을 다해 살아낸 여성(모리카와 마치코)

책 마지막 작업까지 모리카와는 문옥주에게 책 내용을 거듭 거듭 확인했다. 그 과정이 힘들지는 않았냐는 나의 질문은 우문이었다. 때로 고통스러운 기억을 떠올려야 하는 문옥주와 그 기억을 듣는 모리카와, 두 사람은 눈물보다 타임 슬립이라도 한 것처럼 그 시간을 즐겼다고 한다. 문옥주의 증언을 따라 모리카와가 만든 지도를 펼쳐 놓고 둘은 때로는 '낄낄대며' 많은 이야기를 나눈다. 모리카와가 활자로 옮긴 문옥주의 일대기는 독립운동을 하던 아버지가 태몽을 꾸고 작명을 한 대구에서 시작해, 규슈 오무타의 부산관-만주 동안성-황해도 금천군에 사는 언니 집, 남쪽 나라 버마 만달레이에서의 일상-최전선-지옥의 섬 아키압-퇴각 프롬-랑군-군법회의-해방 후 귀국해 어머니 곁으로 돌아오기까지 제국 일본의 점령지를 따라 전개된다. 그 모든 시공간에 문옥주의 희노애락이 담겨있다.

　모리카와가 서술한 일대기에, 집안 살림이 어려워 시작한 기생수업이나 달성권번을 우등생으로 수료한 19살의 문옥주가, 버마 어느 위안소의 하루에는 젊은 병사 중에 위안소에 와서 술도 안 마시고 웅크리고 있는 병사가 있으면 상관에게 야단 맞거나 얻어 맞은 말단 병사라고 여겨 술이나 한잔하라고 권하는 문옥주가, 결핵에 걸린 아키미 언니를 자기손으로 화장하고 대구 부모님께 전해 주기 위해 유골의 일부를 지니고 다니던 문옥주가, 전쟁이 끝나면 자기가 조선으로 갈테니 같이 살자고 약속한 일본군 병사 혼다本田를 그리워 하는 문옥주가, 전장에서 파파야로 김치를 담그고 추락한 영국군의 비행기 잔해를 보러 가는 호기심 많은 문옥주가, 조선인이라고 차별하고 폭력을 휘두르는 일본군에 지지 않는 당찬 문옥주가, 지옥 같은 전선에서 퇴각하고 양곤에서 장교들한테 받은 팁과 군표로 다시 저금을 하며 어머니에게 집을 사드릴 꿈에 부풀어 있던 문옥주가, 일본의 패전을 감지하고 군의관에게 진단서를 받아내는 영리한 문옥주가, 귀국 준비를 위해 가죽 핸드백과 구두를 사던 문옥주가 생생히 살아 있다.

　해설편의 〈해방 후의 삶〉에 서술된 문옥주는 후유증으로 불면증에 시달리고 동료의 시체를 화장했을 때 기억 때문에 한 동안 불고기를 못 먹는다. 아이를 낳을 수 없는 몸이었지만, 최선을 다해 어머니와 가족을 돌보고 함께 살았던 남성의 아이들을 성심껏 키워낸 강인한 여성이다.

모리카와가 내게 몇 번이나 들려준 문옥주의 입버릇은 "모리카와 씨 나는 정말 열심히 살았어요"다. 문옥주는 삶이 힘들면 "자, 일해 볼까"라며 힘을 냈다고 한다. 모리카와의 문옥주는 피해자/생존자/여성/돌봄이 필요한 사람을 마지막까지 책임지는 정 많은 사람이다.

해설편의 〈과거를 밝히다〉에는 문옥주의 말을 직접 인용해, 문옥주가 5년여간의 운동을 통해 자신이 겪은 '피해와 불행'을 역사 문제로, 사회 문제로 인식하게 되었고, 일본 정부의 속내를 꿰뚫어 보고 있음을 기록하고 있다. 피해자에서 생존자로서, 활동가로서의 정체성을 만들어 간 문옥주다.

모리카와의 문옥주가 이렇듯 복합적인 주체성을 가진 존재일 수 있었던 것은, 서술자 모리카와가 문옥주를 그의 피해 이야기와 강간 스토리에 가두지 않는 감수성과 100% 무력한 피해자성을 부정하는 의식을 지녔기 때문이다. 문옥주가 지원자들을 만나고 변화한 것처럼, 모리카와에게도 페미니즘 관점에서 '듣고' '쓰기'를 가능케 한 운동과 만남이 있었다.

2) 일본 페미니즘 운동 속 인연

문옥주를 만나기 전까지 모리카와는 16년간 근무한 우체국에서 고졸 여성이 겪어야 하는 차별에 맞서 15년간 노동조합 운동을 한다. 지역에서는 재일조선인들의 지문날인 반대 운동과 같은 인권 운동은 물론 여성운동에도 적극 참여했다. 전국 조직으로는 '売買春問題ととりくむ会'(매매춘문제와 싸우는 모임) 활동을 했다. 이 모임의 전신은 매매춘방지법을 만들어낸 매매춘금지법제정촉진위원회. 1973년 1월 '매춘대책국민협회'와 '沖縄の買春問題とりくむ会'(오키나와의 매춘문제와 싸우는 모임)을 통합시켜 '売春問題ととりくむ会'(매춘문제와 싸우는 모임)을 결성, 1986년 4월에 '売買春問題ととりくむ会'로 이름을 바꿨다(『売春問題ととりくむ会ニュース』, No.1, 1973.02.01). 2014년 현재 전국 14개

단체가 참가하고 있는 이 모임의 목적은 매매춘, 성착취 반대와 여성의 기본적 인권확립이다. 목적 달성을 위해 한국의 여성단체들과 70~80년대에는 기생관광반대 운동을, 80년대 말부터는 일본군 '위안부'문제 해결 운동을 적극적으로 펼친 단체다. 후쿠오카의 모리카와도 '売買春問題ととりくむ会'를 통해 기생관광반대운동에 동참했고, 1990년 12월 1일 '売買春問題ととりくむ会'가 윤정옥 정대협 대표를 강사로 초청해 개최한 세미나 〈인권과 전쟁을 생각하는 세미나-조선인 강제연행, 종군위안부〉 등에 참석해 일본군 '위안부'문제 관련 정보를 얻고 정대협과 한국의 운동과도 접점을 갖게 된다(『売春問題ととりくむ会ニュース』, No.91, 1991.01.16). 모임의 1992년 소식지 101호와 106호에는 모리카와가 문옥주의 군사우편저금 관련 글을 기고해 후쿠오카의 운동을 공유했다.

1972년에 창간된 부인종합정보지 『あごら』(아고라)도 페미니스트 모리카와의 활동의 장이었다. 아고라는 1972년~2012년까지 반세기에 걸쳐 정치, 경제, 사회에 대한 전국 여성들의 관점과 목소리를 모아 개인의 문제를 사회 문제로 확장시킨 정보지다. 1984년 5월 모리카와는 자신의 거점인 야마구치에 '아고라 야마구치'를 발족하고, 7월 5일~20일 아프리카 나이로비에서 열린 〈NGO포럼〉에 『아고라』 회원들과 참석한다(『아고라』 104호). 아고라는 중앙 조직-지부의 관계가 아니라 각 지역이 거점이 되어 테마나 활동 방식 등을 스스로 정해 전국으로 연대 고리를 넓혀가는 운동이었다. 1986년 우체국을 퇴사한 모리카와가 1990년까지 활동 거점을 도쿄로 옮겼을 때, 제일 먼저 아고라 출판부에서 일한 것도 이런 인연이었다. 1988년에는 국경을 넘어 아시아 태평양에서, 세계에서 대안 사회를 만들기 위해 조직된 국제연대운동 'People's Plan 21세기'의 일본 국제회의의 '아시아 여성포럼' 사무국에서 일했다. 당시 한국 정부의 방해로 한국 여성단체는 참석하지 못 했지만, 사무국 책임자였던 모리카와는 한국 여성단체들과 직접 관계를 맺게 된다. 이때 모리카와는 연극인 기리타니 나쓰코를 만난다. 기리타니는 대구 문옥주의 집을 같이 방문하고, 1995

년 2월 버마 첫 현지 조사에 동행해 영어 통역을 자처해 모리카와를 응원한다. 그리고 문옥주의 구술을 최대한 문옥주의 구어체로 서술하도록 같이 읽고 고민해 준 것도 기리타니다. 그 외 약 4년여의 도쿄 생활에서 모리카와는 든든한 여성 동지들을 얻게 된다. 스기나미구杉並区의 산파 모리 후유미森冬美는 모리카와에게 문옥주의 증언집 책을 내도록 권한 장본인이고 이시자키 아쓰코石崎あつこ는 모리카와와 함께 문옥주를 만나러 대구까지 같이 갔다가 앞으로 문옥주의 집에서 묵으라고 등을 떠밀어 준 사람이다. 도쿄를 방문한 문옥주와 모리카와는 모리나 이시자키의 집에서 바쁜 일정의 피로를 풀곤 했다. 당시 모리 후유미의 갤러리 2층에 세 들어 살고 있었던 박진도 그들과 함께 하면서 필요할 때 통역을 했다(2023.01~03. 기리타니 나쓰코 인터뷰). 모리카와가 남겨 놓은 녹음 자료 중에는 모리의 집에서 구성지게 노래 가락을 뽑는 문옥주와 그의 친구들이 있다. 그래서인지 기리타니는 '늘 꼿꼿하고 당당한, 흥이 나면 민요 한 가락을 멋들어지게 뽑던 문옥주'를 기억한다.

이시자키 집에서 쉬고 있는 노부카와, 문옥주, 모리카와, 이시자키
(사진 제공: 노부카와 미쓰코).

3) '위안부'를 필요로 하지 않는 사회 만들기

후쿠오카에서 문옥주의 첫 증언 집회를 같이 기획한 것도 모리카와의 페미니스트 동지들이다. 제1회 연락회 회의 때 모리카와는 생각지 못한 '벽'에 부딪힌다. 오랫동안 재일조선인 강제동원 조사를 해 온 실행위원에게서는 "탄광 지역에 끌려 온 산업 위안부도 있었는데 그건 안 하면서 왜 굳이 한국인 피해자를 부르냐' '군 위안부 문제만 다루면 된다고 생각한다면 실행위원회를 해산하라'는 항의까지 받는다. 문옥주의 증언 집회를 무사히 마치고 위안부 문제의 본질에 대해 공부하는 강연을 제안했을 때는, 여성 실행위원으로부터 "우리는 여성 운동을 하려는 것이 아니다. 강제연행문제를 하고 있다"는 지적을 받았다.

결국, 모리카와는 다른 운동과 연대는 하되, 여성의 입장과 시각에서 일본군 '위안부'운동을 하기 위해 1993년 4월 '종군위안부 문제를 생각하는 여성네트워크'를 만든다. 네트워크는 비록 3년 정도밖에 지속되지 못했지만, '여성의 성'을 도구로만 보는 시각의 극단적인 형태가 일본군 '위안부'라는 문제의식을 공유하며 일본인 '위안부'와의 접점도 가졌다.

모리카와가 강제동원 운동에서 '위안부'피해자는 따로 떼어내서 운동을 해야 한다고 생각하게 된 계기가 하나 더 있다. 바로 일본 정부를 대상으로 보상 청구 소송을 제기한 한국 원고들 간의 일본인 '위안부'에 대한 인식이다. 전후 보상 재판의 기자회견 장에서 강제동원 피해자가 "우리는 위안부가 아니다. 단순한 근로 정신대였다. 다들 오해를 해서 굉장히 난감한 상황이다"라고 말할 때 옆 자리에서 고개를 숙이고 있던 '위안부'피해자가, 모리카와는 너무 아팠다고 했다. 원고들 안에서도 이런 편견이 발화發話되는 점이 '위안부'문제의 어려움이라고 절감한 것이다. 모리카와는 지원운동이나 주변에서 생존 피해자 스스로가 '나는 위안부였는데, 내가 뭘 잘못했나? 나한테 무슨 잘못이 있냐'라고 말할 수 있는 운동을 지향했다.

모리카와가 생각하는 '위안부' 문제의 궁극적인 해결은 '위안부'를 필요로 하지 않는 사회 만들기다. 그래서 그는 1996년 두 사람의 공동작업의 성과물로 책이 발간되고, 문옥주가 세상을 떠난 뒤에도 여성의 경험을 복원하며 아래로부터 다시 쓰는 역사를 위해 문옥주의 발자취를 찾아 조사 연구를 이어갔다. 이듬해 5월부터 14개월 동안 버마 현지에 머무르며 얻은 정보는 마치 문옥주가 이끌어 줬나 싶을 정도로 행운이 잇따랐다. 다테사단에 있었던 버마 잔류 일본군을 만났고, 다테사단에서 통역으로 일 했던 버마 사람도 우연히 만나 문옥주가 있었던 곳으로 추정되는 프롬의 위안소 오토메 건물도 확인했다. 그 외 200명 이상의 현지인들을 취재한 모리카와는 3개의 다큐멘터리를 남긴다. 그 영상에는 모리카와가 만난 중국인 '위안부' 두 명의 증언과 다른 옛 위안소 건물이 들어가 있다. 27개나 있었던 버마의 일본군 위안소에는 조선에서 끌려 온 여성들 외에도 중국인, 일본인, 그리고 버마 현지 여성도 있었다. 여전히 여성 인권 의식이 낮은 버마에서는 아무도 피해를 증언하지 못하고 있다. 모리카와가 버마 현지 조사에서 만난 중국인 '위안부' 두 명 만이 현지 피해자로 증언했을 뿐이다.

모리카와는 자신의 현지 조사를 2016년 7월 6일~2017년 7월 30일까지 도쿄의 액티브 뮤지엄 '여성들의 전쟁과 평화 자료관'WAM, Women's Active Museum이 개최한 제14회 특별전시 〈지옥의 전장 버마의 일본군 위안소-문옥주의 발자취를 따라〉에 활용했다. 모리카와에게 있어 문옥주의 생애를 역사 자료와 함께 기록하는 일은 아무런 말도 남기지 못하고 숨진 피해자나 여전히 피해 사실을 감추고 살아야 하는 피해자들이 입은 상처와 버마에서 여성들이 겪은 아시아 태평양 전쟁의 역사를 세상에 전하는 일이기도 하다.

전시나 강연, 버마 현지 취재 다큐멘터리 상영 외에도 모리카와는 기리타니와 함께 새로운 도전을 했다. 모리카와가 음향을 담당하고 기리타니가 문옥주의 증언을 낭독하는 일인극이다. 두 사람은 한국과 일본에서 세 차례 공연을 했다. 피해자 부재 시대, 다음 세대에게 피해자의 증언을 전하기 위한 참신한 시도다. 이제 모리카와도 세상을 떠난 지금 기리타니가 모리카와 생전에 협의 중이던 영어권에서의 문옥주 일대기 낭독회를 준비하고 있다.

7. 나오며

나는 2021년 문옥주 증언 1차 강독회와 이번 2차 강독회에 참가하면서 본격적으로 일본에서의 문옥주 활동 관련 자료 조사를 시작했다. 문옥주가 '위안부'운동 초기에 피해 생존자로 나와 5년 정도밖에 활동을 못 한 탓인지 자료 수집이 쉽지 않았다. 그런데 이글을 마치면서 이유가 그것만은 아니라는 생각을 한다. 본문에서 살펴본 것처럼 1) 운동의 중심 서울이 아닌 지방에 사는 문옥주가 2) 일본 운동의 중심이었던 도쿄나 오사카가 아닌 지방(1993년까지는 후쿠오카의 모리카와 지원자들을 중심으로)의 시민들과 개별 사안인 군사우편저금 지급 운동을 했고, 혹은 3) 1993년 말부터 1995년까지는 한일 연대 운동의 주류였던 정대협이나 태평양전쟁희생자유족회와 별도로 피해당사자 단체 '현생존자군대위안부피해자대책협의회'를 결성해 박수남과 지인들이 만든 모임과 함께 활동을 한 것도 요인이 아닐까 조심스레 추측해 본다.

2014년 〈희움 일본군'위안부'역사관〉 개관 전시 기획에 참여한 나는 가해국 일본에서 대구 지역 생존자들과 20여 년의 세월을 함께 해 온 벗들의 이야기를 전하는 특별전을 제안하고 전시를 기획해 만들었다. 긴 고통의 터널을 지나 당당히 역사의 주인으로 우뚝 선 생존자들과 함께 전쟁과 폭력이 없는 사회를 만들기 위해 노력해 온 일본 벗들의 발자취는 일본군'위안부' 문제 해결 운동의, 시민모임 운동 역사의 귀중한 한 페이지였기 때문이다. 나 자신도 시민모임 활동으로 대구 지역 피해생존자들과 일본 활동가들을 만나게 되었고, 그 인연으로 일본에 유학 와서 그들과 함께 '위안부' 문제 해결 운동에 참여하면서 많은 것을 배웠다. 하지만, 생존자와 일본의 벗들이 국경을 넘나들며 공감에 기반한 새로운 관계 맺기를 통해 일궈낸 자아회복, 문제해결 운동의 확장을, 한국 사회에서 공유하고 공감하기란 쉽지 않았다. 최근에는 '위안부'문제 해결 운동에서 이뤄진 한일 시민 연대의 역사에 대한 조사 연구도 축적되고 있다. 문옥주와 모리카와 마치코가 남긴 이야기는 2023년의 한국 사회에서 무색해진 '공감'하고 '연대' 하는 법, 일본군'위안부'문제의 '진정한' 해결이 과연 무엇인지 다시 한 번 환기시킨다.

참고문헌

1. 기본자료

文玉珠氏の軍事郵便貯金の支払いを求める会, 『私の貯金を返せ 내 저금 내놔라』, 1993.05.

「「従軍慰安婦」問題を考える女性ネットワーク」, 『ビルマ（ミャンマー）に残る性暴力の傷跡－日本軍慰安所について現地調査報告』, 1998.

あごら九州編, 『あごら 雑誌でつないだフェミニズム〈第1巻〉斎藤千代の呼びかけと主張⟨1⟩』, 石風社, 2016.12.

_____, 『あごら 雑誌でつないだフェミニズム〈第2巻〉斎藤千代の呼びかけと主張⟨2⟩』, 石風社, 2016.12.

_____, 『あごら 雑誌でつないだフェミニズム〈第3巻〉人と人を繋いで 雑誌『あごら』の四十年』, 石風社, 2016.12.

ピープルズ・プラン21世紀実行委員会, 『ピープルズ・プラン21世紀—希望の連合へ 1989年夏報告集』, 1989.

ハルモニたちを支える会編集・発行, 『生きてたたかう－ハルモニたちの熱い夏 そして今』 Vol.2, 1994.09.15.

従軍慰安婦問題を考える女性ネットワーク, 『棘とげ』, No.1~6, 1994.05~1995.07.19.

ハルモたちを支える会, 『支える会ニュース 生きてたたかう』, No.2~8, 1995.10.01. ~1997.08.31.

はっきりさせる会, 『ハッキリニュース』, No.10, 1992.07.20.
_____, 『ハッキリニュース』, No.12, 1992.09.20.
_____, 『ハッキリニュース』, No.50, 1996.07.11.
売買春問題ととりくむ会, 『売春問題ととりくむ会ニュース』, No.1, 1973.02.01.
_____, 『売春問題ととりくむ会ニュース』, No.91, 1991.01.16.
_____, 『売春問題ととりくむ会ニュース』, No.101~106, 1992. 09.29.~1993.09.08.
あごら運営会議, 『あごら』, No.95~175, 女性による女のBOC出版部, 1985.2.10.~1992. 06.10.
ピープルズ・プラン21世紀, 『アジア女性女性フォーラム』, 1989.
森川万智子, 「慰安婦の証拠が必要なの」, 歴史科学協議会編, 『歴史評論』, 2016.05.

2. 논문 및 저서

김문숙, 『천황의 면죄부-침략전쟁은 아직 끝나지 않았다』, 지평, 1994.
金文淑, 『韓国女性からの告発――朝鮮人軍隊慰安婦』, 明石書店, 1992.
김광열, 문옥주 인터뷰 자료, 국가기록원 자료(관리번호 DTA0016451), 1992.09.25. 인터뷰.
이토 다카시, 문옥주 인터뷰 녹취자료, 정신대할머니와함께하는시민모임 제공, 1991.12.18. 인터뷰.
이토 다카시, 『남북 종군위안부 27인의 증언』, 눈빛, 1997.
_____, 『기억하겠습니다-일본군 위안부가 된 남한과 북한의 여성들』, 알마, 2007.
정대협·한국정신문제연구소 편, 『증언집1 강제로 끌려간 조선인 군위안부들』, 한울, 1993.
모리카와 마치코, 김정성 역, 『버마 전선 일본군 '위안부' 문옥주』, 아름다운사람들, 2005.
정신대할머니와함께하는시민모임 편, 『문옥주 지오그라피』, 2021.
文さんを招く実行委員会連絡会, 문옥주의 후쿠오카 증언(녹음파일), 1992.03.28.
_____, 문옥주의 기타큐슈 증언(녹음 파일), (녹취 파일 정신대할머니와함께하는시민모임 제공), 1992.04.03.
森川万智子, 『文玉珠 ビルマ戦線 楯師団の「慰安婦」だった私』, 梨の木舎, 1996.
_____, 『新装改訂版 文玉珠 ビルマ戦線 楯師団の「慰安婦」だった私』, 梨の木舎, 2015.
辺見庸, 『もの食う人びと』, 株式会社共同通信社, 1994.

3. 신문 외 자료

경상매일, "근로挺身隊 할머니 肉筆手記-지옥의 나날들", 1992.12.8.~1993.01.31.
경향신문, "8.15특집 다양한 시각통해 「實體(실체)」 접근", 1992.08.10.
동아일보, "정신대할머니 3명 시위도중 할복시도 日(일)대사관 앞서", 1994.01.26.
조선일보, "정신대 피해자", 1991.12.08.
한겨레, "8.15 특집 다큐멘터리 〈종군위안부-못해온 이야기들〉, 1992.08.08.
국사편찬위원회 '사료로 본 한국사'
  (http://contents.history.go.kr/front/hm/view.do?levelId=hm_125_0130)

제1차 아시아연대회의 결의문 Resolution of the 1st Asian Solidarity Conference, 1992.08.11.
제2차 아시아연대회의 결의문 Resolution of the 2nd Asian Solidarity Conference, 1993.10.22.
제3차 아시아연대회의 결의문 Resolution of the 3rd Asian Solidarity Conference, 1995.02.28.
현생존자강제군대위안부 피해자대책협의회, "離日にあたってのアピール" "羽田孜総理大臣への要請と抗議", 1994.06.03.

이령경, 「'위안부'피해자 진실을 기록한 일본인」, 『시사인IN』 639호, 2019.12.19.
＿＿＿, 「일본인이 기록한 '위안부'의 악몽」, 『시사인IN』 475호, 2016.10.28.
＿＿＿, 「'위안부' 피해자 이용수 할머니가 구순을 맞는다」, 『시사인IN』 581호, 2018.11.06.
森川万智子, "50年に巡り合う旅－慰安婦問題に取り組んで 1~10", 西日本新聞, 1995.07.15.~1995.08.10.
森川万智子, 「誇り高い女性たちの系譜に」, 『ふぇみん』 No.3158, 2017.06.25.

4. 영상자료

TV 아사히, "ザ・ニュースキャスター(더 뉴스 캐스터)", 1994.05.14.
박수남 감독 다큐멘터리 영화 〈침묵〉.
대구 mbc 보도특집 제1부 〈일본군 위안부 다큐멘터라-모리카와의 진혼곡〉, 제2부 "일본군 위안부 제2부 길 잃은 위안부 운동", 2020.8.21.

04장

대구 경북 지역에서의 위안부 운동 및 확장을 고민하며
–대구 위안부 역사관 '희움'을 중심으로

1. 들어가며

1997년 12월 대구시민이 주축으로 지역에 있던 일본군'위안부' 피해자를 돕기 위해서 만들어진 '정신대할머니와 함께하는 시민모임'(이하 시민모임)은 지난해 창립 25주년을 맞이하였다. 모임이 만들어지고 대구·경북지역에 연고가 있었던 피해자가 점차 모여들었고, 정보를 통해서 해외에 거주한 지역출신의 피해자를 찾아내고 다시 국내에 모시려는 노력을 하였다. 이렇게 모시게 된 전국의 240명의 피해 신고자 중 27분과 다양한 인연을 맺고 그들의 생존 및 문제해결을 위한 노력을 해왔다. 그러나 그중 25분은 아쉽게 이미 세상을 떠나셨고 현재 2분의 피해 생존자만 계신다. 27분의 피해자는 대부분의 다른 지역의 피해자와 달리 시민모임과 많은 밀착관계를 유지하면서 다양한 활동을 하셨고 소중한 유산들을 남겨주셨다. 이런 기여를 통해서 희움은 지방단위에서 시민의 힘으로 세워진 아주 희귀한 자립형 역사관이다. 과거에는 생존피해자와 함께 문제해결을 위해서 노력을 해왔지만 앞으로는 남은 피해 생존자와 이미 세상을 떠난

분을 위한 어떤 일을 할 수 있을까 소개하고 정리하고자 한다..

2. 시민모임이 걸어온 길

1) 할머니의 초기 활동(1991~1995) 및 타지역단체의 움직임

1991년 8월 14일 김학순 할머니의 국내 생존자로서 최초 일본군'위안부'증언이 있었다. 1991년 12월 2일에 대구출신 문옥주 할머니가 지역에서는 처음, 그리고 전국에서는 두번째로 한국정신대문제대책협의회(정대협, 1990년 11월 16일 설립)에 신고를 하였다. 이는 1988년 4월에 열린 한국교회여성연합회 주체 세미나에서 윤정옥 교수가 '정신대 답사보고'에 의해서 일본군'위안부'에 대한 소개가 있고 약 3년만에 국내에서 피해자가 공개적인 증언을 하게 된 것이다. 문옥주 할머니는 이어서 12월 6일 '아시아태평양전쟁 한국인 희생자 보상청구소송'의 원고 32명의 일원으로 참여한다. 그리고 12월 18일부터 일본인 사진작가인 이토 다카시伊藤孝司와 인터뷰를 한다.[1] 그리고 문할머니는 1992년 3월 27일 정대협의 김신실 씨와 11일간 일본의 4개 도시에서 증언집회에 참석한다. 당시 대구에는 아직 지원단체가 구성되지 않아서 문옥주 할머니를 비롯한 지역의 피해자 할머니는 정대협과 많은 활동을 하였다. 그리고 일본인의 증언 채록도 활발했다. 1992년 6월 25일에는 이용수 할머니가 정대협에 신고를 한다. 그리고 1992년 8월 10~12일 '제1회 일본군 위안부 문제 아시아 연대회의'가 열리고 여기에 참석한 모리카와 마치코森川万智子 씨는 문옥주 할머니를 대구에서 만나게 된다. 1993년 2월 25일에 출간된 '강제로 끌려간 조선인 군위안부들'(정대협편) 증언집에서는 문옥주, 이용수 할머니의 증언이

---

[1] 인터뷰 내용은 2017년 '기억하겠습니다'라는 증언집으로 이토 다카시에 의해서 출간

소개된다. 그리고 문옥주 할머니를 돕기 위해서 일본에서는 1993년 '문옥주 씨의 군사우편저금의 지급을 요구하는 모임文玉珠さんの軍事郵貯の支払いを求める会'이 구성되었다. 이 단체는 문옥주 할머니의 군사우편저금의 지급을 일본 당국에 요청하며 모은 자료를 '내저금 내놔라'라는 무크지를 출판했다. 1991년 김학순 할머니의 증언이 있고 같은 해 9월 한국교회여성연합회의 정신대 신고전화가 개통되었으며, 같은 해 10월 부산 여성의전화에서도 정신대 신고전화를 개통한 것이 지역단위의 일본군 '위안부' 피해자를 모으려는 노력이었다. 1992년 1월 8일 정대협이 주관하는 제1차 일본군'위안부'문제 해결을 위한 수요시위가 시작되기도 했다. 이어서 일본에서도 문제에 대한 인식이 시작되었고 여러국가의 피해자들이 공개 증언을 하기도 하였다. 1993년에는 피해자의 증언집이 최초로 출간된다.

이러하듯 초기에는 지역의 피해자 할머니들은 일본의 개인 또는 단체와 많은 활동을 했고, 국내에서는 정대협이 중심이 되어 피해자 할머니에 대한 증언 채록이 시작되었다. 당시의 할머니의 활동과 관련 자료는 많이 흩어져 있어서 재정리하는 작업이 필요함을 확인하였다.

2) 시민모임의 태동기(1995~1997)

서울 및 부산에 비해서 다소 늦었지만 1995년 2월 대구여성회에서 정신대문제대책위원회가 결성되었고 등록된 지역 피해자들에 대한 복지사업 및 국민기금 반대운동이 있었다. 같은 해 3월 4일에는 기자간담회, 그리고 1995년 8월 26일 당시 벌써 10여 분의 위안부 피해자가 100만원의 성금과 곽병원의 평생무료진료권을 전달받았다.[2] 이 행사는 광복 50주년을 맞이하여 대구여성회가 주관한 행사였다.

---

[2] 안이정선('정신대할머니와함께하는시민모임 전 대표) 대구여성회 자료 정리 내용을 재인용

당시 주요 활동은 단체로는 대구여성회가 중심이 되고 의사, 변호사, 학자(경북대 경제학과 김영호 교수와 대학원 제자) 및 영남대 학생들이 시민모임 구성에 중심이 되었다. 당시 이미 고령이시고 지원이 부족했던 피해자 할머니에게 가장 필요한 의료지원이 무상으로 이뤄진 부분은 시민모임이 자리잡게 된 중요한 요소였다고 생각한다. 그리고 대구여성회의 조사 및 활동 등은 피해자를 파악하고 이어서 증언집이 출간을 위한 중요한 활동이었다. 이런 의료봉사, 증언채록, 자원자봉사의 3가지 축이 시민모임의 뼈대가 된 것이다.

3) 창립 및 성장(1997~2008)

1997년 창립 이후에는 점차적으로 대학생이 중심이 되고 점차 회원이 늘어난다. 그리고 모임의 초창기부터 소재가 파악된 해외에 계신 할머니를 모시려는 노력도 했었다. 창립이후에 있었던 주요한 사건을 기술하고자 한다.

- 1997.12.29 시민모임 창립 - 삼일문화센터(범어빌딩4층)에서 김분선, 심달연, 이용수 할머니를 모시고 학생들의 일일찻집을 통해서 모든 성금으로 선물을 전달하고 송년회 및 첫모임 기념함: 초대대표 김영호 경북대 경제학과 교수
- 1998.1.1 정신대할머니와함께하는시민모임 소식지 1호 발행 - 피해자 할머니 5분 소개(이용수, 심달연, 김분선, 권태임, 서봉임) 및 회원(학생 및 교수 등 41명)
- 1998.2.1 정신대할머니와함께하는시민모임 소식지 2호 발행
- 사무실: 대구시 수성구 범어동 범어빌딩 4층 삼일문화센터 최봉태변호사
- 1998.3.1 회비모금시작 이용수, 김분선, 심달연, 서봉임 할머니 후원

1998.4.24 중국 길림 조윤옥 할머니 영구 귀국 운동 시작
1998.4.30 캄보디아 훈할머니 영구 귀국(모임 강인성 회원 동행)
1998.7.1 자체사무실(대구시 중구 서문로 1가 14번지 2층) 및 간사 채용
1998.12.19 제1차 총회 개최
1999.5.19 관부재판 항소심 참가(할머니 2분, 회원 11명)
2000.3.8 신현순 할머니, 김분이 할머니 대구 이사
2001 조윤옥(2월 6일, 중국), 훈할머니(2월 15일, 캄보디아) 별세
2002 한일외교문서공개소송 승리
2002. 6 「일제강점하강제동원피해진상규명등에관한특별법」 제정 촉구 기자회견
2002.12.28 창립 5주년 기념행사
2003.11 심달연 할머니 원예치료 시작
2004.2 심달연 원예작품 전시회
2004.2.24 '버려진 조선의 처녀들 출간' – 캄보디아 훈 할머니이야기
2005.1.10 김분선 할머니 별세 – 대구시민단체장 거행
2005.8. 모리카와 저서 번역 출간회 – '버마전선 일본군 위안부 문옥주'
2006 한국정부의 부작위는 위헌임을 묻는 헌법소원제소 (2011년 승소)
2006.12.21 '할매 사랑에 빠지다1' – 김순악, 심달연 원예 작품집
2007.1.31 '가고싶은 고향을 내 발로 걸어 못가고' – 조윤옥 할머니 증언집
2007.7.30 미하원 121 결의안 만장일치 채택 – 이용수 할머니 참가
2007.11 김순악, 심달연 압화 미국 LA 전시
2007.11.30 시민모임 10주년 기념행사
2008.8.13 '내속은 아무도 모른다카이' – 김순악 증언집
2008.12.19 할매 사랑에 빠지다2 – 김순악, 심달연 원예 작품집
2009.7.24 전국 지방의회 결의안 제정운동 제안 및 문제해결을 촉구하

는 대구시의회결의안 채택(전국최초)

2009.12.1 일본군'위안부'역사관 건립추진위원회 발족

2009.12.27 '내가 어떻게 말을 해요, 어무이 가슴에 못 박을라꼬' - 김옥
　　선 증언

2010.1.4 김순악 할머니 별세 - 시민사회단체장

2010.3 일본군 위안부 역사관 건립 추진위원회 창립

2011 헌법재판소 한국정부의 부작위에 대해 승소 판결

　　창립 이후 약 10여 년 기간 동안 시민모임은 많은 발전을 이뤄왔다. 조직이 결성된 초기에 본격적인 후원을 받기 전에는 가장 큰 어려움은 경제적인 문제였다. 이는 당시 대표 등의 직접적인 지원을 통해서 많이 해결되었다. 그리고 점차 회원이 증가하고 피해자 할머니를 찾기 위한 관심이 증가하여 광복이후 귀환하지 못한 피해자 할머니를 모시기 위한 노력을 통해서 캄보디아에 살고 계셨던 훈할머니를 모시기도 한다. 또한 최봉태 변호사를 중심으로 피해자 할머니와 함께 문제해결을 위한 법적인 노력도 계속 이어져 지방에 있는 조직이 가지는 한계를 극복하고 의미 있는 판결을 이끌어 낸다. 그리고 안이정선 전 대표의 노력으로 할머니들

의 증언집이 5권이나 발간된다. 그리고 이때 가장 많은 회원이 확보되었고 할머니와 함께하는 많은 행사가 있었다. 특히 대학생의 참여가 많았는데 최근 이런 활동이 줄어들어서 많이 안타깝다.

할머니와 함께하는 많은 행사와 활동이 가장 많은 시기였다. 왜냐하면 생존자 할머니도 많이 계셨고, 회원들의 참여도 가장 적극적이었다. 2003년부터 주은연 회원이 주도가 되어서 할머니의 심리치료를 위해서 시작한 압화체험은 훗날 시민모임과 역사관 건립에 많은 도움이 되었다. 이때 할머니가 남기신 많은 작품은 자체가 좋은 전시물이기도 하고 '희움' 굿즈 제작에 중요한 소스가 되어서 이를 통해서 얻은 수익이 역사관 건립에 중요한 자체재원이 되기도 하였다. 당시 '위안부' 굿즈 제작은 전국에서 처음으로 시도되어서 큰 흥행을 이끄는 계기가 되었고 훗날 많은 단체에 좋은 본보기가 되었다.

4) 발전기 - 역사관 건립을 위한 노력과 역사관 건립(2009~2015)

역사관 건립은 오랜 숙원 사업이었다. 해마다 세상을 떠나시는 피해자 할머니를 생각하면서 생존자 할머니 못지 않게 추모사업의 중요성을 깨닫게 되었다. 특히 많은 피해자 할머니가 임대아파트에 사시다 돌아가시면 할머니의 공간의 흔적이 사라지게 된다. 할머니의 살아온 자료와 유품 등을 모으고 체계적으로 보존할 수 있는 역사관 설립의 필요성이 제기되었다. 이런 움직임은 2009년부터 시작되었고 결정적인 계기는 2010년 1월 김순악 할머니께서 돌아가시면서 그동안 정부에서 지원하는 생활지원금을 아껴서 모은 돈 1억여 원을 넘겨주셨다. 할머니가 시민모임을 위해서 남겨 주신 5400만원은 역사관 건립을 위한 커다란 마중물이 되었다. 2015년 역사관 건립을 위해서 걸어온 길을 정리하면 아래와 같다.

    2009.12.1. 일본군'위안부'자료교육관 건립추진위원회 발족

2010.1. 4 故 김순악 할머니 유산 5,400여만 원 역사관건립기금으로 남기심

"내가 죽어도 내게 일어났던 일을 잊지 말아 달라"라는 유언을 남기심

2010.3. 일본군'위안부'자료교육관에서 일본군'위안부'역사관 건립추진 위원회명칭 변경

2012.10. 여성가족부, 대구시, 대구광역시 교육청 등을 통하여 역사관 건립을 위한 부지 확보를 위한 노력을 전개하였으나 기념관 건립은 국가사업으로 진행하는 것이 우선되어야 하며 민간단체 기념관 건립은 민간단체 추진을 원칙으로 한다는 이유로 사실상 지원 거부

2012.12. 민간단체 자체 추진으로 결정

2013.7. 1차 역사관 부지 매입 완료

대지 102.05㎡ (32평), 건평 102.05㎡ (32평, 18평형 2층) 목조 건물

2013.12. 국회 여성가족위원회의 역사관 건립 예산지원 결정

2014.3. 2차 부지 매입 전체 규모 대지 214.45㎡ (64평), 건평 214.45㎡ (71평)

전체 매입가: 4억 6천 7백만 원

2014.4. 일본군'위안부'역사관 건립실행위원회 발족 실행위 산하 자문위원단, 건축 팀, 컨텐츠 팀, 아카이브 팀 구성

2014.10. 건축 허가

2014.12. 대구광역시 역사관 건립 예산지원 결정

2014.8. 일본군'위안부'역사관 터잡기 "반갑다 역사관" 진행

2015.2. 대구 중구청 근대건축물 리노베이션 사업 지원 교부 결정

2015.5. 건물 사용 승인

2015.12.5 '희움'일본군 위안부 역사관 개관

대지 234.70㎡ (71평) 건평 1층 181.50㎡ (약 55평), 2층 101.77㎡ (31평)

연면적 283.29㎡ (약 86평) 기타 옥상마당 71.10㎡ (21평)
여성가족부 2억/대구시 2억/대구 중구청 근대건축물 리노베이션 사업 지원금 4천
그 외 9억은 자부담(기부금과 희움 상품 판매 수익금) : 예산 전체 13억 4천

역사관 건립은 김순악 할머니의 씨앗자금에도 불구하고 많은 난관을 겪고 정부 지원도 불가 방침으로 많은 난관을 겪고 있었다. 다행스럽게도 2012년 고려대 학생들이 제안한 Enactus Blooming 프로젝트가 시작되어 희움 의식 팔찌 제작과 판매를 시작했다. 이때 의식 팔찌에 대한 큰 호응을 통해서 자체적인 자금으로도 역사관을 건립할 수 있겠다는 자신감이 생기게 되었다. 이런 프로젝트도 처음에는 많은 의구심이 있었지만 성공적으로 발전하여 더욱 많은 '위안부' 굿즈 개발이 가능하게 되었다. 이렇게 자체적인 수익사업을 통해서 정부 지원을 최소화하여 역사관을 설립한 것은 위안부 역사관에 대한 지역민의 큰 지지와 후원에 의해서 가능했다.

역사관 건립 이후에는 시민모임의 활동도 더욱 폭이 넓어졌다. 첫째, 피해자 할머니와 관련된 자료 아카이빙이 가능해졌다. 이때까지 많이 흩어진 영상자료, 역사적 자료, 할머니 개인자료, 돌아가신 할머니의 유품 등을 모아서 수장고에 보관하여 새로운 전시회의 기획이 가능했다. 현재 할머니의 압화작품, 작고하신 할머니의 유품, 문서, 사진 등의 중요자료가

분류되어서 관리되고 있다. 둘째, 전시공간이 확보되어서 할머니의 다양한 개인사를 소개할 수 있는 기회가 되었다. 비록 협소하지만 상시 및 기획전을 기획하여 할머니와 관련된 전시가 가능해졌다. 셋째, 국제교류 및 교육이 가능한 하나의 전초기지가 되었다. 넷째, 자료 기증과 공유가 가능하게 되었다. 역사관 건립과 수장고 설치 이후에 개인의 소장 자료를 기증하는 사람도 생기고 이것은 중요한 전시회의 자료가 되었다.

5) 최근(2016~현재) 및 희움 운영

2015년 개관 이후에 방문객의 추이를 보면 매년 10,000여 명의 방문객이 방문하고 있다. 물론 20년 이후에는 코로나로 인해서 방문객이 급감하였지만, 기획 및 상시전시를 통해서 보다 많은 관람객을 유치하기 위한 노력을 하고 있다.

표 1 희움 일본군 '위안부' 역사관 방문객수   (단위: 명)

구분	2015 (12월)	2016	2017	2018	2019	2020	계
합계	1,717	9,074	8,626	9,411	9,815	1,387	38,643
개인	1,717	8,902	8,471	9,192	9,588	1,177	37,870
단체	-	172	155	219	227	201	773

표 2 2015년 이후 기획전시 프로그램

우리가 기억하는 당신1, 옥주 씨, 고 문옥주 20주기 추모전 2016.10.26~17.1.21	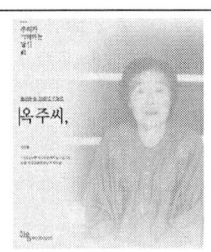

2017-2018 갤러리 평화 전시	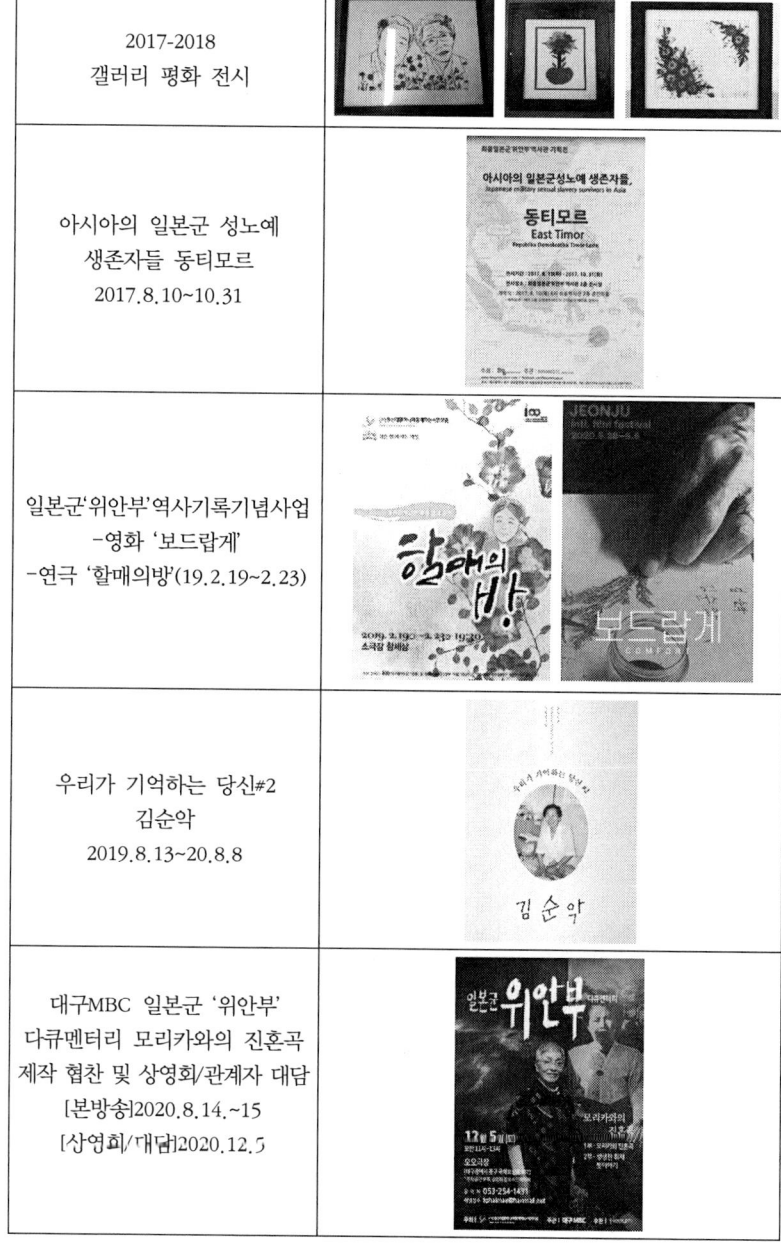
아시아의 일본군 성노예 생존자들 동티모르 2017.8.10~10.31	
일본군'위안부'역사기록기념사업 -영화 '보드랍게' -연극 '할매의방'(19.2.19~2.23)	
우리가 기억하는 당신#2 김순악 2019.8.13~20.8.8	
대구MBC 일본군 '위안부' 다큐멘터리 모리카와의 진혼곡 제작 협찬 및 상영회/관계자 대담 [본방송]2020.8.14.~15 [상영회/대담]2020.12.5	

익숙한 기억, 낯선 기록 2020.11.16~21.3.31	
영화 보드랍게 개관 2021.2.23	
일본군 위안부 피해자의 시간과 공간 그리고 증언전 2021.11.10~12.31	
낯섦과 익숙함: ODD ADD DD 2022.10.26~12.31	

6) 앞으로의 숙제

위와 같이 대구의 시민모임과 희움이 걸어온 길을 보면서 현재까지 겪은 많은 한계와 앞으로의 숙제를 정리해보고자 한다. 첫째, '위안부' 문제에 효과적인 전시 방법에 대한 고민이 필요하다. 역사관에 온 사람들에게 새로운 볼거리와 관심을 가질 수 있는 소재와 방법이 필요하다. 최근 서강대학교 김주섭 교수팀이 제작해서 베타테스트 중인 '영원한 증언'이 좋은 예이다. 인공지능이란 신기술과 할머니 증언이란 생존자가 생전에 남길 수 있는 유한한 콘텐츠를 서로 묶어서 영원히 남을 중요한 자료로 남기는 시도는 새로웠다. 할머니의 증언이란 다소 딱딱한 주제를 단순히 주입식으로 전달하기에는 새로운 세대는 거부감이 많아 새로운 기획과 기술에 대한 검증이 필요하다. 2021년 있었던 일본군'위안부'피해자의 시간과 공간 그리고 증언전에서는 VR(VIRTUAL REALITY)기기를 이용해서 실제 피해자가 거주한 곳과 장소를 보다 입체적으로 경험할 수 있도록 하였다. 특히 할머니의 방 프로젝트를 통해서는 할머니가 사셨던 곳을 직접 체험하고 느낄 수 있었고 많은 호응이 있었다. 2022년 낯섦과 익숙함 전시회에서도 애니메이션 및 VR게임을 통해서 피해자의 문제를 보다 효과적으로 전달하는 방식이 많은 좋은 평가를 받게 되었다.

둘째, 역사관이 많은 사람에게 정보를 주고 관심을 이끌 수 있어야 한다. 일본군'위안부' 문제에 대한 정확한 정보 전달을 위해서는 교육자료가 필요하다. 특히 학생들과 외국인을 위한 자료를 준비해서 그들의 방문이 의미 있게 준비해야 한다. 자체적인 능력이 아니면 협업이라도 필요하다. 최근 2021년과 2022년 전시회는 코로나로 인해서 많은 이동이 어려운 점이 있어서 실제 방문객의 감소는 있었지만 온라인 전시관(814.kr, 낯섦과 익숙함 : 오드 애드 디디 (814.kr))을 준비하였고, 영어와 일본어의 번역도 같이 곁들어 대부분의 내외국인이 시간과 공간적인 제약없이 방문할 수 있도록 하여서 많은 주목을 받았다.

셋째, '위안부' 문제 해결을 위해서는 보다 많은 세계 시민과 함께 할 수 있는 역량을 갖춘 역사 자료관이 되어야 하고 이를 위한 교육사업은 필수적이다. 희움 역사관은 대구라는 공간적인 제약을 가지고 있지만 지역민과 같이 할 수 있고 좋은 전시기획소재를 만들 수도 있다. 최근 이런 경험을 통해서 새롭게 전시가 된 한 프로젝트를 소개하면서 일본군'위안부'라는 다소 어려운 주제가 얼마나 큰 확장성을 가졌는지를 소개하고자 한다.

3. 한 지역민의 신문 한장으로 시작된 전시회와 그 확장
- 문옥주 할머니의 지오그라피(地理), 문옥주의길

이미 밝힌 바와 같이 문옥주文玉珠 할머니는 1992년 12월 2일(당시 67세) 대구 경북 출신으로는 처음이자 정대협에 두번째로 위안부 피해자로 신고하셨다. 할머니의 기구한 사연은 1993년부터 모리카와 씨의 채록작업을 통해서 할머니가 돌아가신 1996년까지 이뤄졌다. 모리카와 씨의 헌신적인 고증작업은 그 이후에 계속되었고 1996년 일본에서 할머니의 증언을 묶은 증언집이 출간되었다. 본 저서는 2005년 '버마전선 일본군 위안부 문옥주'로 우리 모임에서 번역 출판하였다. 이미 문옥주의 증언은 출간되었으나 단순한 번역으로 머물고 있었다. 물론 그녀의 증언이 희움 역사관 터잡기 등에 소중히 활용된 예는 있다.

1) 역사관 터잡기 - 달성권번과 역사관(서문로 80-1, 80-2, 80-3)

창신상회는 중구소방소 건너편 일제식 2층 상점건물은 장 씨 일가가 운영한 경일은행이 있었다가 대구상공은행으로 인수되고 1941년 일본인이 후쿠이福井가 소유했다가 해방 후 적산으로 국유가 된다. 1957년부터 이시균李示均 씨가 '창신상회'를 창업했으며 현재 2대째 영업하고 있다. 창신상회 사장의 증언에 의하면 정확한 창업연도는 모르지만 일제시대 창업했다고 한다. 당시 샘밖골목과 달성권번의 기생들에게 포목은 물론 장고, 북, 한복, 예복, 공연복, 족두리 등의 물품을 공급했으며

('시간과 공간 연구소' 권상구 씨 자료)

권번이 사라지고 현재는 관혼상제 관련한 원삼, 사무관대, 의복 등과 관복, 바둑물품, 부채 등과 같은 각종 전통물품 등을 취급하고 있다. 이제는 볼 수 없는 기생들의 의복과 장신구들을 팔았던 일제시대의 분위기를 그대로 가지고 있는 옛날 상점의 느낌을 그대로 만날 수 있다.
〈2007년 대구신택리지〉

현재 희움 일본군'위안부'역사관의 부지는 여러 차례 고증을 통해서 문옥주 할머니의 증언속에 나오는 달성권번, 많은 피해자 할머니가 기차를 타고 이동한 대구역, 그리고 이용수 할머니의 생가, 많은 일본인이 다닌 본정소학교(현재 종로초등학교), 미나카이 백화점, 시민모임의 첫 임대사무실인(대구시 중구 서문로 1가 14번지 2층)에 인근이라는 고증하에서 자리잡게 되었다.

2) 편정학선생의 경상매일창간호 기증

평소 일본군'위안부'문제에 관심이 있었던 편정학 씨는 자기가 가지고 있던 경상매일창간호에서 문길자로 소개된 한 일본군'위안부'피해자의 이야기를 읽고 창간호를 시민모임에 기증하였다. 이는 개명을 한 문옥주 할머니의 이야기였고 1992년 12월 11일에 소개된 아주 초창기 증언이라 큰 의미가 있었지만 해당 신문은 폐간이 되어 연재기사는 찾을 수 없었고 이어진 이야기를 접할 수 없어서 크게 안타까웠다.

그러나 편정학 씨와 시민모임의 자료를 찾고자 하는 노력으로 인해서 해당 연재기사는 다행히도 해당신문을 임언미 씨(대구문화편집장)가 본 신문의 발행인이었던 이필동 씨 가족으로부터 이관받아 소장함을 알 수 있었고 연재기사를 모두 확보할 수 있었다. 이로 인해서 기존 증언집과 비견할 만한 중요한 사료가 확보된 것이다.

3) 흩어진 자료 엮기

시민모임에는 문옥주 할머니와 관련된 몇 개의 기록과 영상이 있었다. 그리고 문옥주를 연구한 여러가지 사료는 이미 출간되었다. 2021년 일본군 '위안부'피해자의 시간과 공간 그리고 증언전을 기획하며 이 자료를 묶어서 문옥주의 증언을 시간과 공간으로 엮어보자 하는 움직임이 시작되었고 권상구(시간과공간연구소)를 중심으로 관련 전문가가 모여서 강독회를 개최하였다. 이렇게 한 피해자의 일대를 집중적으로 연구하는 일은 아주 드물고 특히 시간적으로 공간적인 자료와 함께 묶는다는 것은 전무한 일이었다. 다행히도 문옥주의 정확한 증언과 흩어진 여러자료들의 도움으로 작은 소책자를 출간하면서 1차적인 자료정리가 가능하게 된 것이다.

4) 자료의 확장과 사업

이런 자료를 바탕으로 시민모임에서는 2022년 7월 9일 '문옥주의 길' 걷기 행사를 가지게 된다. '故문옥주 할머니 추모' 한·일 함께 달렸다 -대구신문(idaegu.co.kr) 이는 그녀의 증언에서 소개된 1942년 7월 9일의 일을 시간과 공간을 엮어서 한국 및 일본인과 걷는 행사를 마련한 것이다. 증언집 및 경상매일의 채록의 분석을 통해서 그녀의 동선을 아래와 같이 파악하였다.

> 1924(대구 달성동 출생) à 1930(대명동, 야간서당, 양말공장, 달성권번) à 1935(일본 규슈 오무타, 시모노세키) à 1936(대구 남산동 화장터) à 1939(대구역, 북만주 동안성, 헌병대) à 1941(3) 금천군 서북면 화암리 내동) à 1941(대구역, 달성권번) à 1942년 7월 9일(문옥주의 길) à 1942년 7월 10일 미얀마행

1942년 7월 9일 문옥주 할머니가 어딘지 모르는 먼 여정을 떠나는 발자취는 하나의 길로 엮고자 한다. 이 여정은 '일본군 위안소 관리인의 일기'라는 저서에서 박 씨가 기록한 일정과 정확히 일치됨을 이미 확인하였다. 정확히 걸은 길을 고증할 수 없지만 할머니의 여러 증언을 비춰보고 '문옥주의 길'을 그려본다.

> 42년 7월 8일~9일 새벽
> "나는 잔디 위에 주저앉아 소리내어 통곡했습니다. 울고 울고 또 울고 목이 쉬도록 울어도 서러움은 가시지 않았습니다. 어느새 먼동이

---

3) 모리카와의 저서에는 함경남도라고 서술되어 있으나 진행중인 강독회에서는 본 지명이 황해도일 가능성이 크다는 의견이다.

번번하게 트이더군요. 사람들이 눈에 띄면 곤란했기에 나는 개울로 내려갔지요. (중략) 몸을 다 씻고 밖에 나오니 날은 이미 환하게 밝았고 엄마는 벌써 나물 바구니를 이고 삽짝을 나서고 있었습니다. '목욕하고 오는구나. 잘했다. 아버지 제사에 잘 차려드리지는 못할 망정 몸이라도 깨끗이하고 제사를 올려야지' [대구 안지랑 목욕터 à 대명동 집 이동]

대명동 집에서 대구역까지 이동경로는 알 수 없지만 할머니집에서 과거 할머니 증언에 언급된 양말공장[현재 서문시장 근처]부터 남산동 입구의 도리 및 할머니가 다녔던 달성권번 및 대구역으로 이어지는 큰 도로가 가장 큰 가능성이 있음"

"우리집에서 대구역까지는 걸음을 재빨리 놀려도 두시간은 족히 걸리는 거리였지요. 대구역은 몹시 붐비고 있었습니다. 뜨거운 햇볕이 쨍쨍 쏟아지는 광장에는 소 중학생 수백명이 줄지어 늘어서서 히노마루 깃대를 흔들며 군가를 합창하고 있었습니다. 출정군인의 환송을 해주기 위해 동원된 군중이었지요."

'삼등 대합실에는 쿰쿰하고 지린 냄새가 가득했고 야미 장사꾼인 듯

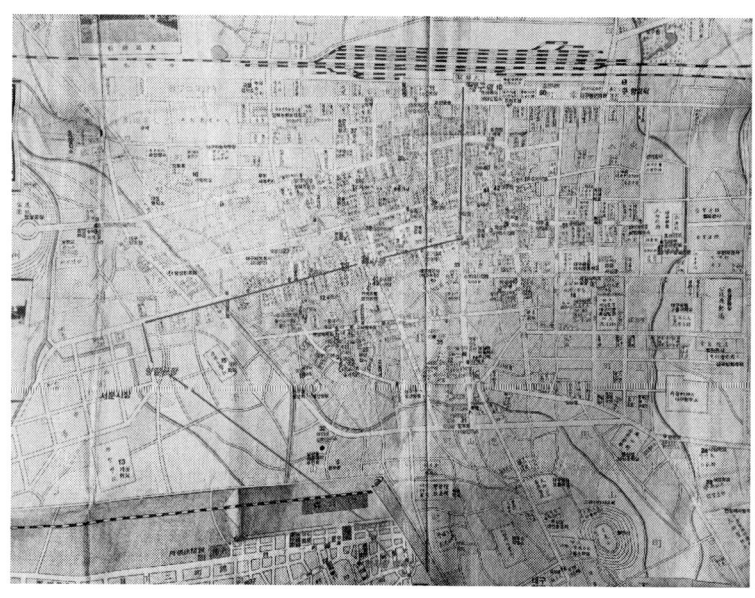

한 아낙네들이 보자기를 끼고 웅성거렸습니다.' (중략) '우리가 부산행 열차를 타고 대구역을 출발한 것은 열두시반쯤이었는데 부산에 도착했을 때는 여섯시가 지났더군요"

4. 맺으며 – 새로운 가능성 희망하며

대구는 일제강점기를 거쳐 한국전쟁이 벌어진 시기에도 대구 중심부의 지형은 많은 변화가 없었고, 미군 부대 주둔 등으로 남겨진 많은 사진 자료가 있다. 이를 통해서 할머니의 증언을 단순한 활자, 음성 전달이 아니라 그 당시 남아 있는 대구의 자료와 연결하는 것이 가능하다. 이는 특히 지역 또는 관련 전문가와 증언을 다양한 방법으로 읽어낼 수 있다. 이용수 할머니도 태어나고 자라나서 끌려가기 전의 생활 및 광복후에 돌아와서 거주한 대구 생활에 대한 고증을 해 주셔서 기록하고 있다. 또한 현장 방문을 통해서 최대한 자료를 남기려고 하고 있다. 문옥주 할머니의 재미있는 사투리나 표현은 동시대를 살아간 이용수 할머니에 의해서 풀어낼 수 있다. 이러하듯 지역 피해자 할머니의 고증을 위한 재해석하기 위한 노력은 기존의 증언을 더욱 입체화 한다. 초기 문옥주 할머니의 증언을 들으면 일본인 질문자 – 통역자 – 문옥주 할머니로 이어지는 단계에서 질문의 내용이 충분히 전달되지 않고 답변 또한 질문자에게 잘못 전달되지 않는 부분이 있다. 이러한 지역관련 자료 및 생활을 고증하는 것은 대단한 업적이 아닐 수도 있다. 그러나 잊혀지고 부정되어가는 할머니의 증언을 지지하는 하나의 씨줄이 된다면 또 다른 작업을 통해서 날줄을 만들어 할머니의 증언은 더욱 견고하게 버티도록 해야 한다. 이렇게 작은 노력이 많은 사람에게 새로운 연구과제가 되고 그 결과를 통해서 나온 업적을 통해서 '위안부' 피해자의 증언은 더욱 입체화 될 수 있다. 그리고 이렇게 입체화 된 증언은 다양한 기술과 접목되어 잘 전달된다면 많은 세계인에게 소개되고 '위안부'문제 해결을 위한 더욱 넓고 깊은 공감대를 만들 수 있을 것이다.

05장

문옥주, 버마위안소 증언이 그리는 인터렉티브 지오그라피

1. 들어가며

2021년 문옥주 증언 30주년 즈음, 대구 '정신대할머니와함께하는시민모임'(이하 '시민모임') 활동가들과 연구자들은 그녀의 언어를 통해 드러난 일본군 '위안부'역사를 왜곡없이 오롯이 남기고자 문옥주 강독회를 시작했다. 문옥주(1924년~1996년)는 67세인 1991년 12월 2일 자신이 일본군'위안부'였다는 사실을 정부에 2번째로 신고했고, 버마 위안소에서의 피해사실을 증언했다. 대구경북에 계시는 일본군 '위안부' 피해자분들은 문옥주의 신고 이후, 비로소 자신과 비슷한 피해사실을 이제는 말할 수 있겠다는 용기를 낼 수 있었다. 한국 땅에서 50여 년 이상 꽁꽁 숨죽여, 살아도 사는 게 아닌 삶을 살아온 피해자분들이 참혹했던 자신의 과거를 떠올려 한 마디 한 마디, 어렵게 어렵게 자신이 겪었던 피해사실을 드러내 말해야 했던 증언은 또 다른 고통의 시간이었고, 그것은 곧 일본군 '위안부' 역사가 되었다. 우연한 기회에 나는 피해자분들을 지원하는 시민모임을 알게 되었고, 자연스럽게 대구 경북지역에 계시는 피해자분들을 영상으로 기록하는 일을 이어가게 되었다. 그 일은 일본군 피해자가 아닌 우리의 '할매'로 봄꽃이 피듯, 다시 오시는 과정이었고, 일본군 '위안부' 역사의 산증인들은 내게 용기란 무엇인가를 몸소 알려주는 리스펙 '어른'으로 다가오는 일이었다.

문옥주 강독회는 몇 가지 방향으로 진행되었는데,
첫째, 일제강점기 조선의 여성, 버마에서의 일본군'위안부'피해자, 해방 후 한국 사회에서 숨죽여 살아온 문옥주의 삶을 증언한 구술채록, 특히 1991년 12월 2일 한국정부에 2번째로 위안부피해자 신고 후 빠르게 진행되었던 구술증언기록을 확보하고 교차 읽기
둘째, 현재까지 다양한 언론과 매체를 통해 2차로 생산되었던 증언기록 물들을 모으고, 읽기, 그리고 교차 비교해 직접 증언한 내용과 다른 기록 또는 잘못 옮겨진 오류들에 대해 연구자들 각자의 연구 영역에서 정리하고 나누기
셋째, 1차 강독회를 통해 도출된 모든 결과를 아카이빙하고 이후 강독회 방향을 논의하기 등이다.

직접 만나 뵐 수 없는 문옥주 구술증언기록을 잘 듣고, 읽으며 그녀의 전 생애에 접근하는 강독회는 많은 공백과 질문들을 남겼지만 문옥주의 증언, 그 원형에 접근하는 연구와 자료목록 아카이빙, 그리고 주석노트를 담은 「문옥주 지오그라피」를 발행했다. 무엇보다도 문옥주가 겪었던 일본군 위안소는 제2차 세계대전 시기 태평양 전쟁의 가장 치열했던 전장이었던 버마, 현재의 미얀마로 연합군과 일본군 패망 전까지 격전지였다. 급박했던 전선이라는 특성상 군인들과 함께 여러 장소의 위안소를 옮겨 다녔던 그녀의 기억과 구술 증언은 그 자체로 굉장히 중요함으로 그녀의 언어로 잘 남기기 위한 후속 연구들과 함께 사실적인 시각화 형태로 나아가야 한다는 과제를 남겼다.

2. 무엇을 담고자 하는가

따라서 1차 강독회 결과물을 토대로 기획한 본 작업은 문옥주가 '소화 17년'이라고 증언한 1942년 7월부터 1945년까지 버마의 '일본군' 위안부로서 온몸으로 겪어내야 했던 강제동원의 참혹한 발자국이고 그녀가 그리는 흔적이다. 대구에서 부산으로 이동해 멀고 먼 뱃길을 따라 낯선 땅, 버마에 도착 후 1945년 해방까지 당시의 시간과 장소, 사실에 조금 더 가까이 다가가기 위한 이 작업은 문옥주의 생전 육성증언을 담고 있다. 버마의 지도 위에 올려 진 그녀의 기억들은 1937년 중일전쟁을 시작으로 세계 제2차 대전의 치열한 전장 속에 내던져졌던 가늠하기 어려운, 수많은 강제동원 피해자들의 일부 조각이다. 그리고 그녀의 발이 닿았던 이름 모를 위안소들은 일본군이 일본 제국의 확대를 위해 일으킨 아시아·태평양전쟁 중 군대의 필요에 따라 조직적이고 체계적으로 자행했던 '위안부' 제도라는 역사적 고리 속에 휩쓸렸던 수많은 식민지, 점령지 전시성폭력 피해여성의 기록이었다.

일본군 '위안부' 문제는 1990년대 피해자들의 목소리로 세상에 알려진 후 위안소의 설치와 '위안부' 동원 과정에 일본군이 직접적인 책임이 있음을 밝히려는 많은 연구들이 진척되어왔다. 특히 문옥주가 그녀의 언어로 밝힌 일본군 부대의 이름과 지명, 이리저리 옮겨 다녔던 위안소 이동경로들은 일본군이 연합군과 대치했던 버마전선의 군기록, 군인들의 일기, 현지 조사 등을 통해 밝혀진 사실들과 일치되는 증언이었음이 드러났다. 이는 그녀의 증언이 휘발되지 않도록 기록하고, 확인하고, 버마 현지에 가서 위안소로 추정되는 장소들을 한걸음, 한걸음 발로 조사해 피해자의 증언이 역사적 진실임을 밝히는 길에 많은 활동가들이 함께 했기에 가능한 일이었다.

본 작업은 문옥주 버마 위안소 증언의 기록화 과정을 통해 남겨진 역사적 자료들을 토대로 군부대를 따라 그녀가 이동했던 위안소의 위치를 지도로 확인하고, 해당 장소 위치에 증언 영상클립을 배치했다. 영상 아이콘을 선택하면 그녀의 음성과 모습이 담긴 영상이 재생되도록 설계해 버마 위안소의 위치와 이동경로, 그리고 위안소 생활을 보고, 들을 수 있도록 웹기반의 인터렉티브 지오그라피를 기획, 제작했다. 이를 위해 문옥주의 육성증언자료 중 1991년 12월 일본 포토저널리스트 이토 다카시 씨가 통역을 통해 진행했던 오디오 인터뷰파일, 1992년 9월 재일 향토사학자 김광열 선생에 의해 기록된 오디오 증언파일, 그리고 1992년 3월 28일 일본 후쿠오카에서 열렸던 '이제 말하고 싶다. 강제연행의 숨겨진 역사를 전 종군위안부 문옥주 씨의 증언회'에서의 증언영상을 사용해 구성했다.

첫째, 1942년 7월 대구역에서 부산으로 이동 후 부산항에서 출발해 버마 랑군항(현재의 양곤항)에 도착 후 버마전선에 따른 위안소 이동과정과 위안소 증언을 분류, 발췌해 자막이 있는 10여 개의 영상클립으로 완성했다. 인터렉티브 지오그라피 속 지명은 현재의 지명으로 자막 처리했고, 문옥주 증언영상클립 속 지명은 그녀의 언어 그대로 쓰고 현재 의 지명은 괄호로 표기했다.

둘째, 버마(현재의 미얀마) 지도 위에 표기된 랑군(현재의 양곤), 만달레이(현재의 만달레이), 아끼압(현재의 시트웨), 프롬(현재의 프롬), 태국 아유타야(현재의 아유타야) 등 당시 버마 위안소가 설치되었던 도시 위치를 확인할 수 있도록 배치했고, 해당 도시의 위안소 증언영상 클립을 배치해 사용자가 하나씩 선택할 수 있도록 설계

셋째, 1942년 1월 이후 연합국 측과 일본군 측에서 발행한 버마전선 군사자료와 지도를 활용, 전선의 움직임을 선택해 보여줌으로써 문옥주의 버마 위안소 증언 속 일본군 위안소 이동 시점과 경로를 비교할 수 있도록 그래픽화해 그녀의 기억에 좀 더 입체적으로, 가까이 다가가 보고자 시각화했다.

이로써 버마에 일본군의 점령과 동시에 '위안부'가 동원되었고, 위안소 설치에 군이 깊이 관여하고 계획한 역사적 사실이었음을 문옥주의 증언을 통해 확인할 수 있다. 이는 버마가 아시아에서 미, 영, 중 연합군의 전략적 요충지였기에 1942년 2월 일본군이 버마에 도착 후 대규모 일본군 군사를 파견했던 사실과 동시에 전장에 강제되었던 '위안부'동원의 과정과 군에 의해 운영되고, 전선을 따라 끌고 다니며 이동시켰던 일본군의 위안소 운영1)을 함께 드러내고 있다.

특히, 증언영상으로는 유일하게 남아 있는 후쿠오카 증언대회 영상은 일본인 활동가 모리카와 마치코(1947년~2019년) 씨가 남긴 것이다. 일본군에 의한 성폭력 피해자로 침묵했던 50여 년을 딛고 전쟁범죄 책임을 묻는 생존 활동가로 일어선 문옥주에게 모리카와 씨는 누구보다도 소중한 인연이었다. 그는 '위안부' 문제 해결을 위한 일본에서의 법정 소송, 일본에서의 증언대회, 시모노세키 군사우편저금 지불 운동을 일으키고, 3차례나 직접 버마 현지로 가서 그녀의 증언을 증명할 인물들과 만나 인터뷰 기록을 남기는 등 피해자의 기억과 증언이 거대한 역사를 움직이는 진실이며, 사실임을 재 기록화했다.

이번 작업은 모리카와 씨가 남긴 출간물과 기록, 영상을 참고했다. 『文玉珠　ビルマ戦線　楯師団の「慰安婦」だった私』(1996.2, 梨の木舎) 초판과 한국어 번역본 『버마전선 일본군 '위안부' 문옥주』(정신대할머니와함께하는시민모임, 2005), 그리고 그가 직접 버마현지 조사를 하면서 비디오로 기록했던 영상 『버마로 사라진 위안부들-1997년~1998년 현지조사 기록ビルマに消えた　慰安婦たち-1997年~98年　現地調査　記錄』(VHS), 『1997년-2000년 버마 현지조사 기록 버마의 일본군 위안부』(시민모임 번역편집), 또 2016년 5월 일본 아사히신문기자와 함께 버마현지조사 뒤에 기사화된 『慰安婦問題を考える：慰安所の生活、たどる　韓国の故文玉珠さんの場合』(2016.5.17. 朝日新聞) 등이다.

	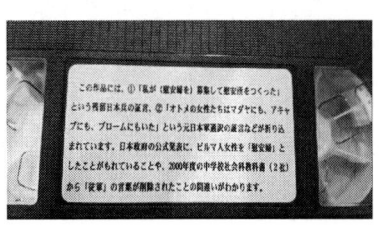
버마로 사라진 위안부들 1997년~98년 현지조사 기록 스크린샷 _모리카와 마치코森川万智子	버마로 사라진 위안부들 1997년~98년 현지조사 기록 _모리카와 마치코 森川万智子 VHS표지
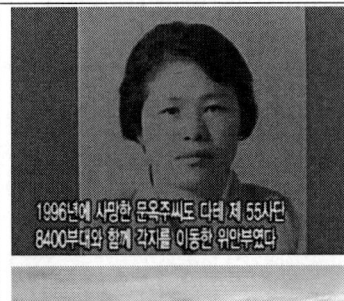	
1997년~2000년 버마 현지조사 기록_ 버마의 일본군 위안부 _모리카와 마치코森川万智子 시민모임번역편집	위안부 문제를 생각하다: 고 문옥주 씨의 위안소 생활 발자취를 따라 慰安婦問題を考える:慰安所の生活'たどる 韓国の故文玉珠さんの場合 (2016.5.17. 朝日新聞)

3. 문옥주 증언이 그리는 인터렉티브 지오그라피 제작방법

(1) '문옥주 지오그라피 연구보고서' 아카이빙 목록 가운데 1991년 12월~1992년 9월 기록된 문옥주의 증언영상, 구술채록 음원파일과 전사자

료 확인

　(2) 시간, 공간에 따른 서사배치
　: 버마 랑군항 도착 전, 버마 도착, 전선에 따른 버마 위안소 증언 분류
　(3) 사실 기록하기 위해 전사자료 보완: 문옥주의 사투리, 일본어 발음 그대로 텍스트로 재정리, 뒤에 ( )를 붙여 현재의 언어로 가능한 부분까지 정리
　(4) (2)의 영상파일과 (3)의 텍스트를 활용, 자막처리한 영상클립 10여 개 제작
　(5) 아시아지도 위 (2)의 증언분류에 따른 도시 포인트 아이콘 생성
　(6) (5)의 도시 포인트 위에 증언영상클립 아이콘 생성
　(7) 증언영상클립 선택에 따라 Play 되도록 설계
　(8) 버마점령을 위한 사단의 이동 지도를 토대로 사단의 전선이동 아이콘 생성
　(9) 증언영상과 사단의 이동확인 아이콘 선택에 따라 지도 이미지 이동 처리로 구성된다.

4. 문옥주 증언이 그리는 인터렉티브 지오그라피의 내용

　(1) '문옥주 지오그라피 연구보고서' 아카이빙 목록 가운데 1991년 12월~1992년 9월 기록된 문옥주의 증언영상, 구술채록 음원파일과 전사자료 확인

아카이브 목록	조사	사료세목	생산사	문양	자료설명
4	1991.12.18	이토 다카시 인터뷰 (파트1,2,3)	이토 다카시	파트1(2h8m) 파트2(2h7m) 파트3(2h2m)	-문옥주, 이토 다카시, 통역자, 문옥주 지인 1인

9	1992.3.28	후쿠오카 증언영상	모리카와 마치고	1:45:00	-동영상 후반부 문옥주 증언 -일본 측 관계자, 김신실 한국정신대문제대책협의회 임원, 통역 등 참여
14	1992.9.25	문옥주의 증언파일 (파트 1,2,3,4,5)	김광열	파트1 (31:59) 파트2 (31:41) 파트3 (47:44) 파트4 (47:43) 파트5 (42:21)	-국가기록원 관리번호 DTA0016451 -조사장소: 대구 수성3동 김정원 씨 댁 (지인, 대화참여)

(2) 버마 랑군항 도착 전 / 버마 도착 / 전선에 따른 버마 위안소 증언 분류

분류	아카이브목록	문옥주 증언에 따른 버마 일본군 위안소 이동 시간, 공간 배치
#.01	14	1942년 7월 대구에서 부산항으로 이동
#.02	4, 9	1942년 7월 10일 부산항 출발, 대만, 사이공, 싱가포르를 경유해 버마 랑군항 도착
#.03	9, 14	1942년 랑군에서 만달레이(마다야)로 이동, 위안소 생활
#.04	4, 14	1943년 만달레이(마다야)에서 최전선 아끼압으로 이동, 위안소 생활
#.05	4, 14	아끼압에서 퇴각, 프롬으로 이동, 위안소 생활
#.06	4, 14	프롬에서 랑군, 다시 태국 아유타야 이동
#.07	4. 14	해방, 귀국

(3) 사실을 기록하기 위해 전사자료 보완 : 문옥주의 사투리, 일본어 발음 그대로 텍스트로 재정리, 뒤에 ( )를 붙여 현재의 언어로 가능한 부분까지 정리

문옥주의 버마위안소 증언에서 자신이 머물렀던 장소를 지칭할 때 2가지 특징이 있다.

첫째, 아카이브 목록 〈9번〉, 후쿠오카 증언영상, 아래 표 분류 #01. 중

"그 다음에 갔는 데가 비르마 하껜 랑군입니다"
라고 발언한다. 버마의 어떤 랑군, 버마라는 나라의 어떤 랑군 도시라고 이해되고, '하껜, はけん'에 해당하는 표현은 '派遣, 파견'이라는 표현에 해당된다. 그 뜻은 '일정한 임무를 주어 사람을 보내다'이다. 이 표현은 1991년과 1992년 위안부 신고 후 육성증언에도 동일하게 발언하고 있다. 이 발언의 뜻을 적어보면 "그 다음에 도착한 곳은 버마의 파견지, 랑군입니다"로 이해된다. 당시 버마 방면에 파견된 일본군 병력의 총수는 육해군을 합쳐 23만 8천 명이었고, 그 가운데 16만 7천 명(70%)가 전사하였다는 일본 후생성 자료를 통해서 보듯 '파견'이라는 표현은 당시 전시 중 익숙한 표현이다. 문옥주는 귀환 후 50여 년의 세월이 흐른 뒤, 첫 번째로 일본 후쿠오카에서 가진 공식 위안부피해 증언대회에서 첫 마디에 이미 자신이 겪은 버마 위안소가 어떤 곳이었고, 자신이 어떤 상황 속에 있었는지 증언하고 있다.

둘째, 같은 아카이브 목록 〈9번〉, 후쿠오카 증언영상, 아래 표 분류 #02. 중

"도라꾸를 타고 비루마 하껜 만다레라카는 나라로 갔으요"
라고 증언하고 있다. 랑군에서 트럭을 타고 만달레이에 있는 위안소로 이동했고, 문옥주 자신이 느낀 그 거리를 '나라'라고 표현했다. 군용트럭에 실려 얼마나 멀고 먼 거리를 이동했는지 18살 문옥주에게는 그것이 '나라'였다는 표현으로 이해된다. 현재 교통수단으로 확인하니, 미얀마의 수도 양곤(랑군)에서 만달레이까지 이동거리는 버스로 8~9시간, 기차로 15시간, 비행기로 1시간 22분이 소요되는 상상 이상의 멀고도 긴 거리이다.

사실을 기록하기 위해 전사자료 보완 중 일부

분류	아카이브목록	전사자료 보완
#.01	9	저는 위안부의 문옥주라고 합니다. 지가 붙들려 갈 때는 소화 17년 7월 10일 날입니다. 부산으로 갔습니다. 부산으로 가서 어디 가는 줄도 모르고 배를 타라 그래요. 배를 타고 어디로 가냐 하면 배를 타보면 안다그래요. 그래서 배를 탔더니 거치없이 가는구만요. 그래서 그 배를 탔더니 첫째 갔는 데가 대만이고 그 다음에 가다가 또 쉬었는 데가 사이공이고, 그 다음에 또 갔는 데가, 가는 도중인데 갔는 데가 싱가포르고, 그 다음에 갔는 데가 비르마(버마) 하껜(派遣, 파견) 랑군, 랑군입니다.
#.02	9	랑군에 가니께, 랑군에서 내리니, 군인 도라꾸(트럭)가 대기하고 있습디다. 도라꾸(트럭)를 타고 비루마(버마) 하껜(派遣, 파견) 만다레라 카는 나라로 갔으요. 만다라카는 나라로 가니께, 거 가니께 하루저녁 자고 나니 그 이튿날, 집에다가 칸칸이 집을 짓대요. 삿자리 같은 걸 가지고 집을 칸칸 이 짓대요. 짓고 나서 사흘있으이께네, 사흘있으니 군인들을 풀어가지고 퍼붑디다.
#.03	9	그런 생활 끝에, 6~7개월 있으니 거기서 또 아키야브카는 나라로 보냅디다. 아키야브 또 가서 역시 이런 생활을 했지요. 바꾸단(폭탄)은 날라오고, 매일 밥도 못 먹고, 또 술취한 병장 들은 술주정을 하고, 또 월경이 있을 때는 한 이틀꺼정은 월경이 적게 나오지만은 사흘되면 많이 나와요. 그래 좀 놀면 거짓말이라카고 뚜드려 패고, 그런 세월로 아키야브를 보냈심다.
#.04	9	그래가지고 거서 또 한 5~6개월 있으니께네 또 쁘로무(프롬)라 카는 나라로 보내대요, 쁘로무(프롬)라 카는 나라로. 쁘로무(프롬)로 가가지고 매나 이와같은 세월을 또 보냈심다. 그래가지고 몸이 아파 자궁이 부어가지고, 터질 것만 같아서 좀 누워있으니 두드려패고 이런 세월을 보냈심다.
#.05	9	그래가지고 그질(그 길)로 거기서 또 있다가 그질(그 길)로 또 랑군으로 또 다부왔어요(다시 왔어요). 랑군으로 다부와서(다시 와서) 랑군에서 태국으로 내려왔습니다. 태국으로 내려와가지고 태국에서 또 아유티야카는 데로 갔어요. 아유타라카는 데는 가니께 그기 야전군인병원이라요. 거기서 한 5개월 있다가 해방이 되었습니다.
#.06	9	우리 클 때는, 우리 있을 때는, 고꼬 신민나리, 이치 와타쿠시와 다이닛뽄테코쿠노 고쿠민또나리마쓰. (아동용 황국신민서사皇國臣民誓詞, 일본 제국이 조선인들에게 강요한 맹세문) 케나놓고 인지와서는 내 몰라라하

#.07	14	고 발길로 차내뻐리니 너무 억울해서 이 자리에 나타났습니다. 아끼아브,예, 그 인도 국경 거기는, 예. 아끼아부 거기는 갈 때는 군인들하고 이자 대기 해갖고 타고 안 갑니까. 가다가 보면 이제 또, 뱃가에 있는데 또 대거든. 배를 타고 들어가야 되니까. 그 배를 타고 드가는데 그기는 또 큰 배가 없어예. 똑박배요 요 요 막상 한, 배가 그 이름이 다야쯔(大發, 소형 배)라. 그놈을 타고 이제, 그놈을 타고 드가다 보면 너른 바다인데 물은 불그무리하고 황토물인지 불그무리하고, 중간중간에 섬이라
#.08	4	전부 생각나지. 예를 들어서 우리가 도착하면 군인들이 싣고 갔고, 군인들이 어디로 가라고 명령 내렸고. 또 우리가 내려온다 하면 군인 차가 와서 우리 싣고 가고 그랬는거 아입니까. 어디 이동하라 카는거 저거 명령대로 이동하고. 너거는 어디 가거라 카고 전부 군인들이 했으니까. 예, 군인 명령으로 됐는기라. 또 군대에서 밥 먹이고 군대에서 자고. 그게 증명하는 거지 뭐.

(4) (2)의 영상파일과 (3)의 텍스트를 활용, 자막처리된 증언영상클립 10여 개 제작

자막처리된 증언영상클립 스크린샷 중 일부

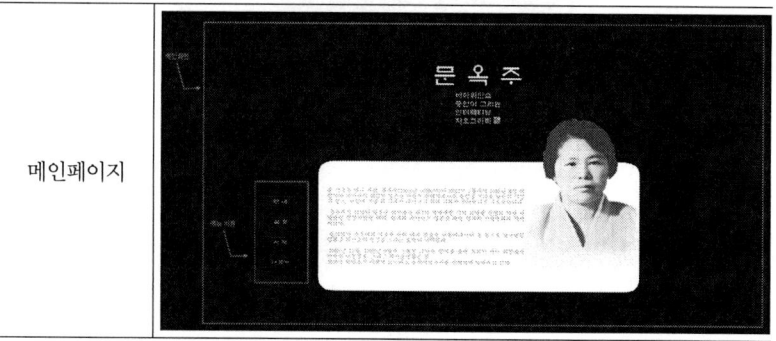

메인페이지

분류	아카이브목록	스크린샷	
#.1	9	일본 후쿠오카 증언영상 중 (1992.3.28)	저는 위안부의 문옥주라고 합니다. 지가 붙들려 갈 때는 소화 17년(1942년), 7월 10일 날입니다. 부산으로 갔습니다.
		일본 후쿠오카 증언영상 중 (1992.3.28)	부산으로 가서 어디 가는 줄도 모르고 배를 타라 그래요. 배를 타고 어디로 가냐 하면 배를 타보면 안다 그래요.
#.1	9	일본 후쿠오카 증언영상 중 (1992.3.28)	그래서 배를 탔더니 거치없이(거침없이) 가는구만요.
		일본 후쿠오카 증언영상 중 (1992.3.28)	그래서 그 배를 탔더니 첫째 갔는 데가 대만이고 그 다음에 가다가 또 쉬었는 데가 사이공이고, 그 다음에 또 갔는 데가, 가는 도중인데 갔는 데가 싱가포르고,
		일본 후쿠오카 증언영상 중 (1992.3.28)	그 다음에 갔는 데가 비르마(버마) 하껜(派遣, 파견) 랑군, 랑군입니다.

(5) 아시아지도 위 (2)의 증언분류에 따른 아이콘 생성
(6) (5)의 도시 포인트 위에 증언영상클립 아이콘 생성

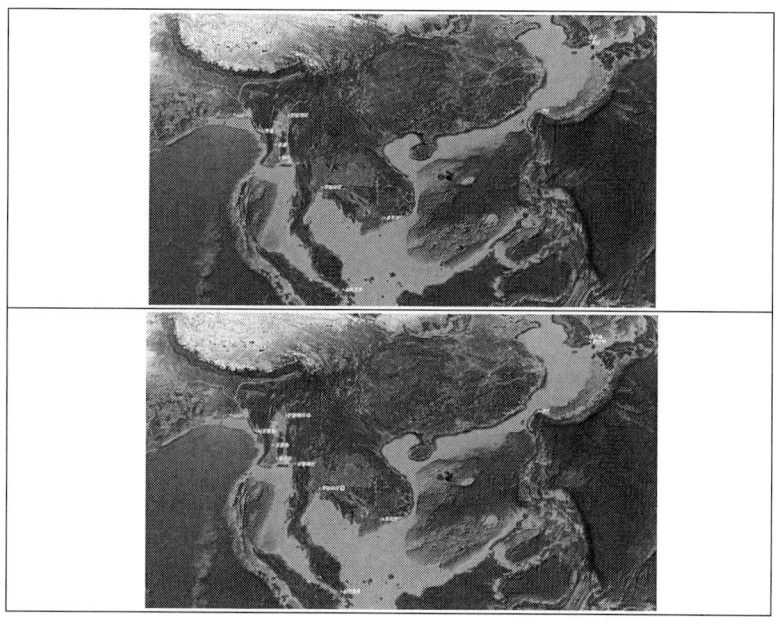

(7) 증언영상클립 선택에 따라 Play되도록 설계

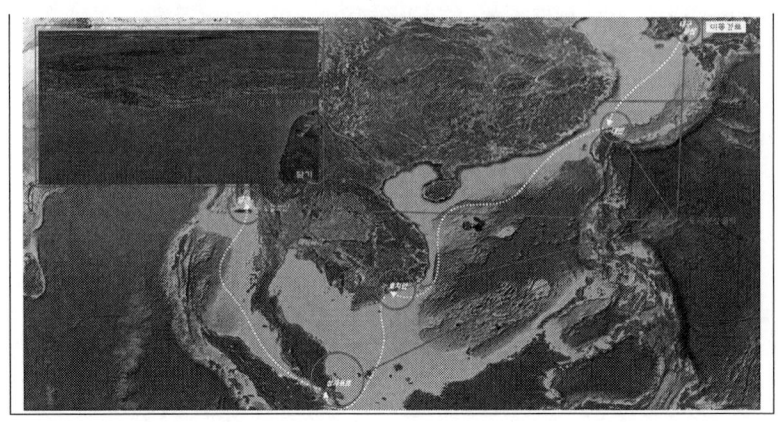

　(8) 일본군의 버마점령시 사단의 이동 지도를 토대로 사단의 전선이동 아이콘 생성

　(9) 증언영상과 사단의 이동확인 아이콘 선택에 따라 지도 이미지 이동 처리로 구성된다.

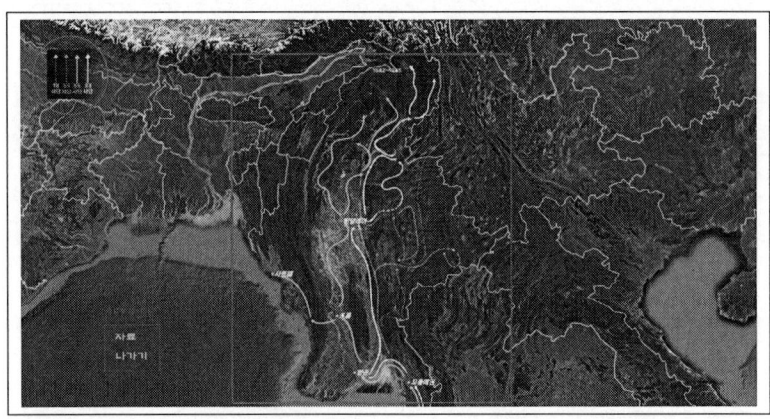

　문옥주는 '다테 하쎈 욘하꾸마루마루부대タテ八四〇〇部隊, 다테 8400 부대"에 배치 받았음을 여러 차례 강조했다. 「문옥주 지오그라피 연구보고서」 아카이빙 목록 14번, 1992년 9월에 있었던 김광열 선생과의 구술증

언에서

"랑군에서 또 인자, 인자 배치 받지 않습니까. 배치 받으면 이제, 우리, 우리, 우리 부대가 다테 하쎈 욘하꾸마루마루부대(다테 8400부대)거든요."

를 정확하게 말했고, 1차 강독회를 통해 그 근거를 확보했다. 즉, 'タテ八四〇〇部隊'라고 표기되는 '다테 8400부대'는 일본군 제15군 소속의 제55사단을 이르는 것으로, 카가와현 젠쓰지善通寺에서 편성된 육군 제55사단 '다테'의 사령부가 '8400부대'였다. 다테タテ, 楯는 제55사단 부대명칭을 은닉하기 위해서 사용된 일종의 암호명, 통칭호로 사용되었다.

이어, 아카이브 목록 〈4번〉, 1991년 12월 2일 정부에 위안부 신고 후 두 번째로 가진 이토 다카시 씨와의 공식인터뷰에서,

"전부 생각나지. 예를 들어서 우리가 도착하면 군인들이 싣고 갔고, 군인들이 어디로 가라고 명령내렸고. 또 우리가 내려온다 하면 군인 차가 와서 우리 싣고 가고 그랬는거 아입니까? 어디 이동하라카는 거 저저 명령대로 이동하고, 너거는 어디 가거라 카고, 전부 군인들이 했으니까. 예, 군인 명령으로 됐는기라. 또 군대에서 밥 먹이고 군대에서 자고. 그게 증명하는 거지 뭐."

이렇듯, 군부대의 이동에 따라 어쩔 수 없이 여러 곳을 떠돌아다니며 자신의 온몸으로 겪어냈던 바로 그 참상이 일본군 위안소가 어떻게 조직되고 움직여졌는지를 정확하게 말해주고 있다.

이번 2차 문옥주강독회를 통해 연구원분들께서 확보하신 제15군, 제33군 휘하 사단 작전지도는 일본군 측에서 발행한 「버마공략 작전경과개견도ビルマ攻略作戦経過概見図」(1942년 2월~)와 연합군 측에서 발행한 「일

본의 공격Japanese attacks」 지도(1942년 1월~1945년)를 토대로 문옥주의 증언 속 위안부 이동 장소와 실제 사단의 이동전선을 비교해 볼 수 있도록 구성했다.

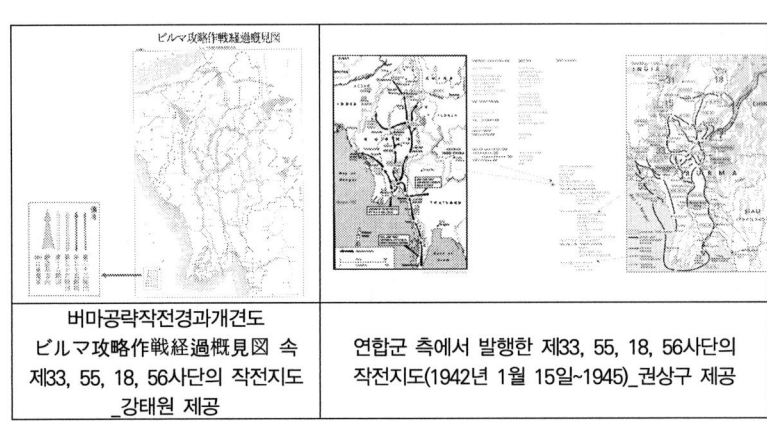

| 버마공략작전경과개견도 ビルマ攻略作戦経過概見図 속 제33, 55, 18, 56사단의 작전지도 _강태원 제공 | 연합군 측에서 발행한 제33, 55, 18, 56사단의 작전지도(1942년 1월 15일~1945)_권상구 제공 |

문옥주가 1942년 7월, 식당에 취직해 돈을 벌겠다는 생각으로 부산항을 떠났을 때 그녀가닿을 곳, 버마는 1941년 12월 아시아·태평양전쟁을 도발한 일본군들에 의해 1942년 1월부터 무력침략을 당하고 있었다. 일본 방위청 전사사료, 전사총서戰史史料·戰史叢書에서 확인된 버마공략작전일지에 해당하는 연표를 참고하면 일본군은 1942년 1월 태국과 버마의 국경을 넘어 다보이, 모르메인, 파안 점령을 시작으로 제15군 휘하에 4개 사단을 포함, 육해군 총 약 23만 명이 넘는 대규모 병력을 동원했다. 이렇듯 어마어마한 병력을 위한 대규모 '위안부' 동원은 요구되었고, 이미 중일전쟁을 거치며 체계적이고 조직적인 형태를 갖추었던 '위안소'제도는 일본군에 속한 일종의 부속시설이 되었다.

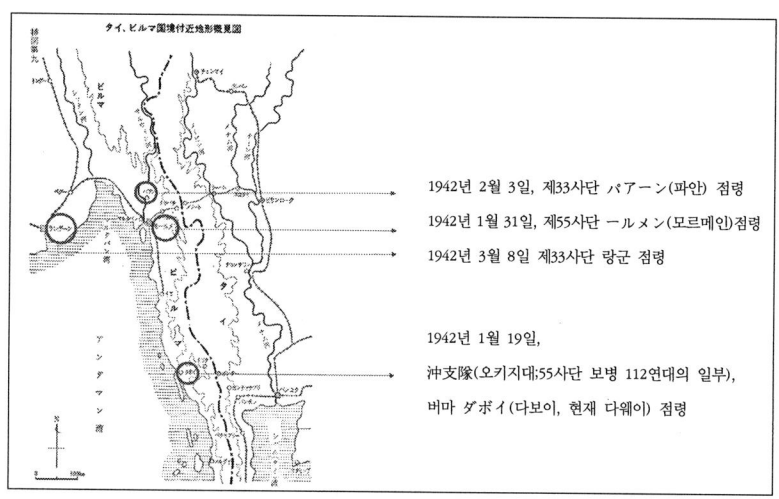

5. 마치며

문옥주는 67세인 1991년 12월 2일 자신이 일본군 '위안부'였다는 사실을 정부에 2번째로 신고했고, 버마 위안소에서의 피해사실을 증언했다. 50여 년의 세월동안 갇혀있던 악몽 같은 기억은 비로소 하나씩하나씩 세상 밖에 드러냈다. 절대 평생 잊히지 않았던 일본군 위안소에서의 비참한 참상들, 버마의 여러 지명들과 군부대명, 부대를 따라 이동했다고 하는 여러 곳의 위안소들은 그녀의 언어 속에 차례로 소환되었다.

당시의 시간과 장소들이 한꺼번에 뒤섞인 듯, 한 번에 가늠하기 어려운 표현들로 가득했지만, 그녀 자신이 18살부터 해방까지 약 5년 동안 어디에 있었는지, 어디로 갔는지, 그리고 무슨 일이 있었는지는 또렷하고 생생하고, 일관되었다.

문옥주라는 사람의 삶은 사실이고, 위안부 문옥주는 역사이다. 전선을 따라 이동해야 했던 문옥주의 위안소 증언을 확인하고, 이해하고, 받아들이기는 간단하지 않고 참 어려운 일이다. 그렇기 때문에 그녀의 증언이 휘발되지 않고 역사의 기록으로 잘 남기기 위해 비교연구를 통해 텍스트로 정리하고, 지도의 형태로 시각화하는 연구들은 꼭 필요하고 중요한 작업이다. 이러한 기초 연구를 토대로 '문옥주 버마위안소 증언이 그리는 인터렉티브 지오그래피'는 이제 그 시작점에 있다.

참고문헌

공준환, 연합군 자료를 통해 본 버마의 일본군'위안부'제도, 동북아역사논총, 2019.
김도형, 일제 말기 필리핀, 버마지역 한인병사의 강제동원과 귀환, 한국독립운동사연구 제47집, 2014.
모리카와 마치코 글·김정성 옮김, 『버마전선 일본군 '위안부' 문옥주』, 아름다운사람들, 2005.
박정애, 『피해실태를 통해 본 일본군'위안부'의 개념과 범주 시론』, 2015.
백재예, 『아시아·태평양 전쟁기 연합국의 일본군 '위안부' 인식에 관한 연구 -ATIS, NEFIS 심문 보고서를 중심으로』, 2016.
송규진, 일본군의 '위안소' 설립과 조선 여성의 일본군 '위안부' 강제동원, 2019.
「문옥주 지오그라피」, 정신대할머니와함께하는시민모임, 여성가족부, 2021.12.
西野 瑠美子, 『戰場の「慰安婦」』, 2003.
厚生省 社會援護局, 『援護50年史』, 1997.
慰安婦問題を考える：慰安所の生活、たどる韓国の故文玉珠さんの場合, 朝日新聞, 2016.5.17.

참고 URL(2023. 3. 3. 최종열람)

https://ko.wikipedia.org/
https://ja.wikipedia.org/wiki/
http://www.nids.mod.go.jp/military_history_search/SoshoView?kanno=005
 : 戰史叢書、ビルマ攻略作戰、防衛庁 防衛研修所 戰史室 著, 朝雲新聞社
https://ja.m.wikipedia.org/wiki/%E7%AC%AC55%E5%B8%AB%E5%9B%A3_(%E6%97%A5%E6%9C%AC%E8%BB%8D)#.
https://ja.m.wikipedia.org/wiki/%E9%80%9A%E7%A7%B0%E5%8F%B7

영상클립에 사용한 영상, 이미지 출처

1997년 5월~98년 9월 현지조사 기록영상_버마로 사라진 위안부들, 森川万智子(VHS)

1997년-2000년 버마 현지조사 기록_버마의 일본군 위안부, 森川万智子, 시민모임번역편집

http://www.nids.mod.go.jp/military_history_search/SoshoView?kanno=005(2023. 3. 3. 최종 열람)

06장
일본군의 미얀마에서 위안소 설치와 위안부들의 생활

1. 들어가며

　일제는 태평양 전쟁 중 미얀마를 중심으로 동남아 지역에서 전쟁을 벌이며 많은 위안부를 동원하였다. 특히 미얀마를 침략하여 전선이 확대되자 위안부의 수요도 증가하면서 많은 조선인 여성을 위안부로 동원하였다. 그 중에 대구 경북 출신의 여성들이 많았음은 해방된 이듬해인 1946년 3월 『대구시보』의 보도를 통해서도 알 수 있다.

> "지난 10일 그 중(수용소 있는 15,000명) 6천명이 우선 귀국하게 되어 인솔하고 온 것이다. 우리 일행 중에는 광복군 2,500명을 필두로 하야 독신부녀가 300명이나 되고, 그 외 대다수가 경남북 출신의 피난민들인데 특히 부녀 중에는 대구 출신만 130명에 달하고 있다. 이들은 과거에 가난한 살림살이에 희생이 되어 간 소위 위안부가 대다수이며 그리운 고국을 찾아왔으나 반갑게 맞이하여 주는 연고자도 없는 가린한 처지에 있는 사람이다."[1]

그 일행 중의 한사람으로 판단되는 문옥주 할머니는 당시의 상황을 다음과 같이 증언하고 있다.

"배는 인천 다음으로 부산으로 가기로 되어 있어서 대구, 부산, 광주 등이 고향인 그룹은 다시 그 배에 올랐다. 그리고 부산에서 상륙하였는데 그 당시의 부산항이 어땠는지는 정확하게 기억나지 않는다. 부산에서는 기차를 타고 대구로 향했다2)"

또한 일본 정부와 군대의 자료, 연합군의 심문 자료를 포함한 문서나 영상 등 다양한 형태의 자료들도 많이 발굴되었다. 그 결과 일본군 '위안부'에 대한 연구도 당시의 실상을 드러내는 차원을 넘어 학문적 논쟁의 영역으로까지 이를 정도로 심화되었다고 생각된다. 특히 종군위안부의 개념 정의, 동원의 강제성 여부, 일본의 관·군 개입 여부에 대한 문제 등에 대해선 많은 연구가 진행되었다. 그리고 중국, 미얀마, 필리핀 등지에서 운영한 지역 위안소와 위안부에 실상을 드러내는 연구 역시 많이 진척되었다.3)

이러한 연구에도 불구하고 각 지역별 위안소가 갖는 차이점, 민족별 위안소의 실태, 그리고 일본군의 회고나 전쟁 자료 등을 통해 위안부들 피해자들의 증언도 지역에 따른 위안부들의 실상을 알기 위해선 다면적으로 검토할 필요성이 있다고 판단된다. 특히 반일 종족주의를 주장하는 뉴라이트 학자들의 주장에 대해서도 좀 더 실증적인 차원에서의 비판이

---

1) 『대구시보』, 1943.3.19.
2) 모리카와 미치코, 김정성 역, 『버마전선 일본군 위안부 문옥주』, 아름다운 사람들, 2005, 156쪽.
3) 공준환, 「연합군자료를 통해본 버마의 일본군 '위안부' 제도」『동북아역사논총』 66호, 2019, 206쪽.
하종문, 「진중일지 속의 부대 운용과 일본군 위안소 제도」『동북아역사논총』 64호, 2019, 172쪽.

필요하다고 본다.

또한 당시 미얀마 전선에 참전했던 일본군이나 종군기자들이 남긴 회고록에도 위안소와 위안부에 대한 자신들이 경험한 내용이 나오고 있다. 이들의 회고는 한 개인이 경험한 내용이지만 위안부들의 증언, 미얀마 군부대와의 전투 기록 등을 종합적으로 검토하면 당시 위안소와 위안부의 실태가 좀 더 명확히 드러날 수 있을 것이다. 그리고 시기와 장소를 달리하여 이루어진 위안부 피해자의 증언과 회고도 종합하여 비교하면서 세밀하게 검토한다면 지금까지의 연구가 가진 미흡한 부분을 극복할 수 있을 것으로 본다.

본고에서는 이러한 문제의식을 바탕으로 미얀마 지역 전쟁에 관한 일본군의 전투 상황에 대한 기록, 미얀마 전선에 참전했던 일본 군인들의 회고록, 문옥주 할머니의 증언 등을 통해 미얀마 지역의 위안소와 위안부 생활을 검토하고자 한다. 이를 통해 우리는 일본군이 운영했던 위안소와 위안부의 생활을 심층적으로 들여다 볼 수 있을 것으로 판단된다. 나아가 문옥주 할머니의 증언이 갖는 역사적 의의와 의미도 더욱 커질 것으로 판단된다.

2. 일본의 태평양 전쟁 시작과 미얀마 침공

1) 태평양 전쟁의 시작

1937년 중국을 침략한 일본군은 남경을 점령했지만 중경의 장개석 정권을 비롯한 중국군은 철저 항전을 선언하면서 미국 등 국제적인 지원을 받고 있었다. 일본은 남경 점령 이후 중국전의 장기화, 육군 경비의 증강 계획, 유럽 전쟁의 전개에 따른 대응 등에 대해 고심하고 있었다. 중국과의 전쟁이 장기화되면서 일본을 곤경에 빠트린 것은 영국을 비롯한 주변

국들의 중국 지원이었다. 중국에 대한 지원은 크게 세 가지 경로로 이루어졌다. 하나는 상해 또는 홍콩을 축으로 중국과 통하는 바닷길이었다. 일본 해군이 중국 연안을 봉쇄하였지만 중국의 범선들은 남 몰래 물자를 실어 나르며 중국군을 지원하고 있었다. 둘째는 중국의 서북쪽에서 소련으로 연결되는 길이었다. 여기는 거리가 멀고 보급량이 많지 않지만 종래 소련제 비행기 및 연료 탄약 등이 이 곳을 통해 보급되었다. 세 번째는 소위 援將루트(장개석 지원 통로)라고 하는 미얀마를 통해 중국 쿤밍昆明으로 이어지는 통로이다. 미얀마 루트는 싱가포르를 중계기지로 해서 랑군, 만달레, 라시오, 룽링龍陵, 쿤밍昆明을 통하고 있었다. 특히 1938년에는 자동차로가 개통되어 점차 지원이 확대되고 있었다.4) 마지막은 프랑스가 지배하던 북베트남을 통해 지원되는 통로였다.

	2차 세계대전 시작 이전	1940년 6월 이후
서북로	200톤	500톤
미얀마 지역	2000톤	10000톤
프랑스 인도지나 지역	12500톤	15000톤
중국연안 해로		6000톤

일본은 대중국 지원을 막기 위해 영국, 프랑스, 소련과 다양한 외교전을 전개하였다. 외교를 통해 프랑스, 영국으로부터 중국에 대한 지원을 막았고, 소련과는 중립조약을 체결하여 이를 차단하고자 했다. 특히 일본 군부는 프랑스가 지배하는 베트남을 통해 지원되는 루트와 버마-곤명을 잇는 장개석 루트를 차단하기 위해 하노이 근방에 비행 기지를 건설하여 이를 폭격하고자 하였으나 프랑스의 반대로 실패하였다.

1939년 독일의 폴란드 침공으로 시작된 전쟁은 이후 네덜란드, 프랑스 등을 차례로 점령하였다. 독일이 프랑스, 영국과 전쟁을 벌이는 상황은

---

4) 「북부 불인진주의 서곡」, 『대동아전쟁개전경위』 전사총서 제1권, 39쪽.

일본에게는 프랑스, 네덜란드가 지배하고 있던 동남아 지역에 세력을 뻗칠 수 있는 절호의 기회였다. 독일이 전쟁에 승리하며 유럽을 점령해 나가자, 일본도 이러한 세계정세를 이용하여 영국과 미국 중심의 외교와 경제적 의존에서 벗어나 동아시아에서 그들이 지배하는 엔 블록의 경제 공영권을 형성하고자 하였다.

1940년 7월 일본 육해군성 수뇌부는 남진정책의 구체적인 내용을 담은 '세계정세의 추이에 따른 시국처리요강'을 마련하였다. 이를 실현하기 위해 일본은 1940년 9월 독일, 이탈리아와 추축국 동맹을 체결하였다. 이어 1940년 9월 26일에는 장개석 지원 루트를 차단한다는 목적으로 독일의 협력 하에 베트남 지역을 무력으로 점령하였다. 이러한 일본의 군사적 행위에 대해 영국과 미국은 크게 반발하였다. 미국은 이후 철강의 대일 수출을 금지하였다. 한편, 영국은 일본과의 협상을 통해 미얀마를 통해 지원하는 형식적으로 금지하는 조처를 취했지만 이를 재개하였다.

이 요강에는 일본이 중국과의 전쟁을 승리로 이끌고, 미국과 영국 중심의 경제 편중 정책을 벗어나 일본 중심의 대동아공영권을 구축하려는 내용이 담겨 있었다. 특히 네덜란드가 지배하는 인도네시아와 필리핀, 말레이 지역에는 일본에 부족한 철강석 자원이 매장되어 있었다. 그 외에도 인도네시아 지역에는 석유, 보크사이트, 고무 등의 자원이 풍부하였다. 따라서 이 지역을 지배한다면 장기전에 빠진 중국과의 힘든 상황을 타개하고, 일본 중심의 대동아 공영권을 구축할 수 있는 중요한 기반을 확보할 수 있었다.

이를 위해 일본이 우선 해결해야 할 과제는 먼저 영국과 미국 세력을 이들 지역에서 쫓아내는 것이었다. 1941년 6월 독일군이 소련을 기습 침공하자 일본 내에서는 이 기회를 이용하여 소련을 침략할 것인지 아니면 남방 방면의 침공할 것인지 논쟁이 있었으나, 일본군 대본영은 남방 작전을 전개하기로 결정하였다. 1941년 7월 말에 일본은 제25군을 베트남 지역에 상륙시켰다. 이에 맞서 미국은 1941년 8월, 자국 내 일본 자산

동결 및 항공기용 윤활유 등 석유의 금수 조치를 취하였다. 이러한 조치에 일본은 미국과 협상을 벌이면서 정상적인 무역관계의 회복, 필리핀 독립 존중, 프랑스령인도지나 이외 지역으로 침공하지 않을 것을 제안하였다. 그러나 미국은 프랑스령 인도지나로부터의 일본군 철수와 추축국 동맹의 탈퇴 등을 전제조건으로 제시하면서 사실상 일본의 제안을 거절하였다.

1941년 9월, 일본의 어전회의는 영국과 미국과의 전쟁을 한다는 결정을 내렸다. 일본 군부는 1941년 10월까지 작전 계획을 완성하였다. 1941년 10월, 도조 히데키가 총리로 임명되고 12월 1일 어전회의에서 마침내 개전을 결정하였다. 이에 일본은 세 가지 방향으로 동남아시아 침공을 전개하였다. 첫째는 홍콩을 비롯한 비스마르크 제도, 미얀마, 인도네시아 지역, 그리고 진주만 기습을 계획하였다. 둘째는 12월 2일 남서 제도, 대만, 해남도, 남부 인도지나, 파라오 제도를 점령하기 위한 군대가 배치되었다. 셋째는 남방 지역이었다. 병력은 11사단으로 36만여 명의 육·해군을 동원하였다.

공략 범위는 필리핀, 괌, 홍콩, 영국령인 말레이, 미얀마, 자바, 수마트라, 보르네오, 세라베스, 비스마르크 제도, 네덜란드령 티모르 지역이었다. 육·해군의 긴밀한 협력 아래 필리핀 및 영령 말레이 방면에 동시 작전을 진행한 후 필리핀에서는 티모르와 보르네오를 공략하며, 말레이 방면의 싱가포르에서는 팔렘방을 포함한 남부 수마트라 지역으로 나아가고 동시에 자바섬을 공략한다는 작전이었다. 또한 타이에 진주한 후 타이와 인도지나를 확보하여 작전을 일단락하고, 상황에 따라 미얀마 지역에 대한 작전을 수행하려는 계획을 수립하였다. 일본이 태평양 전쟁을 계획하고 전개하면서 구성한 군대의 편제 상황은 표와 같다.[5]

---

5) 「태평양 전쟁 간 병단 예속 관계 일람표」 방위연구소전사실, 1948.
https://www.jacar.archives.go.jp, C12121385500,c1022470011

시기	지역군	군	예하 사단	
1941년 말	남방군 (1941.11.15)	제14군(필리핀)	제16사단, 제48사단	
		제15군(1941.11.말.)	제33사단, 제55사단(남해지대결)	
		제16군(네덜란드령)	제2사단, (제38사단), (제48사단),혼성 제56보병단, 남해지대, 전차연대, 군직 포병	
		제25군(말레이, 북부 수마트라)	근위사단, 제5사단, 제18사단, 전단1, 군직포병, 고사포부대	
		제23군	제38사단, 경폭격전투대 홍콩공략부대	
		남해지대	혼성55보병단	
		제21사단, 독립혼성21여단, 독립혼성제4연대, 제3비행집단, 제5비행집단, 제21독립비행대		
		대본영직속- 제4사단		
1942년 말	남방군	제14군		
		제15군	제55사단(楯-壯)	
			제33사단(弓)	
		제16군		
		제25군		
		제3항공군		
	제8방면군 (1942.11.25.)	제17군 1942.5월 신설		
		제18군(1942.11.26.)		
1943년 말	남방군	제14군, 제16군, 제25군		
		미얀마 방면군 (1943.4.3.)	제55사단, 제54사단, 제24독립혼성여단	
			제15군	제15사단(祭), 제18사단(菊), 제33사단(弓), 제31사단(烈), 제56사단(龍)
		보르네오 수비군		
		제3항공군		
	제8방면군	제17군, 제18군, 제4항공군 (1943.8.6.)		
	제2방면군 1943.12.1	제2군(1943.12.1.) 제19군 (1943.1.15.)		
1944년 말	남방군	제14방면군	제35군(1944.8.9.)	
		제7방면군	제16군	
			제25군	
			제29군(1944.10.30.일 남방군직할로 신설 4.25일 7방면군 예하로 됨)	

		제37군(1944.4월 보르네오 수비군에서 제7방면군-9월 남방군 직속)	
		제2방면군	제2군
			제19군
		제18군	(1944.6월 남방군 직속)
		미얀마 방면군	제15군	제56사단, 제18사단, 제31사단,
				제15사단 ,제33사단,
			제55사단, 제54사단(兵),
			제24혼성여단
			제28군(1944.1.30.)	72독혼여단, 제55사단, 제54사단, 제2사단
			제33군(1944.4.29.)	제18사단, 제56사단,
		제38군(불령인도지나 주둔군 신설, 12월 38군으로 개편)	
		제3항공대	
		제4항공대	
		제10방면군(1944.4.1. 신설)	제32군
			제31군(1944.4.1. 대본영 직속으로 5.10일 서부군 예하, 7.15일 대만군 예하
	연합함대	제31군(1944.3.1.) 연합함대 지휘 하로	
	小笠原兵団		
	제8방면군	제17군	
1944년 말	남방군	제14방면군	제35군(1944.8.9.), 제41군(1945.5.1.)
		제7방면군	제16군
			제25군
			제29군(1944.10.30.일 남방군 직할로 신설 4.25일 7방면군 예하로 됨)
			제39군
			제37군(1944.4월 보르네오 수비군에서 제7방면군 - 9월 남방군 직속
		미얀마방면군	제 2 8 군	제54사단,제55사단, 제2

		(1944.1.30.)	사단, 제72독립혼성여단
		제33군	제18사단, 제56사단
		제15군	제31사단, 제15사단, 제33사단
	제18방면군(1945.7.16. 제39군을 개편)	제15군(1945.7.16. 미얀마 방면군에서 전속)	
	제38군		
	제18군		
	제3항공군, 제4항공군		

먼저 말레이 방면은 제5군을 기반으로 해군과 합동하여 싱가포르를 공략한다. 태국과 미얀마 방면은 제15군 2개 사단 (55사단, 33사단)을 기반으로 해군과 협력하여 태국의 안정을 확보하고 말레이 방면의 작전을 지원하며 미얀마에 대한 이후의 작전을 준비한다. 네덜란드령 인도지나 방면은 제16군 3개 사단을 기반으로 보르네오, 티모르 및 남부 수마트라 지역을 점령함과 동시에 라파울 지역의 항공기지를 점령한다.

이러한 작전 계획에 따라 1941년 12월 침공을 감행한 일본은 1월 2일 필리핀의 수도인 마닐라를 점령했으며, 5월경에는 민다나오섬을 비롯한 필리핀 대부분을 점령하였다. 이어 2월에는 발리, 2월 15에는 유전지대인 수마트라의 팔렘방을 점령하였다. 또한 발리와 스리비야 등을 침공하고 네덜란드령의 인도지나를 거의 장악하였다. 태국과 말라야 방면의 근위사단과 제5사단은 1942년 1월 15일 싱가포르를 함락하고 태국의 사이공에 남방사령부를 설치하였다.

2) 일본군의 미얀마 점령

1941년 초창기 일본의 미얀마 정책은 독립 세력을 지원하여 영국을 몰아내고 그 성과를 이용하여 인도의 독립도 부추긴다는 것이었다. 이처럼 초기에는 미얀마까지 침략할 계획은 없었고, 단지 영국이 지배하고 있는 말레이를 침략하기 위해 미얀마의 남부지역에 항공기지 등을 장악하여 배후를 안정적으로 확보한다는 전략이었다. 당시 영국은 미얀마와 타이에 항공기지를 설치해 일본군을 공격하고 있었기 때문이다.

이에 일본군은 1941년 9월, 25군 산하 5개 사단으로써 타이를 안정적으로 확보하고 말레이반도와 싱가포르를 공격한다는 작전 계획을 수립하였다. 이후 계획은 2개 사단으로 구성된 15군을 편성하여 25군의 말레이 침공을 후방에서 지원하는 것으로 변경되었다. 이러한 계획에 따라 프랑스령 인도지나에서는 25군에 소속된 근위사단이 육로를 통해 방콕에 진주하였다. 또, 해로로는 제15군에 소속된 55사단의 宇野支隊가 41년 12월 8일 춤폰Chumphon을 비롯한 태국만 연안의 4곳으로 상륙하였다.

남방군은 제15군에 타이와 미얀마 남부의 항공기지를 점령하여 영국군의 비행기가 일본군의 진로를 방해하는 것을 막도록 명령하였다. 이에 따라 15군은 방콕 부근과 타이 남부의 항공기지를 점령하고, 1941년 12월 14일에는 태국과 미얀마의 국경을 넘어 빅토리아 포인트 항공기지까지 장악하였다.

한편, 일본군의 타이 상륙을 통보받지 못한 태국의 지방 경찰은 일본군과 충돌하였다. 일본으로서는 전쟁 초부터 태국과 충돌하는 것은 하등 유리할 것이 없었다. 이에 일본은 급히 외교적 지원을 통해 1942년 12월 13일 일본과 태국의 협동작전 요강을 체결하였다. 태국과의 공수동맹은 동맹국으로서

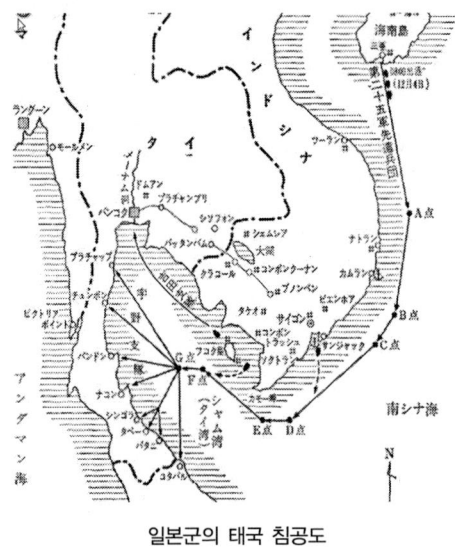

일본군의 태국 침공도

서로가 적의 공격을 받거나 전쟁을 벌일 때 참전하는 것을 조건으로 하였다. 이러한 공수동맹의 체결로 일본은 미얀마 침략에 태국군의 지원을 받을 수 있는 조건을 마련하였다.

일본군의 초기 계획과는 달리 1941년 12월 21일 대본영에서 '미얀마 침공을 위한 15군 작전 요령안'이 남방군에 제시되었다. 이는 '미얀마를 침공하여 장개석 지원 루트를 차단하고 미얀마 지역의 영국군을 소탕하며, 모울메인과 페구Bago 주변 지역을 확보하여 랑군을 점령하라'는 명령이었다. 일본이 이처럼 미얀마 북부지역을 침공하여 점령하려는 목적은 중국을 지원하는 루트를 막으려는 의도도 있지만, 또 다른 목적도 있었다. 즉 미얀마 예닌자웅 지역에는 유전이 있고, 만달레이Mandalay 지역에는 일본이 필요로 하는 광산이 있었다. 이들 자원은 일본의 전략 물자 수급을 위해서도 필요한 것이었다. 그러나 직접 작전을 수행하고 있는 15군은 이러한 계획에 회의적이었다. 또한 미얀마 지역의 주둔 영국 연합군의 전력 상황을 보더라도 2개 사단의 적은 병력으로 전쟁을 확대한다는 것은 힘들다고 판단하였다. 당시 미얀마 내의 영국군과 인도군의 배치 상황은 표와 같다.[6]

지역	군대(인원)	비행장
모울에닌mawlamyine	6000	4
다보이dawei ~ 메이키Myeik	1000	3
랑군 주변	9000	3
타운구Taungoo ~ 만달레이	8000	3
샨주	7000	2

이처럼 전력상의 열세에도 불구하고 1942년 1월 22일 대본영으로부터 미얀마를 공격하라는 명령으로 구체화되어 시달되었다. 명령의 요지는

---

6) 마루야마 시즈오丸山靜雄,「ビルヌ作戰の全貌」,『祕錄大東亞戰史』ビルヌ편, 富士書苑, 1953, 32쪽.

미얀마에서 영국 세력을 소탕하고 그 지역을 점령한 후 중국에 압박을 강화한다는 것이다. 또한 15군 2개 사단과 남방군 직속 항공부대 1부와 해군의 제1남견 함대와 연합함대 일부가 이 작전을 수행한다는 내용이었다. 그리고 전쟁의 상황에 따라 2개 사단을 더 증원한다는 것도 포함되어 있었다.

이러한 명령에 따라 15군의 제55사단은 1월 20일경 태국 국경을 넘어 미얀마 북쪽으로 침공하여 1월 31일에는 모울메인Mawlamyine을 점령하였다. 33사단은 2월 3일 파안Hpa-An을 점령하였다. 이어 2월 9일 남방군 사령부는 15군에 미얀마 수도인 랑군의 공격을 명하였다. 15군의 2개 사단은 남방군의 명령에 따라 3월 3일 시탄강Sittang River을 건넜고, 3월 8일에 제33사단이 랑군을 점령하였다. 또 제55사단은 인근 도시인 페구를 공략하였다.

일본군은 랑군을 점령함으로써 싱가포르와 랑군을 잇는 해로로 물자 수송이 가능하게 되었다. 이후 4차에 걸친 물자소송과 더불어 제56사단, 제18사단도 해로를 통해 랑군에 상륙하였다. 이제 일본은 4개 사단으로 미얀마 침공을 본격화할 수 있었다.

다음의 지도는 일본군의 사단별 침공 경로와 미얀마 지역 점령 날짜를 표시한 것이다.[7]

제33사단은 이라와디강Irrawaddy River 서쪽을 따라 서남부 지역에서 북쪽으로 진격하였다. 제55사단은 제18사단과 함께 시탄강을 따라 동남부에서 페구를 기점으로 북부 지역으로 공격하였다. 또한 약간 늦게 랑군에 상륙한 제56사단은 미얀마 동쪽 샨주를 거쳐 미얀마와 중국의 국경선 도시인 란칸을 지나 중국 국경선 방면으로 침공하였다.

이후 3월 30일 제55사단은 돈구Taungoo를 점령하고, 사단 사령부를 4월

---

[7] 『미얀마공략작전』 전사총서 5권, 방위청방위연구소 전사실 저, 조운신문사, 1967, 341쪽.

13일 **타르가야**TharGaYa로 옮겼다. 18일에는 **나웅보**NaungBo로 옮겨 공격을 지휘하고, 다음날인 19일에는 빈마나Pyinmana을 점령하였다. 이어 다찌를 거쳐 5월 1일에는 미얀마 북부의 중요 도시인 만달레이를 점령하였다. 이후 제55사단 산하의 宇野 연대와 松田연대는 좌우익으로 북쪽으로 공격하였다. 이후 우익대는 5월 11일 가사를 점령하고 바모로 향하였다. 좌익대인 마츠다 부대는 만달레

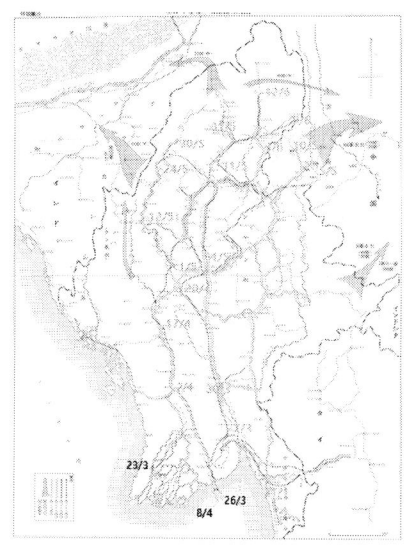

일본군의 미얀마 점령 과정

이를 시작으로 몽롱-모곡-남칸Namhkan을 거쳐 바모에 이르렀다. 바모에서 합류한 2개 연대 병력은 이후 북쪽으로 나아가 미트키나를 거쳐 6월 17일에는 중국 96단이 주둔하고 있던 섬프라범Sumprabum에 이르렀다.

제33사단은 4월 2일 프롬을 점령한 이후 4월 17일 예난자웅Yenangyaung -파코쿠Pakokku-몽유와Monywa, 5월 1알-세인킹Kaing shwe taung-파웅빈Paungbyin-호마린Homalin), 5월 10일에는 영국과 인도의 주력군이 주둔하는 임팔과 가까운 타만디Htamanthi에 도착하였다. 제33사단의 다른 일대는 몽유와에서 인도우Indaw 방향으로 공격하여 5월 16일에는 이 지역을 점령하였다. 이어 모잉Mohnyin-호핀Hopin-모가웅Mogaung-카마인Kamaing을 거쳐 5월 31일에는 커친주의 바칸Hpakan을 점령하였다.

3월 말 미얀마에 상륙한 제56사단은 돈구Taungoo에서 로이코Loikaw-호퐁Hopong-로이엠loilem을 거쳐 5월 28일 미얀마 동북단, 중국과 국경 지역에 있는 라시오Lashio를 점령하였다. 여기서 제56사단은 2대로 나눠 1대는 바모Bhamo로 향하고, 1대는 남파카Nam Hpat Kar를 거쳐 중국 국경을 넘어 중국의 소수민족자치주인 芒市Mangshi-龍陵LongLing-拉孟(지금의 保山

市 용릉현)에 이르러 중국의 제66군 주력부대(29사, 28사)와 대치하였다. 반면 라시오에서 갈라진 헤라이平井 부대는 바모를 거쳐 미트키나Myitkyina에 도착하여 제55사단과 함께 5월 8일 미트키나를 점령하였다.

제18사단은 4월 초에 상륙하여 제55사단의 뒤를 따라 만달레이에 이르렀고, 샨

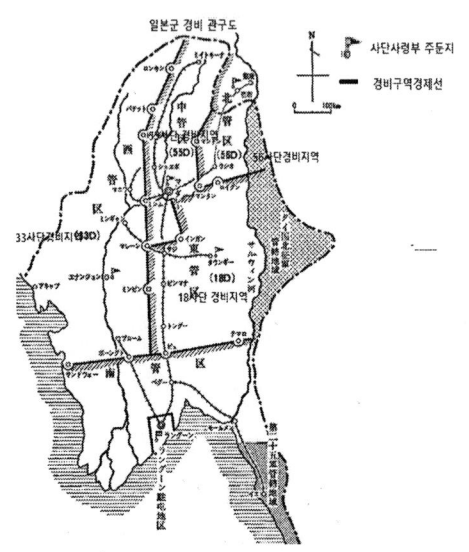

주 일대의 타운기Taunggi와 라이엠을 거쳐 5월 7일 타카우Ta-kaw를 점령하여 미얀마 동부 지역인 샨주 일대를 장악하였다.

3월 8일 일본군은 랑군을 점령한 후 6월 12일에는 미얀마 북부까지 차지하였다. 이로써 일본군은 태평양 전쟁을 시작한 지 6개월 만에 필리핀, 인도네시아, 말레이, 미얀마 지역 대부분을 점령하였다. 이후 일본군은 방위 태세로 전환하고 아직 저항하는 세력을 진압하는 데 주력하였다. 미얀마 지역의 제15군 사령부도 후방인 랑군으로 복귀하여 남관구를 관리하였다. 또 미얀마 지역을 5개 관구로 나누어 각 사단을 배치하였다. 만달레이에는 제55사단, 국경 도시인 망시에는 제56사단, 만달레이 남쪽 도시인 예난자웅에는 제33사단, 제18사단은 타웅기Taunggi에 사령부를 두고 각 지역을 담당하도록 하였다.

이어 1943년 3월 일본은 미얀마 지역의 지배를 강화하기 위해 군제를 개편하여 미얀마 방면군을 창설하고 그 아래 15군을 두며, 직할 사단으로 제55사단, 제54사단, 제24독립혼성여단을 두었다.

3. 미얀마 지역 군부대별 위안소 설치와 관리

 미얀마를 점령한 일본은 전쟁이 소강상태로 접어들면서 일본군 병사들을 위한 위락시설이 필요하게 되었다. 또한 적은 군사력으로 넓은 미얀마 지역을 지배하려면 미얀마인들의 지지가 필수적이었다. 이를 위해서는 일본군의 미얀마인에 대한 약탈, 강간 등을 예방할 필요가 있었다. 또한 중국 점령 때의 경험을 토대로 병사들의 성병 예방을 위해선 위안소 시설이 절대적으로 요구되었다. 이러한 상황에서 남방군 사령부는 중국과 조선의 각 사령부에 위안부의 동원을 요청하였다고 한다. 그러나 미얀마에 처음으로 위안소를 설치한 시기는 명확하지 않다. 다만 참전한 일본군의 회고나 피해자들의 증언을 통해 짐작할 수 있을 뿐이다. 조선인 피해자의 증언을 통해 1942년 5월 전후에 계획되어 7월 전후에 동원되었다고 보고 있다.[8] 그러나 위안소의 설치시기는 6월 초에 일본군이 미얀마 전 지역을 점령하고 방어태세에 들어간 것으로 보아 이보다 빨랐던 것으로 판단된다. 일본군 제55사단 병사들의 회고록에는 산포병 제55연대(다테 8420) 제8중대장 가와무라류(하촌용) 씨는 『비르마의 석양(속)』 기록에서 1942년 6월 일기를 바탕으로 자신의 경험을 이렇게 기록하고 있다.[9]

> "주로 후 1개월이 지나 체력이 차츰 회복할 즈음 廣東 姑娘(처녀) 11명을 가네코라는 나가사키현 출신의 여자가 데려와 우리 부대에 배속되어 위안소가 개설되었다. 츠치이 중위가 위안소 소장이 되어 부근의 부락에서 현지인도 1명을 모집하여 오고, 총 13명의 위안소가 설치되었다"

---

8) 공준환, 「연합군자료를 통해본 버마의 일본군 '위안부' 제도」『동북아역사논총』제66호, 2019.12. 213쪽.
9) 三千万智子. 『文玉珠 ビルマ戰線 楯師團 慰安婦だった私』新裝增補版, 梨の木舍, 2005, 180쪽 재인용.

이로 미루어 볼 때 미얀마 지역에 위안소가 설치된 것은 미얀마 점령이 끝나는 6월 초부터이고, 현지 부대에 소속되어 현지인과 중국인 여성으로 위안소를 꾸렸음을 알 수 있다.

미얀마의 지역별 위안소 분포와 상황에 대해서는 이미 많은 연구자에 의해서 조사된 바 있다. 또한 위안소를 운영했던 위안소 관리인의 일기에도 등장하고 있으며, 만다레이 지역의 「주둔군 근무 규정」10)에도 군부대, 식당, 위안소의 위치와 명칭이 나타나 있다. 이상의 자료를 종합하여 지역별 위안소를 정리하면 아래의 표와 같다.

미얀마 지역의 위안소는 조선인 위안부들이 다수를 차지하였고, 그 외 일본인, 중국인, 미얀마인 위안부도 있었다. 만달레이 지역의 '신면관'은 미얀마군 전용으로 설치된 위안소였다.

먼저 일본인 위안소로는 고급 장교들이 이용하는 취향원, 청명장 등이 있었고, 이들 위안소의 위치는 메이묘, 랑군, 빅토리아 포인트 등 기후가 좋고, 안전한 지역에 위치하였다고 한다. 당시 일본군 고위 장교들의 실태를 당시 일본군 병사들은 이렇게 회고하고 있다.

지역	개수	위안소 명	출처
랑군Yangon	7	랑군회관, 시라미즈관, 우치노조, 이치후지루 쇼우게츠관, 교우라쿠관, 김천관, 수이코엔	『일본군 위안소 관리인의 일기』
모울멘mawlamyine	1	내원	
페구Bago	5	금화위안소,문락관,사꾸라클럽, 일복정,장교클럽	
프롬pyay	6	감팔클럽, 봉래정, 을녀정, 동아	

---

10) 「만달레이 주둔지군무규정규정」, 『정부조사 「종군위안부」 관계 자료집』 4, 용계서사, 1998, 333쪽.

바톤padung	1	관 희락관, 목하위안소 광산위안소	
만달레이Mandalay	10	을여정, 우메노야, 북해루, 만래가, 아사히클럽, 국원, 동아클럽,낙천지, 버마관, 희락장, 신면관(미얀마병보전용), 분내가	『일본군 위안소 관리인의 일기』 「주둔지 위안소 규정」
아키압	3	감팔클럽, 을여정, 문야위안소	『일본군 위안소 관리인의 일기』 「병사들의 회고」
라시오Lashio	4	대석 위안소, 일각루, 일본인 위안소,	
미트키나Myitkyina	4	쿄우에이(조선인 22명), 킨수이 (조선인 20명) 바쿠신로, 모모야(중국인 21명)	「연합군 포로심문 보고서」 2호
메이묘pyinOoLwin	8	스이코우엔(일), 청명장(일군 장교용)외 6곳	

• 『일본군 위안소 관리인의 일기』 • 「연합군 포로 심문 보고서」 2호 • 「만달레이 주둔지 근무 규정」(マ駐庶第54号)에서 필자가 작성함.

이 췌향원萃香園이란 곳은 큐슈구루메九州久留米에서 영업을 하던 요정이었지만 소화17년(1942) 중반경에 랑군에 왔다. 진출할 당시는 예기 10명, 髮結(카미유이-머리를 틀어 올림)에서 삼미센, 다다미까지 들여온 화려한 곳이었다. 여기서는 제1선의 어려움와는 달리 일부 고급 장교들이 예기의 분에 취하고, 술주정을 하였다. 그렇지만 랑군의 공습이 격해지자, 빅토리아 호반으로 이동하였다... 여기서는 밤마다 연회의 소란이 끊이지 않았다.[11]

인팔 전투 철퇴 후 군사령부는 잠시 중부 미얀마의 세보 교외에 있는 숲이 우거진 세곤 마을에 설치되었습니다. 이를 설치하는 것도 관리부 업무였습니다만 혼란한 패전의 사령부?가 여기에 겨우 도착하여 한숨

---

11) 花輪晃, 『파고다의 석양-비르마종군기』, 1982, 95쪽.

을 돌릴 즈음 유수사령부가 있는 샨고원의 거리 메이묘에서 청명장이란 위안소의 일본 여자 50명이 차를 타고 들어왔습니다. 이 청명장에 대한 관리 감독이 나의 일이 된 것입니다. 사정을 몰라 망설이면서도 군무에 애쓰면 쓸수록 실망스럽고 비참해지는 나 자신을 발견하는 생활이 시작되었습니다. 청명장은 가능한 모든 것이 일본풍으로, 또한 나의 숙소와는 비교도 되지 않을 정도로 좋은 연회장과 각각 개인 방을 가진 하나의 유곽이 사령부 주둔지의 변두리에 세워졌습니다. 물론 내가 도착하기 전에 철수가 결정되었을 때 사령부를 설치하는 부대가 이것도 함께 만들었습니다. 그리고 여기는 장교 이외는 출입 금지. 즉 병사들은 이용할 수 없었습니다.[12]

이처럼 일본군 장교들을 대상으로 한 위안소는 모든 시설을 일본풍으로 만들었고, 일본군으로부터 전적인 특혜를 받았다. 오히려 전선에서 싸우는 일본 군인들보다 더 나은 대우를 받고 있었다. 당시 조선인 위안부들의 모습도 종군 기자의 회고를 통해 엿볼 수 있다. 조선인 위안부들이 있는 위안소이지만 장교용 위안소였다.

홀이 있고 요염한 레코드가 울리고 있었다. 맥주는 아직 없었지만 술은 있었다. 여자들은 이브닝이 아닌 원피스 한 벌을 걸치고 꽤 건강이 좋았다. 저쪽, 이쪽 테이블에서는 시끄러운 교성이 나고 있었다. 빨리 여자를 나오게 하라고 마구 떠드는 대위님, 춤추는 여자를 강제로 끌어내어 혼자 스텝을 밟고 기뻐하는 소위, 한 덩어리가 되어 술주정하는 무리 등으로 대단히 시끄러웠다. 홀 옆으로 들어가면 계단 위와 아래로 나눠 조금은 기괴한 방이 줄지어 있었다. 방문에는 건강이란 글자와 함께 각각의 성씨와 이름을 쓴 명찰이 나와 있었다. …… 나는 건강.

---

12) 센다가코우千田夏光, 『종군위안부』 속편, 三一書房, 1978, 68쪽.

도미코상의 방으로 들어갔다. 편안한 커튼이 걸쳐있고 왼편에 침대가 있고, 작은 테이블과 의자가 2개가 그 침대 곁에 있었다. 큰 방을 몇 개로 나눈 것 같았다. 양쪽에는 완전히 새로운 열대성 낙엽송 판자로 된 벽이었다.13)

그 외 당시 대구에서 간 위안부들이 있던 위안소의 모습도 미얀마인의 증언을 통해 알 수 있다.

"프롬에는 하나의 위안소가 있었다. 오토메가 뭔가 하는 그룹이 있었다. 오토메 그룹의 사람들은 내가 우편을 전달하기 위해 아키얍과 탄가프를 오고 갈 때 함께 배를 탄 적이 있다. 주변의 일본병이 당신들은 부부인가라고 농담을 하여 서늘했던 적이 있다. 오토메에 채소를 갖고 가기도 했다. 위안소의 채소는 부대가 주기 때문입니다. 오토메의 위안소는 만달레이 가까운 탄가프에도 있었다. 오토메는 조선인 그룹이었다. 또 헌병대에서 일하게 되어 아키얍으로 떠날 때 하사관들이 송별회를 열어 준 적이 있는데, 그때 오토메 위안부 두 사람이 와서 「지나의 밤」을 불러 주었다. 경찰과 촌장에게 말하여 미얀마인 위안부를 나오게 한 적도 있었지만, 그것은 조선인이 오기까지 짧은 기간이었다. 보통의 여성을 데려온 것이 아니라 … 마다야에 있었던 비르마인의 위안소도 1개월 정도만 있었다.14)

일본군이 어떤 과정을 통해서 미얀마에 위안소를 설치하고 위안부를 동원하였는지는 당시 일본인의 위안소 경영자의 증언을 통해 알 수 있다. 위안부 연구자인 니시노 루미코가 인터뷰한 내용에 따르면 "미얀마에서

---

13) 와카바야시마사오若林政夫,「낭군에서의 오만함」,『秘錄 大東亞戰史』미얀마편, 富士書苑, 118쪽.
14)「비르마에 남은 성폭력의 흔적」-일본군위안소에 대해서 현지조사 Warm에서 인용

위안소를 경영한 井上菊夫는 상해에서 친구들과 함께 상해에 주둔한 일본군 위안소 경영자 모집에 응모했지만. 그곳에서 군으로부터 '남방파견군 사령부의 요청에 따라 지나 파견군 총사령부가 이것을 알선하였다."라고 한다. 그때 위안소 경영자인 이노우에는 항주를 출발하여 12명의 조선인 위안부를 모집했다. 위안부를 태운 배는 선단을 이루고 1개월 걸쳐 싱가포르에 갔고, 그곳에서 쿠슈마루九州丸로 갈아탄 뒤 랑군에 도착한 것은 8월 20일이었다고 한다." 또 1944년 8월 10일 와잉마우 인근에서 아내 및 군 위안부 20여 명과 함께 조선인 위안소 경영자가 포로로 잡혔다. 그는 심문에서 "미얀마에서의 위안소 운영을 경성의 육군사령부에 신청하였다.'라고 하였다. 그도 미얀마에 갈 위안부 모집 역시 원래 육군사령부에서 나온 것이고, 조선에 있는 수많은 일본인 동료 기업인들에게 전달되었다."라고 하였다.[15]

이상의 사실로 볼 때 위안소 설치는 태평양 전쟁을 지휘한 최고 기구인 남방군 사령부가 조선, 대만 등의 각 사령부에 요청하고, 각 사령부가 지휘하는 지역의 헌병대와 총독부, 경찰의 협조를 얻어 위안부를 동원하였음을 알 수 있다.

미얀마 지역의 15군 사령부와 각 사단 사령부는 이렇게 동원된 위안부 경영자나 위안부들을 배치하였다. 당시의 위안소 및 위안부의 배치 상황을 보여주는 사례가 있다.

> "랑군 내리니까네, 군인 도라꼬가 이제 대기해놓고 있데예. 한 대여섯 대기해놓고 있고 군인들하고 하나예, 해따이(병사)가 스명씩(3명씩) 타고 있어. 운전수 하나, 또 가시깡 하나, 또 해따이 하나, 서이서(셋이서) 타고 있고 그런데 이제 우리는 이제 내리가 서가 있지. 서가 있으니

---

15) 「전방지역의 일본군 위안소」, 『일본군위안부전쟁범죄자료집』 동남아시아번역심문센터 심문회보 제2호, 일본군위안부 전쟁 범죄 자료집, 한국사 데이터베이스, 국사편찬위원회.

까, 우리 집 이제, 데리고 가는 주인들하고 일본 놈들하고 쑥떡쑥떡쑥떡 쑥떡 해가지고 고지비끼(제비뽑기)를 하대요…(생략) 심질(제비뽑기)에 이만한 안에다가 이제 적어가지고 이제 주데, 주니까, 그걸 심질에 이제 군인이 이래 뽑으라 카대…(중략)…우리는 그 질로 만다라(만달레이)로 가뿠으니까. 우리는 뽑았는 게 만다란(만달레이) 모양이지…(중략)…그거는 또 랑군에서 또 인자, 인자 배치 받지 않습니까. 배치 받으면 이제, 우리, 우리, 우리 부대가 다대 핫센요하쿠마루마루 부대거든요. 부대니까 마루마루 카는 건 젠센 젠센 부대라 이 말입니다, 이 뜻이. 다대카는 건 다대 이름이고, 사단 이름이고, 하센카가 핫찌, 욘, 록, 공공이지, 핫센욘하쿠마루마루(8400)지, 그 부대는 젠센 젠센 부대인데"16)

박영심은 남경의 긴스이루에서 경영주를 따라 22명의 여성과 함께 상해를 거쳐 미얀마로 왔다. 랑군에 도착한 여성들은 2~30명씩 그룹으로 나눴고, 영심은 라시오로 갔다. 랑군에서 나눠진 일부의 여성들은 보병 114연대(56 龍사단)에 배속되어 다우키 메구테이라로 가고 수개월 후 미트키나로 이동하였다. 랑군에 도착한 국병단의 작전참모 하시모토 중좌가 기다리고 있었다. 일본인 여성은 사단사령부가 위치한 메이묘우로 데러가고 사령부용의 위안부로 한다고 했다. 된다, 안된다고 말할 수 없는 명령이었다. 랑군 항에는 다나카, 하시모토 등의 각 사단 사령부 장교가 복수로 있었다. 이노우에는 1개월 정도 다운키이 에 있은 후 메이모로 이동하여 위안소를 경영하였다. 그곳에 오는 군인들은 이노우에와 동향의 쿠슈부대 菊병단(18사단) 병사들이었다.17)

---

16) 국가기록원 보존「문옥주 할머니의 녹음기록」채록 1
17) 西野瑠美子,『전쟁의 위안부』, 明石書店, 2003. 41~42쪽.

위 사례는 1942년 문옥주와 박영심이 랑군에 도착했을 때의 상황이다. 이때 랑군에는 위안부를 부대로 데려가기 위해 각 사단사부의 참모들이 배치되어 있었다. 배에서 내린 위안부들은 그들을 데려온 경영자들의 제비뽑기로 배속될 부대가 결정되었음을 보여준다. 당시 문옥주는 55사단 사령부(8400부대)로, 박영심은 56사단 사령부로 배치되었다. 또 일부 여성들은 56사단 예하의 114연대 등에 배치되었다. 이노우에란 일본인 경영자도 18사단 사령부가 있는 다운키로 배치되었고, 이후에는 메이모로 이동하여 위안소를 경영하고 있다.

다음으로 각 지역의 위안소의 관리에 대해 살펴보고자 한다. 만달레이 지역의「주둔지 위안소규정」에 그 내용이 잘 나타나 있다.[18] 이 위안소의 관리규정은 1943년 5월의 상황으로 다음의 조항들이 주목된다.

> 제11조 위안소 경영자는 각 위안부실의 입구 쉽게 볼 수 있는 곳에 나무 명패로 위안부의 예기명 및 합격 불합격을 게시한다.
> 제13조 경영자는 매월의 매상고를 다음달 5일까지 별도의 양식에 근거하여 주둔지사령부에 제출한다.
> 제14조 화물창고 등에서 교부 받아야할 조미품류 그 외 필수품은 소요 1개월 전에 주둔지 사령부에 청구한다.
> 제19조 위안부의 건강에 대해 경영자는 특별히 주의하고 영업개시 전 위안부가 군에서 실시하는 일반 신체검사 및 국부 검사를 받는 것으로 한다.
> 제20조 경영자(위안부)는 군인 군속으로부터 매주 검사 성적 제시를 요구받았을 때 이를 거부 할 수 없다.

---

18) 여성을 위한 아시아평화국민기금,『정부조사「종군위안부」관계자료집성④』, 용계서사, 1998, 281쪽.

이상의 내용으로 볼 때 위안소의 경영은 민간업자들이 하고 있지만, 위안소의 설치와 운영, 위안소의 이동 등 모든 세세한 사항까지 군에서 통제하고 있음을 보여준다. 일본군 위안소 관리인의 일기에도 이 같은 상황이 잘 드러나 있다.[19]

> 카나가와 씨의 위안소를 55사단에서 만달레 근처의 이에우라는 곳으로 이전하라는 명령이 있어 어느 모처 부대장이 와서 가자하는데 위안부 일동은 절대 반대하며 못가겠다더라.(1943.3.10)
> 카나가와 씨는 오늘 사단연락소에 불려갔다 와서 하는 말이 16일경은 이동지인 이에우를 향하여 출발하겠다더라.(1943.3.12.)
> 병참사령부에 가서 영업일보를 제출하고 콘돔 400개를 받았다.(1943년 8월 12일)

그런데 여기서 주목되는 점은 병참사령부가 관리하는 위안소와 사단사령부나 사단의 예하 부대에서 관리하는 위안소가 별도로 있다는 것이다. 특히 해군이나 공군 등도 자신들이 따로 위안소를 관리하고 있다. 사단사령부나 예하부대, 공군과 해군에서 관리하던 위안소는 이후 그 관리를 병참사령부가 담당하게 된다. 아래의 사실은 이를 잘 보여준다.[20]

> 버마 아카브시 위안소 칸파치 클럽에서 일어나 아침을 먹다 의무실에 갔다가 연대본부 사무실에 가서 위안부 수입보고서를 제출하고 랑군으로 가는 교통편이 있으면 출장 증명서를 발급해달라고 부탁하였다.(1943.1.12.)
> 인센에 있는 다카부대 즉 항공대 소속의 위안소 2곳이 병참관리로

---

19) 안병직 변역해제, 『일본군 위안소 관리인의 일기』, 이숲, 2013, 61쪽, 100쪽.
20) 위의 책, 95쪽, 96쪽, 97쪽, 48쪽.

이양되었다더라.(1943.7.19.)

　병참관리로 넘어간 뒤 위안부의 검진도 병참의 군의가 하기로 되어 일요일마다 김천관에서 수검하게 되었다.(1943.7.26.)

　부부생활하러 나간 하루요와 히로코는 이번에 병참의 명령으로 다시 위안부로 김천관에 있게 되었다더라.(1943.7.29.)

즉 아키압에는 55사단의 일개 연대 병력만이 배치되어 있고, 사단사령부는 만달레에서 이동하여 페구에 있을 때였다. 이때 위안소는 연대본부에서 관리하고 있다. 그리고 위안소 관리인도 출장증명서를 받아야만 이동할 수 있었다. 또한 랑군 외곽 도시인 인센에 있는 항공대 소속의 위안소가 병참사령부로 이양되고 있다. 이는 각 사단이나 부대에 소속되어 있던 위안소를 병참관리부가 담당하도록 바뀌고 있음을 보여준다.

그러므로 만달레이의 「위안소 관리 규정」은 1943년 5월 당시의 상황을 보여주며, 병참사령부에서 내린 만달레이 지역의 위안소 규정이다. 이 규정이 만들어지기 전에는 각 사단사령부, 연대, 항공대, 해군 등 각 부대에서 자기 소속의 위안소를 관리하였음을 알려준다. 즉 초창기에는 각 부대에서 위안소를 관리하다가 이제 치안이 어느 정도 확보된 지역에서는 담당 병참사령부가 위안소 전체를 관리하도록 변경되었음을 보여준다. 또한 병참사령부는 위안소 경영자들 협의 조직을 만들어 전체적으로 위안소의 배치와 운영 등을 통제하고 있음도 알 수 있다. 일본군 위안소 관리인의 일기에 이런 상황이 잘 나타나 있다.

　아침을 먹지 않고 랑군 수이코엔에 가서 위안소 조합회의에 참석하였다. 조합비로 경영자 30엔, 위안부 한사람당 2엔, 합 62엔을 지급하였다. 14시 남짓에 회의를 마치고 돌아왔다. (1943.8.10.)[21]

---

21) 위의 책, 100쪽.

즉 미얀마 지역에서 위안소 경영자들은 자신들의 조합을 만들고, 경영자와 위안부 모두 조합비를 내고 있다. 이는 위안소도 개별로 관리하기보다는 경영자 조합을 만들어 각 지역 위안소의 설치 운영 등에 관한 정보를 공유하였음을 알려준다.

미얀마 지역에서 위안소 설치는 일본군이 주도하였고, 위안소의 경영자는 군의 지시 사항에 따라 모든 것이 이루어지기에 스스로 뭔가를 할 수 있는 상황이 아니었다. 즉 경영자는 단순한 관리자에 불과하였다. 이는 위안소 내의 경영자와 관리인 그리고 위안부들 상호 간에 관계를 통해서도 알 수 있다. 위안소 내 구성원의 관계나 개별적인 역할에 대한 자료는 많이 없지만, 위안부 피해자의 증언 등을 통해서 추론할 수 있다. 문옥주 할머니가 미얀마 랑군에 있을 때 위안소 내의 구성원과 각 역할에 관해 이야기하는 내용이 나온다.

> "랑군 회관의 주인은 마흔 다섯 정도로 보이는 민간이었고,..... 그리고 예순 정도의 남자가 주인을 돕고 있었다. 위안소에는 버마 사람과 인도의 쿠리 남녀가 서너명 있어서 청소나 취사를 하며 일하고 있었다."[22]

당시 랑군 회관에는 30여 명의 위안부가 있었는데, 이곳에는 주인이 있고, 그리고 쵸우바 일을 보는 사람이 있고, 또한 청소나 취사를 담당하는 사람들이 있었다고 한다. 위안부들의 수가 적은 위안소는 대체로 두 사람 정도가 운영과 보조를 하고 있었다. 1944년 당시 미얀마에서 위안부로 있었던 D○○ 할머니는 이렇게 증언하고 있다.

> 진 씨라든가 하는 조선 남자였어. 이름은 다 몰라, 잊어버렸어. 한

---

[22] 모리카와 마치코 글 김정성 옮김, 『버마전선 일본군 위안부 문옥주』, 아름다운 사람들, 2005, 119쪽.

사람은 키가 너무 커서 외출할 때는 흰 옷을 입었다. 그리고 한 사람은 항상 매우 소탈했다…… 소탈한 사람은 시장에서 사온 물건을 방마다 주고 이거 쓰라고 나눠준다. 예를 들어 내가 '몸이 아프다'고 하면 사람을 데려와준다. 함께 차를 타고 나가기도 하고 걸어서 드나들기도 한다. 키가 큰 사람은 그냥 앉아서 뭔가 자기 혼자 쓰고 있었다. 방에 테이블과 책상을 놓고 의자에 앉아 뭔가 매일 쓰고 있었다. 가끔 나가지만 어떤 일을 하는지는 모르겠다.[23]

이러한 사실로 볼 때 미얀마의 위안소에는 경영자인 주인과 일을 도와주는 사람 등이 있었음을 알 수 있다. 또 1944년 와잉마우에서 포로로 잡힌 위안소 경영자의 경우는 부인과 두 사람이 위안부 22명이 있는 위안소를 경영하고 있다. 이처럼 미얀마 지역의 위안소는 주인과 잡부 일을 보는 사람, 그 외 약간 명이 위안소를 운영하고 있다. 또한 주인은 위안소를 경영하면서 쵸우바 일도 보고, 위안부들이 받은 군표를 관리하고 위안부들의 일상생활에 필요한 물품을 공급하거나 이들을 관리하는 역할을 하고 있다.

4. 위안부들의 일상과 생활

한국 뉴라이트의 대표적 인물인 이영훈은 『반일종족주의』 3부 「종족주의의 아성, 위안부」란 글에서 일본군 '위안부' 문제를 다루고 있다. 특히 여기에는 문옥주 할머니의 증언을 근거로 자신의 논리를 전개하고 있다.[24] 그의 주장을 요약하면 다음과 같다.

---

23) 항일 항쟁기 강제 동원 피해조사 및 국외 강제동원 희생자등 지원 지원회 편, 『듣고 있나? 일본군 위안부 12인 소녀의 이야기』, 2020, 143쪽.
24) 이영훈 외, 『반일종족주의』, 미래사, 2019, 300쪽.

1) 먼저 위안부들은 자기 희망에 따라 다른 위안소로 갔습니다. 위안소 업주와 위안부들은 매인 관계가 아니었다. 위안부의 생활은 어디까지나 그들의 선택과 의지에 따른 것이었습니다. 다시 말해 위안부 생활은 어디까지나 그들의 선택과 의지에 따른 것이었습니다. 직업으로서 위안부는 위안소라는 장소에 영위된 위안부 개인의 영업이었습니다.

2) 문옥주와 위안부 일동은 "우리도 일본인이다. 창녀가 아니다. 일본군을 위안하는 신성한 책무를 부여받은 제국의 위안부다"라는 의식을 가졌습니다. 그녀들은 정식 군속은 아니지만 그에 준하는 대우를 받는 가운데 그에 상응하는 정치의식으로 자신의 존재 가치를 확인하였다고 생각됩니다. 다시 말해 위안부라 하지만 생활 실태에서나 정치의식에서나 심리 감정에서 무권리의 노예 상태는 결코 아니었습니다.

3) 내 노래는 일본 군인들을 즐겁게 했어. 나는 군인들이 즐거워하는 모습이 싫지 않았어. 야마다 이치로는 좋은 사람이었어. 그만이 아니야 좋은 사람이 많이 있었어. 모두 불쌍한 사람들이었어. 그렇게 그녀는 죽는 날까지 결코 일본을 저주하지 않았습니다. 양반나부랭이들이 직업적 운동가들이 품은 반일 종족주의의 적대 감정과는 거리가 먼 정신세계였습니다.

그의 주장은 다음과 같이 정리할 수 있다. 일본군 위안부는 개인의 선택과 의지에 따라 위안부 생활을 하였고, 위안부 생활은 개인의 영업 행위였다. 그리고 위안부들은 정식 군속은 아니지만 그에 준하는 대우를 받았고, 제국의 위안부라는 정치의식과 심리감정을 가졌으며, 무권리의 노예 상태가 아니었다. 또한 죽는 날까지 일본을 저주하지 않았다.

그러나 미얀마에서 위안부들의 일상생활과 그들의 생각을 살펴보면 위의 주장은 사실과 다른 자신들만의 생각임을 알 수 있다. 아마 이영훈은 문옥주 할머니의 삶을 기록한 모리가와 미치코 씨의 글만을 참고하여 자기주장을 편 것으로 판단된다. 따라서 문옥주 할머니가 여러 곳에서 행한 수많은 증언은 제대로 검토되지 않은 것 같다.

이 장에서는 미얀마 지역에서 일본군 위안부들의 생활을 살펴보고자 한다. 먼저 미얀마 지역에서 위안부의 하루 생활을 말해주는 것으로는 만달레이 「위안소 관리 규정」과 『심문회보 2호』에 나타난 와잉마우 지역의 위안소 이용에 관한 자료가 있다. 이와 더불어 상해 지역의 위안소 이용 시간과 이용 요금을 통해 당시 미얀마 지역 위안부들의 생활도 엿볼 수 있다.

구분	시간	유흥시간	유흥요금	지역
병	10:00~17:00	30분	1엔 50전	만달레이
하사관	17:00~21:00	40분	2엔	
장교	21:00~24:00	50분	3엔	
	24:00~익8:00	일박	8엔	

구분	시간	유흥시간	유흥요금	지역
병	10:00~15:00	*	1엔 50전	와밍마우
하사관	15:00~17:00	*	3엔-」 2엔	
장교	21:00~23:59	*	5엔	
	23:59~아침	일박	10엔	

하사관, 병의 비용		장교	이용 시간	지역
지나인	1엔	2엔	오전9시 ~ 오후6시 (한도 1시간)	상해
반도인	1엔 50전	3엔		
내지인	2엔	4엔		

위 표를 보면 미얀마나 상해 지역 위안소의 운영시간은 대체로 비슷하다. 이곳의 위안소는 아침 10시부터 밤 21시까지 영업하고 있다. 위 규정을 볼 때 위안부들은 식사 시간을 제외하고 계속 영업한다고 가정할 때 한사람이 상대할 수 있는 병사의 수는 하루에 최대 20명이다. 이러한

영업시간은 중국이나 필리핀에서도 마찬가지였다.

또한 모든 지역의 위안소 이용 요금이 비슷하지만, 계급에 따라 차등이 있다. 이러한 사실은 위안소 운영에 대한 요금을 어떤 곳에서 통일적으로 결정하고 있음을 보여준다. 다만 중국 지역의 경우에는 계급이 아닌 위안부의 국적에 따라 가격을 달리하고 있다. 이용 시간 역시 오전 9시에서 오후 6시까지이고 유흥시간도 다른 지역보다는 긴 1시간이다.

다음 자료는 1940년 중국의 남령 및 흠주 지역 위안소의 6월 한 달 동안의 영업 실적을 표로 나타낸 것이다. 초기 중국에서의 자료지만 미얀마 지역도 마찬가지였을 것으로 짐작된다. 이 자료에는 위안소 1인의 하루 매상고가 적은 곳은 14원이고, 많은 곳은 19원이다.25)

위의 위안소 이용 요금을 고려할 때 중국 여성의 경우는 최소 하루에 19명을 상대해야 벌 수 있는 돈이다. 조선인도 최소 12명 이상을 상대하고 있음을 알 수 있다. 미얀마 미트키나의 동쪽 지역인 와잉마우에서 포로로 잡힌 위안소 경영자의 심문에서도 위안부 한 명이 벌어들이는 총 수익은 매월 최대 약 1,500엔, 최소 약 300엔이었다고 한다. 이러한 매상고는 하루에 10엔~50엔을 벌어야 가능한 금액이다. 10엔은 하루에 병사 10명 이상을 상대해야 하고, 50엔은 별도의 팁이 없다면 시간상으로 거의 불가능하다.

이 매상고 가운데 위안부 개인이 가져가는 것은 50% 이하이다. 그리고 한 달에 2회의 휴일만을 갖고 매일 병사들

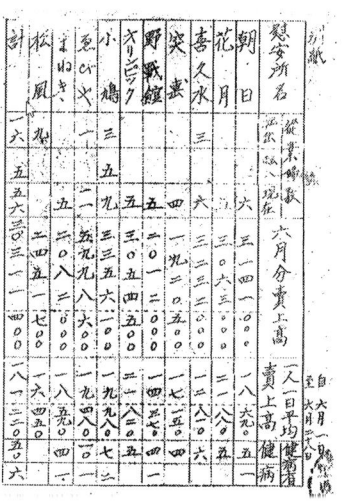

남주·흠주 위안소 영업실적표

---

25) 「軍慰安所に関する件報告(通牒)」
https://www.jacar.archives.go.jp, C13031898700.c1027150007, 1940.

을 상대로 성행위를 한다는 것은 건강 등을 고려할 때 그 처지가 얼마나 혹독하였는지 짐작할 수 있다. 한편 일본군은 위안부들에게 매주 성병 유무를 검사받도록 하였다. 일본군이 통행과 진료 등의 편의를 제공했지만, 식량은 군 보급창에서 위안소 업주가 구매해야만 하였다. 그리고 위안소 경영자들 위안부들을 상대로 의복, 필수품 등을 판매해서 이윤을 남겼다. 위안부들은 위안소 업주에게 매월 최소 150엔을 상납해야 했다. 위안소 경영자들은 영업 실적을 올리기 위해 위안부들의 경쟁을 유도하기도 했다.

"그러나 표가 모이지 않는 날은 힘들었다. 각자 하루 동안 모은 표가 몇 장이었는가를 흑판에 분필로 적어두어야 했기 때문이다. 매일 매일 기록하다보면 그래프 상에 일목요연하게 개인별로 차가 드러났다. 마츠모토는 그런 식으로 우리들이 서로 경쟁하도록 종용했다."[26]

위안소의 위안부들은 자신의 가족에게 지불한 돈과 거기에 부가된 이자를 모두 갚으면 조선으로 돌아갈 수 있는 무상 통행권을 받고 그 뒤 자유의 몸이 될 수 있다고 하였다. 그러나 미얀마 지역에서는 전시 상태 때문에 위안부 중에서 떠난 사람은 단 한 명도 없었다고 한다. 1943년 6월에는 제15 육군사령부(15 Army H.Q.)가 채무를 청산한 여성들이 고향으로 돌아가도록 결정했지만, 고향으로 돌아가기를 바라는 어떤 여성은 설득당해 남아 있게 되었다고 한다.

당시 위안부들이 거주했던 위안소 시설과 상황에 대해서는 피해자들의 증언을 통해 그 상황을 짐작할 수 있다. 위안소 시설은 소속 병참 부대에서 건축 공사를 하였는데, 당시 55사단에서 하사관으로 복무했던 군인의

---

26) 모리카와 마치코, 김정성 옮김, 『버마전선 일본군 위안부 문옥주』, 아름다운 사람들, 2005, 117.쪽

회고에서도 위안소를 사단 사령부에서 건축했다고 증언하고 있다.[27] 또 문옥주 역시 당시 위안소 시설을 군인들이 건축했다고 한다.

> 다음날 아침이 되자 군인들이 트럭을 타고 왔는데 그들의 손에는 판자와 목공도구가 들려 있었다. 2층은 정 중앙을 가로지르고 있는 복도 양측으로 방이 늘어져 있었는데 군인들은 구중에 큰방을 반으로 갈라 방 수를 늘였다.[28]

또 미얀마 지역에 종군 기자로 참전한 와카바야시는 자신이 본 위안소의 상황을 이렇게 전하고 있다.

> 홀 옆으로 들어가면 계단 위와 아래로 나눠 조금은 기괴한 방이 줄지어 있었다. 방의 문에는 각각의 성 씨와 이름을 쓴 명찰이 나와 있었다. 건강 요우코, 건강 하루코, 이 방, 저 방 어느 곳에도 건강의 2자가 붙어 있는 것이 이상하였지만 사람을 먹고 싶지는 않아 화가 났다. 나는 건강 도미코상의 방으로 들어갔다. 편안한 커텐을 걸치고 왼편에 침대가 있고, 작은 테이블과 의자가 2개, 그 침대 곁에 있었다. 큰 방을 몇 개로 나눈 것 같았다. 양쪽에는 완전히 새로운 열대성 낙엽송 판자로 된 벽이었다. 「평양의 카페에 있었다면서」 못생긴 얼굴은 아니지만 말도 의외로 사투리가 적었다. 인천으로 배로네 소남(싱가포르) 도착하고… 그녀는 이곳에 오기까지의 아니 이때까지의 힘들었던 것까지도 급히 생각났던지 머리를 갸웃거리며 내키지 않은 듯이 생각에 잠기었습니다.[29]

---

[27] 하야시 센키치林善吉, 『비르마 회상록-하사관의 기억』, 本의 理想社, 1988, 201쪽.
[28] 모리카와치코, 김정성 옮김, 『버마전선 일본군 위안부 문옥주』, 아름다운 사람들, 2005, 75쪽.
[29] 와카바야시 마사오, 「이라우지 전기」, 『祕錄 大東亞戰史』 비르마편, 富士書苑,

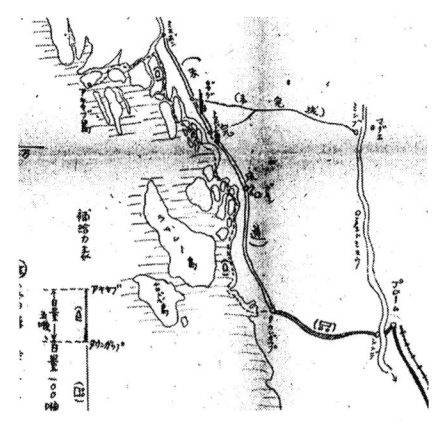

제55사단의 아키압 이동 경로(점선)

이처럼 위안소 시설은 일본군이 직접 건축하거나 구조를 변경하여 위안소로 사용하였다. 그리고 각 방에는 위안소의 규정에 나와 있는 것처럼 명패가 부착되어 있었다.

위안부들을 고통스럽고 힘들게 한 것은 전투가 벌어지고 있는 위험한 지역으로의 이동이었다. 당시 위안소의 이동과 설치는 전적으로 주둔군의 부대에 의해 결정되었다. 1942년 12월 말 미얀마 지역의 15군은 연합군에 효과적으로 대응하고 연합군의 거점인 인도 인팔라를 공격하기 위해 군부대를 재배치하였다. 이에 만달레이에 주둔한 55사단은 1월 10일부로 아키압으로 이동하여 제33사단과 교대하도록 하였다. 55사단은 1943년 10월 30일 자로 花谷正 중장이 부임하면서 부대 명칭도 다테楯에서 소壯로 바뀌었다. 그리고 지휘체계도 변화되어 55사단은 15군의 직할 사단이 되었다. 문옥주 할머니의 증언에도 만달레에 온지 7~8개월 지나 아키압 쪽으로 이동하라는 명령이 떨어졌다고 한다. 이때는 1943년 3월 정도로 55사단이 이 지역으로 옮겨가는 시기였다.

당시의 지도를 보면 이동 경로를 잘 알 수 있다.30) 55사단은 만달레이에서 프롬까지는 철도로 이동하고, 프롬-단카프(Toungu쪽)는 차량으로 그리고, 아키압까지는 연안의 바닷길을 따라 배로 이동하였다. 그러나 교통로가 험악하고, 선박 부족 등으로 군인들의 이동에도 2~3주가 걸리는 상황이었다. 그런데도 위안부들을 군인들과 함께 배로 이동시켰다. 이는

1953, 118쪽.
30) 「第５５師団「アキヤブ」方面後方概況要図」
https://www.jacar.archives.go.jp C14060459800

일본군에서 위안소의 중요성을 잘 보여준다. 당시 아키압 지역으로의 이동 상황을 문옥주 할머니는 이렇게 말하고 있다.

> 그라고 랑군 갔다. 깨부 갔다. 프롬 갔다, 뭐, 배구 갔다 이카는 거. 그래 갔다가 뭐, 거 가서 위안부 생활했다. 이렇지 그 가는 도중에는 또 우예, 우예, 우예 됐는데예. 가는 도중에 일일이 우예, 가는 도중에는 아키압까지 갔다 하니까네. (참가자 2 : 아끼아브) 아끼아브, (참가자 2 : 아끼아브?) 예, 그 인도 국경 거기는, 예. 아끼아부 거기는 갈 때는 군인들하고 이자 대기 해갖고 타고 안 갑니까. 가다가 보면 이제 또, 뱃가에 있는데 또 대거든. 배를 타고 들어가야 되니까. 그 배를 타고 드가는데 그기는 또 큰 배가 없어예. 똑박배요 요 요 막상 한, 배가 그 이름이 다야쯔라. 그놈을 타고 이제, 그놈을 타고 드가다 보면 카~머른 태평양, 너른 바다인데 물은 황토물인지 불그무리하고, 중간 중간에 섬이라,
>
> 그 일 안 시키고 그라믄 느그 못 오도록 해라 이제 그라면 이제 또 명령이라고 하는 모양이라. 그러니까 수리가 됐나 모양이지 그라믄 그곳은 집도 없고 그저, 저, 그저 이제 허허 벌판에다가 된 막고 이래 막, 군인 포장 덴마(천막을 말함)까지 쳐 놔놔 놓고 이제 그거 들어가 보면 뭐 달리 담도 없고 들어가 보면 담요 한 장, 우에, 우에 덮는 거 하나, 담요 한 장, 막, 머, 거적도 안 쳐놔 놓고 그냥 요리 누워 안 잡니까 요리 누버 자. 거기서 이제 우리가 이제 위안부를 하는기라. 몸을 바치는 기라 이제 거서. 보름이나 스무날이나, 바치고 나서 오늘 끝났다 싶으면 또 배를 타고 또 떠나야 돼예. 그런 얘기를 그 강연 다 합니까 또 그런 거 어떤 때는 또 뭐 이래 하다 보면 또 잊어.[31]

---

31) 국가기록원 보존 「문옥주 할머니의 녹음기록」 채록 1

연합군과의 전투로 폭탄이 떨어지는 그곳에서도 위안소는 설치, 운영되고 있었다. 위안소의 시설도 천막과 담요 한 장이 전부였다고 하였다. 폭격이 이어지는 위험한 상황에서 위안부들의 두려움과 고통으로 자살하는 사람도 나타났다. 문옥주 할머니도 이때 폭탄의 탄피에 맞아 상처를 입기도 하였다.

한편 위안부들이 병사를 상대하는 일 외에 의식주와 취미생활이 어떠했는지를 살피는 것은 그들의 생활과 의식을 이해하는 데 매우 중요하다. 이들의 생활 모습은 랑군에서의 상황을 토대로 짐작할 수 있다. 문옥주 할머니는 아키압에서 생활하다 영국국의 공세가 심해지는 1943년 9월~11월, 후방인 프롬 그리고 페구로 이동했다가 랑군으로 옮겨왔다. 이때의 생활은 이전보다는 여유가 있는 상황이었다. 랑군에서는 한 달에 두 번 휴일이 있었는데, 휴일에는 시내로 나가 바나나, 망고, 파파야 등 과일을 사 먹는 것이 하나의 재미였다고 한다. 이를 두고 그들의 생활이 자유로웠다고 말할 수는 없다. 왜냐하면 랑군이라는 도시에서 생활하면서도 한 달에 2회 정도 휴가를 얻어 밖으로 나갈 수 있는데, 이런 외출도 위안소 경영자의 허락을 얻어야만 가능한 것이기 때문이다.

또 위안소에서의 식사는 위안부들이 직접 만드는 때도 있지만, 대체로 위안소에서 일하는 버마 여성들이 만들어줬다고 한다. 이들이 위안소의 취사, 청소 등을 담당하여 위안부들은 직접 음식을 장만하지 않았으나, 식사가 입에 맞지 않아 파파야 등을 사다 김치를 만들었으며, 재료로 마른 새우와 버마 붉은 고추를 사용했다고 한다. 이러한 사실은 일본 군인의 회고에서도 나타나고 있다.

> 히로사와 사관은 삐의 검진의를 겸하고 있었지만 '김치를 잘하는 곳이 있기 때문에 조선 요리를 먹으로 가자'고 하면서 타까야마 사관과 함께 외출하였다. 대체 어딘가 생각하면 데려간 곳은 조선인이 있는 곳이었다. 집의 한가운데에는 커다란 홀이 있고, 사방에 작은 방이 나란

히 삐의 방으로 되어 있었다. 히로사와 사관에 이끌려 하나의 방에 들어갔다. 검진으로 친해졌는지 '뭘가 먹을 만한 것'이라고 하자 바로 김치를 가지고 왔다. 오랜만에 맛보는 절인 음식의 맛은 혀에 녹는 것처럼 맛있었다. 김치는 처음이었지만 그 매운 맛, 버어마 음식에 익숙해진 혀에는 매우 맛있었다. 마시고 먹고 동시에 재잘거리며 분위기를 맞추고 있자 돌연 삐의 절규가 들려왔다.[32]

위안소에서 만든 이런 음식을 일본의 군인들도 많이 찾았음을 알 수 있다. 또한 위안부들은 자신들이 입는 옷을 손수 지어 입기도 하였다. 문옥주 할머니도 양복감을 사 와서 원피스 등을 만들어 입었다고 한다. 이외에도 버마의 술집에 간다거나, 페구에서는 장교에게 이끌려 열반상을 관광하기도 하였다. 또한 일본이 선전용으로 만든 영화를 보기도 하고, 가부키 공연을 보러 가기도 했다고 한다. 위안부 중에는 루비나 비취 등 보석을 사는 사람도 있었다고 한다. 문옥주도 그곳에서 큰맘 먹고 다이아몬드를 샀다고 한다.

이러한 모습이 위안부들의 자유로운 모습을 보여주는 것은 아니다. 왜냐하면 위안부들의 외출은 1943년 5월 이전에 외출한 날은 많아야 한 달에 1회였다. 또 그들이 자신을 위해 돈을 쓸 기회도 거의 없었다. 문옥주 할머니가 미얀마에서 생활하는 동안 자신을 위해 물건을 산 경우는 이때가 유일한 것으로 보인다. 이를 두고 위안부들이 돈을 많이 벌고 사치스러운 물건을 살 수 있었던 것처럼 이야기할 수는 없다. 군표에 대해서 문옥주는 이렇게 증언하고 있다.

"그걸 저거 말대로 하면 그래 3년이나 2년이나 그 기포를 모드면(모으면) 집 재산만 할낀데 우째서 그래케 그래 저, 그 기포를 모둡니까

---

32) 미시아 시로우三島四郎, 『비르마 군의전기』, 光仁社NF문고, 2000, 162쪽.

안 그라고야 차라리 기포를 주면 주기는 줍니다. 기포를 주만, 이, 이튿날 아침 아레 자고 일어나 아침에 주인한테 가가 다 바칩니다. 다 바치면 주인이 기록만 해예. 기록을 하는 기라. 니는 몇 명 하나 받았으니 몇 명이라카는 기록만 하면 이걸 언제 주노카면, 마치고 나갈 때 준다고 해요. 그게 명령이라요.[33]

즉 위안부들이 군표를 모은 것이 아니고, 군표를 받으면 모두 위안소 경영자에게 주고 그 수량을 기록해 두었다가 나중에 나갈 때 준다고 하였다. 한마디로 위안부들이 평소에 자신이 번 돈을 마음대로 쓸 수 있는 상황이 아니었음을 알 수 있다. 이 군표도 개인이 마음대로 저축해서 돈을 보낼 수 있는 상황은 아니었다고 한다. 군대나 헌병대의 빽이 있어 허락을 얻어야만 돈을 보낼 수 있었다고 한다. 위안소 경영자도 돈을 송금할 때는 반드시 병참사령부의 허가를 받아야만 했고 하루 500엔 이상은 송금할 수 없었다. 그리고 군정감부의 허가를 받아야만 많은 돈을 보내는 게 가능하였다.

왜 그러냐면 그거는, 그건 그렇지. 너거 나갈 때 준다, 이기라예. 그 돈을 못 부치구로 하거든요. 집에 돈 붙이는 여기 천 명이 만 명이고 돈 부치는 사람 있는가 보이소. 돈 못 부칩니다. 군대 특별한, 특별한 케이스가 있어가지고 빽 좋고 이런, 특별한 케이스 있는 사람들은 군인 헌병들에게 가서 시다, 시라부(사령부) 하는 데 있어요. 가서 도장 맞혀야만이 조선으로 돈 부칠 수 있다카이.[34]

그러나 일본군의 전황이 어려워지면서 위안소 경영자들에게 맡겼던

---

33) 국가기록원 보존「문옥주 할머니의 녹음기록」채록에 의함
34) 국가기록원 보존「문옥주 할머니의 녹음기록」채록에 의함

돈도 그들이 몰래 도망가버려 받을 수도 없었다고 한다. 결국 위안부들은 돈을 거의 모을 수 없었고 그나마 맡겼던 돈도 찾을 수 없게 되었다. 문옥주가 우체국에 저축을 하고 일정 돈을 집에 보낼 수 있었던 것은 특별한 사례라고 할 수 있다. 문옥주 본인도 "누구도 돈을 부친 사람이 없다."라고 단언하였다. 실제 상황이 이런데도 위안부들이 돈을 모으고 그들의 개인적인 자유와 선택에 따라 영업을 하였다는 주장은 사실과 전혀 다르다.

반일종족주의를 주장하는 이들은 위안부에 대해 다음의 상황을 두고 '일본인으로서 일본군을 위안한다는 신성한 책무를 부여받은 제국의 위안부라는 의식을 가졌고, 일본군의 군속 같은 대우를 받으며 그에 상응하는 의식을 가졌다고 주장하였다.

"그 칼은 천황폐하로부터 받은 거잖아, 적에게 행향 것을 왜 이렇게 험하고 먼 곳까지 당신들을 위안하러 온 나늘 향해 겨누는 거야 조센삐, 조센삐 하며 사람을 바보 취급하고 우리들 조선인도 일본인이고, 일본인이 되었다고 그랬잖아. 그런데 그렇게 바보취급하다니. 조선을 일본에서 떼내서 독립시킬 자신이라도 있는 거야"[35]

문옥주가 이렇게 말한 것은 일본인으로서 의식을 가져서라기보다는 일본군인의 조선삐라는 차별적인 말과 무시에 대해 그들의 논리로 대항한 것이다. 조선삐라는 말은 조선인을 무시하는 그들의 언어였다. 또 많은 위안부가 '나라를 위해' '천황폐하를 위해'를 말한 것은 일본인들이 조선인들에게도 강요했던 의식이고 이를 내면화하도록 요구한 것이다. 이를 보

---

35) 모리카와 마치코, 김정성 옮김, 『버마전선 일본군 위안부 문옥주』, 아름다운사람들, 2005, 137쪽.

고 조선인들이 진정으로 일본인으로서의 국가 의식을 가졌다고 말할 수는 없다. 문옥주가 한 말은 조선인 위안부에 대한 차별을 오히려 일본인들의 주장과 논리로 대응하는 측면이 강했다. 그런 점에서 반일종족주의를 외치는 이들의 주장처럼 일본인으로서의 정치의식을 가졌다고 보긴 어렵다.

5. 패전과 위안부의 귀환

연합군은 카사블랑카 회담의 결정으로 1944년 11월부터 본격적으로 버마 진공을 개시했고, 중국군은 윈난과 레도의 두 방향에서 영국과 인군은 칼레바로부터 지상으로 공격하여 남서해안의 전략 거점인 아키압 탈환 작전을 개시했다. 일본군은 1943년 말부터 항공기와 전차의 수송력 면에서 영국과 인도군에 열세를 보이다가 1944년부터는 퇴각하지 않을 수 없었다. 임팔 작전에서는 물자 보급이 없어 먹을 것도 스스로 조달해야 했고, 기아와 말라리아로 어려움을 겪었다. 그 결과 수많은 일본 병사들이 전사하는 소위 백골가도를 만들었으며, 1945년 8월 일본군은 미얀마에서 퇴각하였다. 일본군이 후퇴하는 상황이 닥치자, 그간 이용했던 위안소의 위안부들에게는 어떠한 연락도 취하지 않고 방치한 채로 그들만이 후퇴하기에 급급하였다. 당시 랑군의 위안소 상황은 이를 잘 보여주고 있다.

"내일 군사령부가 철퇴한다는 것에 그녀들은 아무것도 몰랐다. 다만 뭔가 이상한 분위기만이 느끼고 있을 뿐임에 틀림없다. 그곳으로 밤이 깊어갈 때 장교 2사람이 나타났던 것이다. 돈은 필요 없으니 숙박하고 가라...쓸쓸하다는 것이었다. 우리가 얼마나 슬픈지를 알지 못하였다"36)

---

36) 사와야마 유조유澤山勇三, 「백기를 걸고」, 『祕錄 大東亞戰史』, 富士書苑, 1953,

그리고 이동하는 과정에서 수많은 위안부가 사망하였는데, 당시 위안부들의 후퇴 상황을 일본군 종군기자는 이렇게 전하고 있다.

"때때로 강의 한가운데서 비명소리를 들을 수 있었다. 시커먼 것이 하류로 밀려 내려가면서 숨을 헐떡이며 외친다. 도와줘, 兵 병단이다. 벌써 10시간이나 떠내려 왔다. 도와줘, 여기저기서 군인들이 떠내려 간다. 비명이 탁류가운데서 계속되고, 끝내는 우는 것처럼 작은 소리가 되어 사라진다. '사람이 죽어가는 것을 보는 것인가' 간장을 찢는 것은 분노의 절규를 들을 수 있다. 그러나 손을 쓸 방법이 없다. 구하는 손을 내밀어도 누구하나 어떻게 할 수가 없었다. 쥐어짜는 듯한 절규를 들으면서 단지 자신의 뗏목에 달라붙는 것 외는 할 것이 없었다. 이 때 안 사단은 하류의 강가를 점령하고 있었고, 하루 약 250명의 떠내려 오는 시체를 보았다고 한다. 어떤 대대는 민가에서 배 한 척을 찾아내 이것으로 강을 건너 전원 무사히 강가에 도착하였지만 슬픔에 잠기게 한 것은 위안부와 음식점의 여자들이었다. 그녀들은 별도로 1개 반을 편성하고 있었지만 어디에도 군복, 군화, 전투모를 한 군인과 분간할 수 없을 상황이었다. 아라칸에서 이라우디, 델타에서 특히 페구산맥에서 처음부터 끝까지 부대와 행을 같이하여 온 그녀들은 지금 고난의 길을 돌파하여 점차 신단 강 하구에 도착하였던 것이다.

그렇지만 탁류에 그녀들은 기다리고 있는 것은 뗏목이었다. 발로 겨우 걸어서 여기까지 그녀들은 왔지만 200M의 탁류에 매달려 있을 만큼 손에 힘이 있는 것은 아니었다. 피로와 오체의 무게, 다섯 손가락이 이겨내지 못하고 뗏목에서 떨어졌을 때 그 몸은 홀연히 탁류 속으로 휩쓸리고 만다. 구조를 요청하는 쇠를 끊은 것 같은 소리가 어둠의 밑바닥 찢을 것 같이 흐르고 이렇게 하여 대부분의 모든 여자가 다시 떠올라

373쪽.

오지 않았다. 그녀들은 어떻게 하든지 군표를 몸에 단단히 매어 놓았다. 몸을 자본으로 돈을 모우기 위해 얻은 것으로 보면 한 순간도 몸에서 떼어 놓은 것은 견딜 수 없었다. 페구산맥에서는 비가 그침을 보고 말리기도 하였다. 정글, 진흙탕, 탁류를 그리고 포탄, 게릴라들의 공격 속에서도 계속 가지고 왔던 것이 이 군표였다. 단만 이것 하나를 끈질기게 걸으면서 지금 한 걸음 한 음 최후의 난관을 돌파하려고 할 때 안타깝게도 군표의 무게 때문에 물에 빠져버린 것이 적지 않았다.37)

물론 모든 위안부가 그런 것은 아니었다. 특히 청명장이나 스이코엔에 있었던 일본인 위안부들은 특별한 대우를 받으며 이동하고 있었다.

"북방으로부터 5~6대의 차량이 질주하여 왔다. 차를 정지시켜 대장을 불러 물어본 결과 모 사령부의 차량이었다. 차에는 사람이 가득 타고 있어 부상을 호송해주는 것이라고 직감하고 소리를 지르자 의외에 낭자군이었다. 일찍부터 이 사령부의 소문을 듣고는 있었지만 군이 이렇게 어려운데 이러한 화물을 데리고 다닌다는 것은 어이가 없어 말이 나오지 않았다. 대장을 질책하여 보니 상사로부터의 명령이라 어쩔 수 없었다고"38)

이처럼 일본인 위안소의 위안부들은 후퇴하는 과정에서도 특별한 대우를 받으며 후퇴하고 있었다. 문옥주도 당시 후퇴의 상황을 이렇게 말하고 있다.

"후퇴란 도망간다는 것을 뜻했다. 신속하게 전원이 몇 개조의 조로

---

37) 마루야마 시즈오丸山靜雄, 「아라칸에서 화나는 것」, 『祕錄大東亞戰史』, 富士書苑, 1953, 118쪽.
38) 우시로 마사루後藤, 『방면군 참모 비극의 회상 비루마 전기』, 광인사, 1991, 251쪽.

나눠졌고, 우리 조는 50명 정도 있었던 것 같다. 언제나처럼 서둘러 출발했다.,,, 우리들이 배를 타려고 하자, 우리들은 태우지 않고 조센삐를 왜 먼저 태우는거야 라며 우리들을 욕하는 일본 병사가 있어 아주 분했다…. 겨우 방콕의 일본군이 집결해 있던 창고 같은 건물에 도착하였다.39)

문옥주는 방콕에 도착한 후 다시 아유타야의 병원으로 이동해서 간호원 교육을 받고 그곳에서 간호 일을 보조하였다. 그리고 해방이 되자 조선인 집단 수용소를 거쳐 인천에 도착하였고, 인천에서 다시 배를 타고 부산항에 도착하여 기차를 타고 대구로 되돌아왔다.

6. 나오며

일본은 1942년 11월 필리핀, 인도네시아, 말레이반도를 침공하는 태평양 전쟁을 벌였다. 당시 유럽에서는 독일이 프랑스와 네덜란드를 점령하고 영국과 전쟁을 벌이며 새로운 강대국으로 등장하였다. 이에 일본은 영국과 미국 등의 경제적 지배에서 벗어나 엔 블록의 대동아공영권을 구축하고자 하였다. 이를 위해 이탈리아, 독일과 동맹을 맺고 당시 프랑스와 네덜란드, 영국이 지배하고 있던 식민지를 뺏기 위해 전쟁을 일으켰다. 전쟁 초기인 1942년에는 영국을 중심으로 한 연합군에 승리를 거두어 6개월 만에 동아시아의 전 지역을 점령하였다.

이 점령지를 담당한 남방군 사령부는 중국과 조선에 위안부 동원을 요청했고, 이 요청을 바탕으로 조선, 대만 등에서 헌병과 경찰의 협조

---

39) 모리카와 마치코, 김정성 옮김, 『버마전선 일본군 위안부 문옥주』, 아름다운사람들, 2005, 142쪽.

아래 수많은 위안부가 동원되었다. 또 위안소를 운영할 민간인들도 대거 동원하였다.

본 고에서는 일본군의 각 부대가 미얀마를 점령하는 과정과 점령 이후 각 부대의 배치와 상황을 고찰하였다. 이 과정에서(이를 통해?) 일본은 일본인, 조선인, 중국인, 미얀마인으로 구성된 위안소를 설치 운영하였다. 위안소를 설치할 초창기에는 위안소의 설치와 운영이 각 부대에 소속되어 있었지만, 이후 일본군이 미얀마의 전 지역을 점령하고 전쟁이 소강상태에 접어들자 위안소의 관리를 주둔군 병참사령부로 넘겨 일괄적으로 관리하도록 하였다.

또한 일본인 위안소와 조선인, 중국인, 미얀마인의 위안소 사이에 차별이 존재하였고, 그 대우도 달랐다. 일본인 위안부들은 주로 일본인 고급장교를 대상으로 하였고, 조선인이나 중국인들은 하사관이나 병사들을 상대하였다. 조선인 장교를 대상으로 하는 조선인 위안소도 있었지만, 이는 소수에 불과하였다.

위안소에서 위안부들은 매일 성관계를 강요당하는 일과를 보내야 했다. 이는 아침 10시부터 저녁 21시까지 이루어졌으며, 당시 병사나 하사관에게는 위안소 방문 시 1회에 30분~40분 정도의 시간이 주어졌고, 비용도 1엔에서 1엔 50전이었다. 물리적으로도 위안부 1명이 식사를 거르면서 10명 이상을 상대해야 하는 매우 반인간적인 상황이었다. 당시 미얀마 메이묘나 미트치나 위안소에서 월 영업 매상고가 300~1500엔이었다는 사례가 있다. 이는 매달 유일 2일을 제외하고 매일 위안부 1인이 최소 하루에 10명, 최대 50명 이상을 상대해야 벌 수 있는 금액이다. 이를 볼 때 당시 위안부들의 상황이 얼마나 열악하고 반인간적인 상황이었는지 짐작할 수 있다. 또한 이 매상고가 바로 위안부들의 수입이 되는 것도 아니었다. 위안소 경영자들이 거의 50%를 가져가고, 위안부들은 식사, 의복 등에 대한 개인 비용을 부담해야 했다. 그리고 돈도 자신이 소지할 수 없었고, 경영자가 군표를 모두 관리하였으며, 위안부들의 수입은 장부상으로만 존재하였다. 그마저도 후퇴로 혼란한 시기에는 위안소 경영자들이 도망가버려 제대로 받을 수 없었다. 평소에 마음대로 자기 돈을 송금할 수 없었고, 병참사령부의 허락을 얻을 때만 가능하였다. 문옥주의 저축과 송금 사례는 그가 말하는 것처럼 헌병이나 군의 빽이 있을 때나 가능한 특별한 사례였다. 이를 전체 위안부에 적용할 수는 없다. 그래도 미얀마는 우체국이나 은행 등이 진출해 있는 지역이었기 때문에 조금 나은 형편이었다. 그런데 남태평양 지역이나 인도네시아, 필리핀의 섬 지역에서는 돈을 모으거나 송금한다는 것은 애초 불가능하였다. 대만, 만주, 뉴기니아 지역의 위안소는 더운 기후로 인해 상황이 매우 열악하였고, 음식도 제대로 먹지 못하였음을 알 수 있다. 그리고 위안부로서 돈을 많이 모았다는 사람이나 사례는 특별한 대우를 받았던 일본인조차도 알려진 바가 없다.

위안소에서 위안부들이 시장에 가서 악어가죽 가방을 사거나 비취를 사고, 영화구경이나 미얀마 관광, 가부키 공연 등을 봤다는 증언이 있었다. 이런 사례를 근거로 그들이 자유로운 일상생활을 누린 것으로 보긴 어렵다. 외출은 한 달에 하루 이틀 정도였고, 열악한 조건과 상황에서 모처럼의 외출 사례는 강하고 오래 기억될 수밖에 없었을 것으로 짐작된다. 즉 특별한 경험이었기에 오랫동안 강하게 기억된 사례를 들어 전체로 일반화하기는 어렵다.

참고문헌

공준환, 「연합군 자료를 통해본 버마의 일본군 '위안부' 제도」, 『동북아역사논총』, 2019.
모리카와 미치코, 김정성 역, 『버마전선 일본군 위안부 문옥주』, 아름다운사람들, 2005.
하종문, 「진중일지 속의 부대 운용과 일본군 위안소 제도」, 『동북아역사논총』, 2019.
柿崎一郎, 「第2次世界大戦中の日本軍のタイ国内での展開」, 『横浜市立大学論叢 人文科学系列』 Vol.65, 2014.
対日抗争期強制動員被害調査及び国外強制動員犠牲者等支援委員会, 『聞こえて

る？ 日本軍「慰安婦」12人の少女の物語』, 2020.
〈太平洋戰爭間兵團隸屬關係一覽表〉 방위연수소전사실, 1948.
만달레이 주둔지군무규정규정, 『정부조사「종군위안부」관계 자료집』, 용계서사, 1998.
동남아시아번역심문센터 심리전 심문회보 제2호 일본군 위안부 전쟁범죄자료집, 한국사데이타베이스.
국가기록원 문옥주 녹음자료(DTD0000749_001_re ~ DTD0000749_007_re)
千田夏光, 『從軍慰安婦』 속편, 三一書房, 1978.
花輪晃, 『파고다의 석양-비르마 종군기』, 1982.
西野瑠美子, 『전쟁의 위안부』, 明石書店, 2003.
비르마편, 『祕錄 大東亞戰史』, 富士書苑, 1953.
방위청방위연구소 전사실 저, 『미얀마공략작전』(전사총서 5), 조운신문사, 1967.

07장

제2차세계대전 버마전선 전황과 문옥주의 증언 교차 매핑

이 글은 문옥주의 증언에 기초한 그녀의 삶을 '역사 시각화(visualization, 시간과 공간을 동시에 지도화)'하는 작업의 일환이다. 2021년 문옥주 강독회를 통해 문옥주 지오그라피(Life Geography of Mun, Ok-ju, 문옥주의 이동지도)의 일부가 완성되었다. 2022년에는 문옥주의 버마전선 관련한 이동 동선을 좀 더 구체화하고자 제2차세계대전 버마전선의 전황과 문옥주의 증언을 교차 매핑(cross mapping, 정보의 교차 시각화)하였다.

문옥주는 1942년 7월 10일 부산항에서 '제4차위안단'이라는 이름으로 버마전선 일본군 위안부로 출발하게 된다. 문옥주가 버마전선으로 가게 된 배경은 당시 전시상황과 맞물리므로 인도차이나 반도의 주요 전쟁 타임라인, 주요 격전지, 주둔 부대명 등을 파악하면 정보를 교차시킬 수 있다. 1942년 1월에서 4월까지 일본군이 인도차이나 반도를 점령하고 1942년 7월 시점에 문옥주를 포함한 제4차위안단이 출발하게 되는 배경도 이해하게 된다.

버마전선의 전쟁에 대한 기록은 영어로 기록된 영미권 자료를 중심으로 파악하였다. 그 이유로 영미권 자료와 문옥주의 증언이 교차 분석된 적이 없기 때문이다. 또한 한국에서 유포되고 있는 문옥주의 버마전선

전쟁관련 증언은 모리카와 마치코森川万智子의『文玉珠 ビルマ戦線楯師団の'慰安婦'だった私』(1996)을 번역한『버마전선 일본군 '위안부' 문옥주』(김정성 역, 아름다운사람들, 2005)을 통해서만 전달되고 재확대된 경향이 있기 때문이다.

일본 측의 자의적인 해석이 담긴 '대동아전쟁'의 세계관을 넘어 다양한 이해관계가 점철된 제2차세계대전 속의 문옥주의 지오그라피를 보고자 한다. 모리카와 씨 책의 번역문은 버마 지명의 일본식 발음을 수용하여 한글로 표기하였는데 이것 또한 최근 한국 사람들이 인도차이나 지역의 주요 도시를 발음하는 방식으로 고쳐 전달하고자 한다.

1942년 9월에서 1945년 종전을 맞이할 때까지 문옥주의 지오그라피는 버마의 만달레이, 아끼압, 프롬, 랑군, 물메인, 방콕 등 4000km 이상의 거리를 보여준다. 버마전선 최종 전황과 관련된 기록에서 세계대전의 전황과 일본군 부대배치를 이해할 경우 문옥주가 왜 랑군에 다시 왔으며, 최종적으로 태국 아유타야에 머물렀는지를 이해할 수 있게 된다.

문옥주의 버마전선 관련 증언은 여러 가지 버전이 있다. 이번에는 모리카와 마치코 씨의 책을 번역한『버마전선 일본군 '위안부' 문옥주』의 한국어 표현을 기준으로 검증하였다. 아울러 모리카와 씨의 출간물보다 빠른 시점의 국가기록원 문옥주 증언파일, 200분가량의 파일이 2021년 발굴되었다. 2022년 '정신대할머니와 함께하는시민모임'에서 마련한 채록본을 기준으로 함께 모리카와 씨가 기록한 증언과 교차검증하였다.

아래 지도는『문옥주 지오그라피』에 게재된 문옥주의 위안부 관련 루트를 시각화 한 작업이다.『버마전선 일본군 '위안부' 문옥주』의 기록을 기준으로 2021년 12월 작성되었다. 특히 버마전선 관련 지역은 여러 번 모리카와 씨가 현지답사를 하여 재확인된 바가 있다. 파란 줄 루트는 동안성으로 갔다가 되돌아온 루트이며 붉은 줄은 대구에서 부산항을 거쳐 랑군으로 이동한 제4차위안단의 이동로이다. 주황색 루트는 랑군에 도착한 문옥주가 육로로 이동한 루트이다. 초록색 루트는 귀국허가를 받아 랑군, 몰라민, 방콕, 사이공으로 이동했다가 다시 복귀한 동선이다. 이 시기는 구체적으로 특정되어 있지 않지만 이야기의 흐름상으로 1945년 4월 다시 랑군행 기차를 탔다고 나오므로 그 이전으로 추정된다.

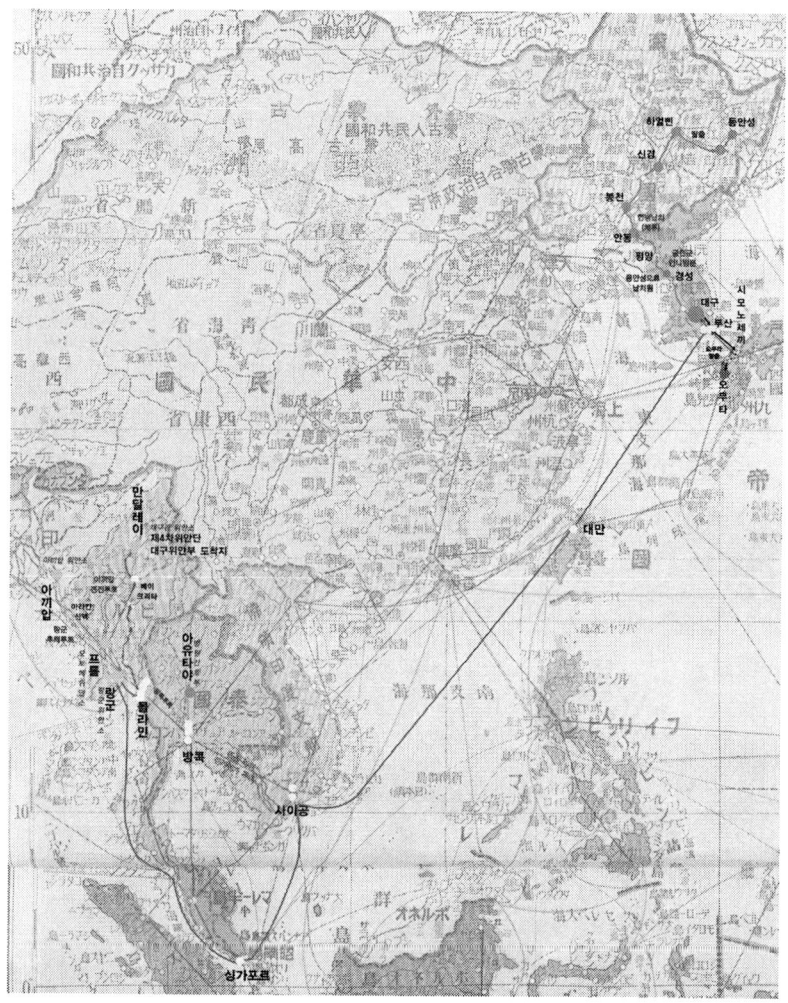

지도 1 문옥주 이동동선의 시각화, 문옥주 지오그라피, 2022
파란줄 - 만주 동안성 루투 | 붉은줄 - 부산, 랑군 배편 루트
주황색 - 버마전선 루트 | 초록색 - 1945년 초 귀국허가길 루트

이번 연구에서는 주황색 루트, 즉 버마의 만달레아-아끼압-프롬-랑군, 방콕 아유타야로 이어지는 동선을 실제 버마전선의 정보와 교차 분석하였다. 모리카와 씨 증언기록과 김광열 씨 증언기록의 상이점을 분석하여 문옥주의 증언의 장소와 시기를 재확인하고자 한다.

1. 제4차위안단 버마현지 이동의 배경이 되는 1942년 초 버마전선

랄프 아율잔Ralph Auljan의 버마전선 자료에서 55사단(55th Division)이 1942년 4월 30일 점령하였음을 알 수 있다. 문옥주의 증언에서 '다테 핫센 요하쿠마루마루'라는 표현에서 방패(盾, 다테 たて)를 부대마크로 쓰는 55사단이며 부대번호는 '8400'임을 알 수 있다. '55사단'이라는 정보는 군사기밀이므로 통상 민간인들에게 알려지지 않으며, 문옥주는 '8400'이라는 외부인들에게 공개된 부대번호를 기억하고 있었음을 알 수 있다.

제4차위안단은 1942년 7월 10일 부산항을 출발하여 2개월 정도 항해를 했다는 증언에서 문옥주는 9월 즈음 랑군에 도착했을 것이다. 그리고 왜 만달레아Mandaly에 가게 되었는지 그 이유를 이 랄프 아율잔의 부대배치도에서 알 수 있다. 버마의 라시오에서 중국 윈난성 쿤밍까지를 잇는 버마로드를 막기 위한 주력부대가 55사단이었고 후속으로 배치된 18사단, 56사단이 4월 29일 라시오Lashio, 5월 8일 미치나Myitkyina, 그리고 인도국경을 막기위해 친드윈Chindwin강의 신빠이양Shingbwiyang까지 진출했음을 알 수 있다. 만달레아는 서부 인도 국경과 북부 중국 국경을 막기 위한 일본 전투부대의 후방기지 역할을 했음을 알 수 있다.

문옥주의 두 번째 이동지역은 아끼압Akyab이며 〈지도2〉 버마전선 초기 전황도에서 33사단이 5월 4일부터 이미 점령했음을 알 수 있다. 현재 시트웨Sittwe로 불리며 여전히 주요 장소명으로서 아끼압이란 지명이 사용되고 있다. 아끼압 이 지역도 영국-인도 연합군을 막는 거점이었음을 알

지도 2 버마전선 초기 전황도 (원본수정)
on war.com Copyright 2018 Ralph Auljan

수 있다.

〈표1〉에서 문옥주의 증언 속에서의 주요 이동루트와 영어권 자료에서 살펴볼 수 있는 전황 및 주둔정보와 비교하였다. 문옥주는 아끼압과 랑고에서 영국 연합군에게 받은 비행기 공습 이외에는 주요 격전지를 피해 비교적 안전한 지역에서 위안부 생활을 하였음을 알 수 있다. 문옥주의 증언 속에서 존재하는 군부대의 이동에 대한 간접증언, 비행기 공습에

의한 피란경험, 랑군에서의 죽창 연습 등을 통해 전선과 얼마나 가깝게 혹은 멀리 있었는지를 추측해 볼 수 있다.

표 1 버마전선 정황과 문옥주
모리카와 번역본 =「버마전선 일본군'위안부' 문옥주, 2005」
김광열 증언채록본 = 문옥주의 증언파일, 1992」, 2022년 정신대학머니와함께하는시민모임 채록

주요사건 (일본군)	주요부대 이동	모리카와 번역본	김광열 증언채록본
1940.9.22	사이공점령	1944년 하반기 귀국허가로 사이공 체류, 131p	
1941.12.8. 전쟁 개시 방콕, 점령	15군(전투부대) 25군(후방지원, 56사단)	1944년 하반기 귀국허가로 방콕이동, 128p 1945년 5월경 방콕으로 퇴각, 142p	1945년 다이곡고에서 배치받아 아유타야, 파일1 타이에서 귀환, 파일1
1941.12.28. 아웅산 버마독립군 결성	아웅산, 30인동지회	아끼압 영국공습시 버마인스파이, 111p	
1942.1.15. 태국 Tak 상륙	55사단(선발) 33사단(후발)	다테사단 8400부대	핫센욘하쿠마루마 루부대, 파일1
1942.1.20. 물메인 공략	15군 33사단, 55사단	귀국허가시 랑군에서 몰라민 경유, 128p	
1942.2.15. 싱가포르 침공	25군 18사단	싱가포르 서너시간 상륙, 71p	부산에서 버마갈 때 배가 전부6채, 싱가포르경유, 파일2
1942. 3.4 부대개편	56,18사단 15군 편입		
1942.3.3~7 페구 전투	33사단(시탕강 하류) 55사단(시탕강 상류)	프롬에서 짚차로 페구 유람, 118p	랑군 갔다 깨부 갔다 프롬 갔다, 배구(pegu) 갔다, 파일1
1942. 3.8 랑군 점령	15군 33사단, 55사단 (25군) 18사단, 56사단	조선민간인, 119p 죽창연습, B29기 공습 125p	랑군 가이까이, 파일1 만달레이13지구서

			1944년 하반기 귀국허가, 125.p 1945.4 랑군 재복귀, 134p	악화가 되니 랑군으로 내려 보냈지, 파일3
1942.3.24 타운구 전투	55사단 112, 143, 144			
1942.3.29. 슈웨다웅점령	56사단 합류			
1942. 4.30 만달레이 점령	55사단, 주둔 메이묘, 15군사령부		우리는 다테 8400부대소속, 77p 만달레이 근처에서 전쟁이 있음, 78p	핫센욘하쿠마루마 루, 파일1
1942.4.2 프롬점령	33사단(북벌)		1943년 12월경 아끼압에서 프롬이동, 타부대 소속, 116p	마츠모토 사라짐, 헌병대 소속, 파일3
1942.5.4 아끼압점령	33사단		1943 경 여름 아끼압으로 이동(3개월 소요), 95p, 96p	다야쯔라타고 중간 중간에 섬이라, 파일1
1942.4.29. Lashio 점령 1942.5.8. Myitkyina, Mogaung, Maingkwan 점령 1942.5.14. 칼레와점령	18사단, 56사단 (북벌)			

2. 버마전선 전황과 문옥주 증언 비교연구의 향후 과제

　문옥주의 증언 속에 방패사단 8400부대((다대 핫센욘하쿠마루마루)는 제15군 사령부인지, 55사단 사령부인지 아니면 그 예하 연대의 사령부인 지를 정확히 밝힐 필요가 있다. 당시 버마전선 위안부의 규모, 그리고 위안소별로 담당 부대의 크기 등을 짐작할 수 있어 더 밝혀낼 수 있는 주변 자료들이 충분히 있다.

2. 문옥주 프롬 퇴각명령 이후 마츠모토(조선인 위안소사업자)가 사라졌고 김광열 씨 증언채록본에서 헌병대 소속이었다고 밝히고 있다. 이때 전황 상으로 랑군의 랑군회관 위안소가 어디 소속이었는지는 일본군 군대 편제가 어떻게 재구성되었는지를 파악할 필요가 있다. 모리카와 번역본에는 '마츠모토와 헤어지고 난 뒤로 우리들을 관리했던 곳이 다테8400부대가 아니었다'고 기록하고 있다.

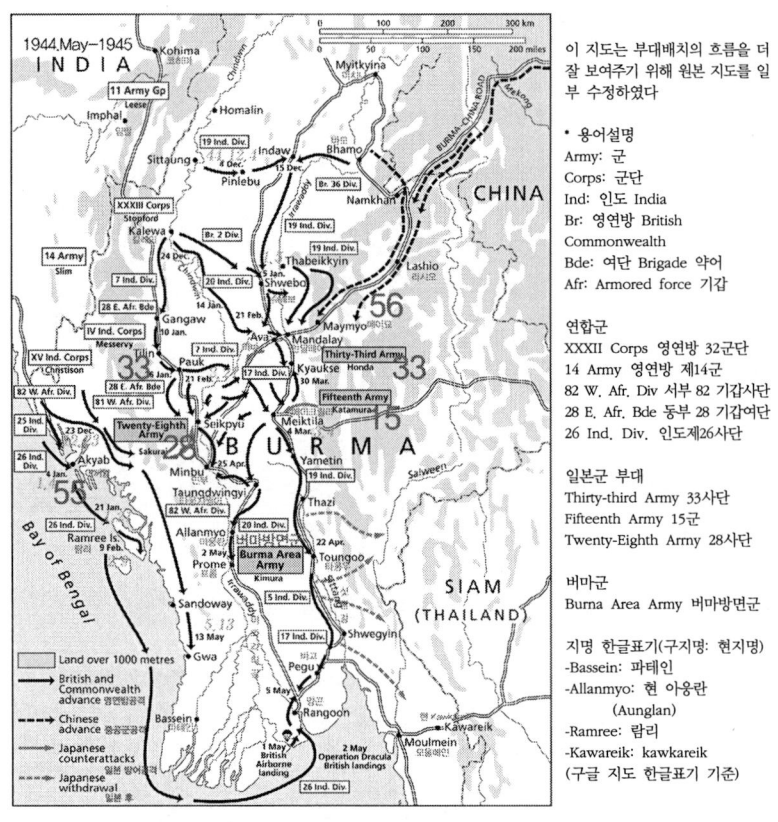

지도 3 버마전선 초기 전황도 (원본수정)
on war.com Copyright 2018 Ralph Aulian

3. 문옥주의 증언에서 구체적인 시기를 설정할 수 있는 자료를 재구성

해야 한다. 아끼압에서 '음력 8월 추석(1943.9월 14일, 20세)' 일본군인의 공격을 받아 난간에서 떨어진 사건이 있었다. 이후 3개월 정도(1943.12월 중반) 치료하고 아끼압 위안소로 오자마자 바로 퇴각명령이 내려와 프롬으로 후퇴하였다. 프롬에서의 체류기간도 '2, 3개월 정도'로 증언한 것을 연결해보면 1944년 3, 4월 시점(21세)에 랑군에 입성했을 가능성이 높다.

4. 문옥주의 귀국허가 시점이 특정되어 있지 않다. 모리카와의 번역본 기준으로 문옥주의 동선은 1944년 겨울 시점에 귀국허가를 받고 랑군~몰라민~타이~사이공 루트를 통해 이동을 했을 것으로 추정된다. 또한 사이공에 3~4개월 체류하다가 문옥주는 1945.4월 시점 다시 랑군에 복귀하게 된다. 〈지도3〉의 정보에서 1945.1월 영국 연방군의 공습과 공수부대 침투British Ariborne Landing가 있었고 5월 5일 랑군을 점령한 것으로 보면 문옥주는 랑군으로 복귀하고 약 한달 바로 뒤 시점에 다시 타이로 부대와 함께 후퇴했을 가능성이 높다.

표 2 버마전선 전황과 문옥주
모리카와 번역본 = 「버마전선 일본군'위안부' 문옥주, 2005」
김광열 증언채록본 = 문옥주의 증언파일, 1992」, 2022년 정신대할머니와함께하는시민모임 채록

주요사건 (日) 일본군 (聯)연합군	모리카와 번역본	김광열 증언채록본
1942.3.4. 메이크릴라 점령		
1943.8 조선 광복군 영국군 투입	이동 중 조선인 독립운동가 가족 만남, 100p	
1944.1월 (日) 임팔공격 준비		
1944.3~7 (日)임팔, 코히마 전투		
1944.5.17. (聯)미치나 비행장 점령		
1945.2.21. (聯)아바, 만달레이 점령		만달레이 강제 강간, 파일2
1945.1.4. (聯)아끼압 점령	1943년 12월경 아끼압에서 프롬이동, 116p	1943년 말 아끼압 공습, 피난 중에 자살시도, 파일1

1945.4.22. (聯) 타옹우 점령		
1945.5.1. 영국공수부대 랑군 점령	1944. 봄경 랑군으로 이동명령, 118p	위안부30여명, 파일1. 일본인 병장과 살해로 군정재판, 파일2
1945.5.2. (聯) 드라큘라작전, 프롬 점령	1943.12~1월 경 프롬이동, 116p	
1945.5.5. (聯) 페구, 랑군 점령	랑군에 커다란 사령부, 다테사단 등 다수부대, 118p 타이 방콕으로 퇴각, 140p	
1945.8.15. 아유타야	간호부일, 143p	해방을 맞이함, 중경 라디오방송으로 애국가 들음. 파일3

5. 문옥주의 랑군 복귀의 가장 중요한 이유가 만약 1944년 1월부터 준비된 새로운 전쟁소식 즉, 1933년 3월부터 7월까지의 진행된 임팔, 코히마 전투였을 가능성이 있다. 그러면 문옥주의 시간과 장소들은 재구성되어야 할 것이다. 문옥주는 우기시즌 사이공에 있었고 다시 전쟁소식을 듣고 랑군으로 복귀했던 시점이 1944년 4월(물 축제 시기)이었을 가능성도 염두에 두고 있다.

6. 결론적으로 모리카와 번역본, 김광열 씨 녹취본은 문옥주의 1942.7~1945.8월 사이 지오그라피를 더 구체화시키기 위해 전체적으로 비교하고 비어 있는 부분을 채워 넣을 필요가 있다. 또한 버마전선 내에서 문옥주의 이동루트를 더 세밀하게 그리기 위해서는 일본군과 연합군 전황 자료상에서 기록된 주요 전선, 점령지, 부대이동자료와 비교되어야 한다.

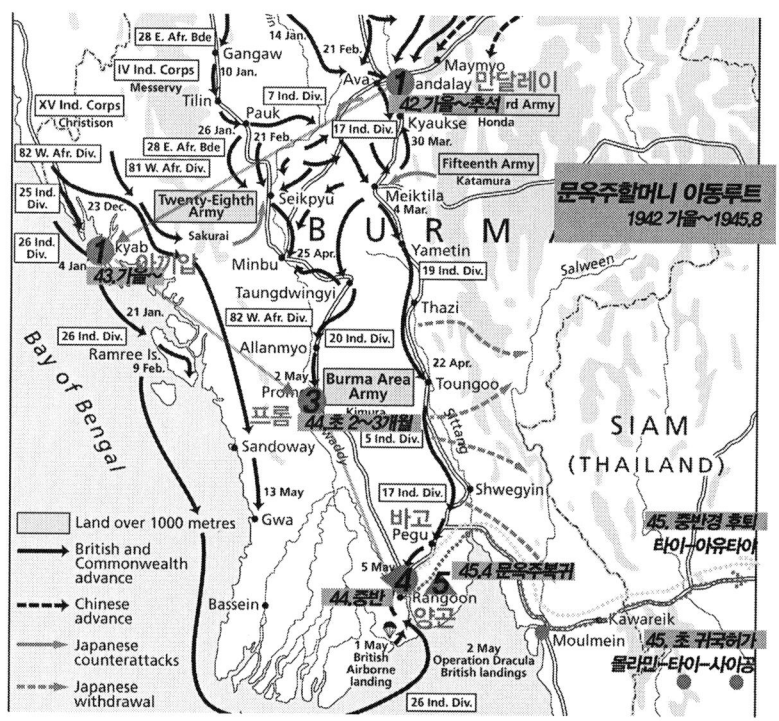

지도 2 버마전선 초기 전황도 (원본수정)
on war.com Copyright 2018 Ralph Auljan

참고문헌

김광열, 문옥주 인터뷰 자료, 국가기록원 자료(관리번호 DTA0016451), 1992.9.25. 인터뷰.
모리카와 마치코, 김정성 역, 『버마 전선 일본군 '위안부' 문옥주』, 아름다운사람들, 2005.
정신대할머니와함께하는시민모임 편, 『문옥주 지오그라피』, 2021.
버마 전선 지도 : on war.com Copyright 2018 Ralph Auljan

08장

문옥주와 대구지역의 권번문화

이 글은 일제강점기에 벌어진 대동아전쟁 때 만주와 버마전선 등지에서 일본군 위안부 생활을 했던 문옥주의 권번에 대한 기억을 소환하고, 나아가 대구지역의 권번문화 전반을 두루 살펴 권번에 대한 이해에 이바지하고자 한다.

1. 문옥주의 권번에 대한 기억

문옥주의 구술자료에 의하면 그는 어릴 때인 13세(1936년) 무렵에는 권번의 기생 신분으로 술자리에 나갔고, 만주에서 돌아온 18세 때인 1941년 그리고 버마전선에서 돌아온 22세 때인 1946년에 권번을 출입하였다고 한다.

이제 그의 목소리를 그대로 들어보기로 한다.

> 비록 정식으로 양성학교를 졸업하지는 않았지만 권번에 이야기해서 가끔은 기생 신분으로 술자리에 나가 노래를 하기도 했다. 다행히 판소리 대사나 가사를 잊지 않고 있었다.

13세 무렵의 일로, 모리카와 마치코가 쓴『버마전선 일본군 '위안부' 문옥주』(모리카와 마치코, 김정성 역, 아름다운사람들, 2005, 49쪽)에 나오는 내용이다. 술자리란 한량들이 요리점 등에 기생을 불러 즐기던 것을 말한다.

일제강점기 대구지역의 요리점으로는 수정의 해동원과 명성관, 덕산정의 대동식도원, 하서정의 금호관, 상서정의 한양관, 원정의 조일식당 등의 조선요릿집과 촌상정의 아카시明石와 후쿠쥬켄福壽軒, 미토케水戶家, 이코마いこま, 중앙통의 아라키벳소荒木別莊, 동성정의 우오타케魚竹, 칠성정의 기요시노이에淸の家, 금정의 도키와登喜和, 전정의 가모가와鴨川, 동본정의 야치요八千代 등 일식요릿집 및 요정이 유명하였다. 이곳에는 시내 각 권번의 이름 있는 기생들의 명패가 등록돼 있어 풍류객들은 명패를 보고 기생을 호출했다. 당시 인기 있었던 명기들은 박귀희, 전명득, 신금홍, 박초향, 임소향, 이소춘, 김금화, 최금란, 이산월 등이었다. 호출비인 화대는 시간당 2원 정도지만 팁은 시간당 별도로 2원씩을 냈으며 기분에 따라 1시간을 같이 술자리에서 즐기고 10시간으로 표를 끊어주면 사실상 9시간 분(18원)은 팁이 되었다. 기생들은 인력거를 타고 다녔는데, 당시 대구부내의 인력거조 가운데 경일조, 남문조, 대성조, 서성조 등에 50명의 인력거꾼이 있었다고 한다.

다음은 문옥주가 18세 때인 1941년에 만주에서 돌아온 후의 일이다.

> 달성권번에 다시 입학했다. 제대로 수업료를 내고, 정식으로 기생 지망생이 되었다. (중략) 기생수업은 힘들다고 들었지만 나에게는 오히려 누워서 떡 먹기였다. 예능 쪽은 뭐든 뛰어났기 때문에 배우면 배우는 족족 익혔다. 특히 판소리는 소리도 그렇고 고수로 북을 치는 것도 선생님들이 놀랄 정도로 뛰어났다.
> 얼마 안 있어 '심청전'같이 한 곡 부르는 데 두 시간 정도 걸리는 유명한 소리를 부를 수 있게 되었다. 가사도 대사도 외울 가치가 있었

다. (중략) 북도 복잡한 장단을 칠 수 있게 되었다. 권번에서 나 말고는 두드릴 수 없는 장단도 더러 있었다.

(중략)

달성권번에는 전국적으로도 유명한 판소리의 대가들이 와서 가르쳐 주셨는데 박동진 선생, 배도민 선생, 죽창직 선생, 휴 선생 등이었다. 이렇게 해서 보통이면 3년 걸리는 기생수업을 나는 1년이 안 되어 수료할 수 있었다. 우등생이었던 셈이다.

기생 수업을 하면서 가끔 술자리에 불려나가곤 했다.

이 역시 모리카와 마치코의 『버마전선 일본군 '위안부' 문옥주』(63-64쪽)에 있는 내용이다. 죽창직에 대해서는 알 수 없으며, 배도민은 배도문으로 1932년 당시 달성권번의 지배인이었던 배병렬이 아닌가 한다. 박동진(1916~2003)은 1973년 11월 11일 중요무형문화재 제5호 판소리(적벽가) 예능보유자가 된 명창이다. 그리고 휴 선생은 신창휴(1892~1969)로 추정되는데, 그는 경주 출신의 율객으로 경주, 대구, 부산 등지에서 풍류방의 사범으로 활동하였고, 말년에는 대전 지역에서 활동하다 세상을 떠났다.

다음은 문옥주가 22세(1946년) 때 버마에서 귀국한 후의 일이다.

돌아온 지 일 년 후에 어머니는 나를 달성권번으로 보내주었다. 내 나이 스물두 살이었다. 나는 이곳에서 3년 동안 교육을 받으면서 틈틈이 기생질도 했다.

한국정신대문제대책협의회의 『강제로 끌려간 조선인 군위안부들』(한국정신대문제대책협의회·한국정신대연구회. 한울아카데미, 2019, 164쪽)에 나오는 내용이다. 여기서 문옥주는 달성권번으로 기억하고 있지만, 이때는 대동권번이었다.

2. 대구지역 권번의 전사前史, 경상감영 교방과 대구부 교방

조선시대에 교방敎坊은 전통예술이 전승되고 꽃을 피우는 데 중요한 역할을 하였다. 교방은 고려시대부터 조선시대까지 여기女妓를 관장한 기관으로 1458년(세조 4) 종래의 전악서典樂署를 장악원掌樂院으로 개편하고 좌방左坊은 아악雅樂을 맡았고 우방右坊은 속악俗樂을 맡았다. 1900년(광무 4)에는 궁내부宮內部에 교방사校坊司를 두고 종래 우방에서 맡던 속악을 담당하게 하였다가 1905년에 폐지하였다.

조선시대에 교방은 대부분의 지방 관아에 부속되어 궁중의 장악원과 같은 구실을 하였다. 조선 후기에는 교방에서 노래, 춤, 악기를 익힌 기생들은 관변 행사는 물론이고 일부는 시정의 유흥공간에도 참여하였다. 기생들은 지방에 따라 각각 특기가 있었다. 이능화의 『조선해어화사』(동양서원·한양서림, 1927년)에 의하면 안동 기생은 『대학』을 잘 외웠고, 평양 기생은 석북 신광수가 지은 〈관산융마〉를 잘 부르고, 관동의 기생은 정철의 〈관동별곡〉을, 함흥 기생은 제갈공명의 〈출사표〉를, 영흥 기생은

궁내부 소속 협률사 관기

〈용비어천가〉를 잘 불렀다. 그리고 제주 기생은 말 달리는 재주가 있었으며, 의주 기생은 말을 달리고 검무를 추는 재주가 있었고, 선천 기생은 항장무를 잘 추었다.

경상도에는 대구, 경주, 진주, 김해, 창원 등에 설치된 교방이 유명했는데, 대구에는 경상감영과 대구부에 각각 교방이 있었다. 1768년(영조 44) 무렵에 편찬된 『대구읍지』에 의하면 경상감영 교방에 기생 41명, 대구부 교방에 기생 31명이 소속되어 있었다. 그리고 1871년에 편찬된 『영남읍지』에는 경상감영 교방에 35명의 기생이, 대구부 교방에는 31명의 기생이 있었다. 그 후 자인현감 오횡묵吳宖黙이 지은 『자인총쇄록滋仁叢鎖錄』의 1888년 8월 2일 자에 의하면 경상감영 교방에는 21명의 기생이 소속되어 있으며, 대구부 교방에는 17명의 기생이 소속되어 있었다. 경상감영 교방—편액은 영영교청嶺營敎廳—은 관풍루 서쪽에 있었고, 대구부 교방은 아문衙門 남쪽에 있었다.

다음에서 보듯이 1907년 3월에 작성된 「백남준 보고서 별첨 경상감영 공해도」에 경상감영 교방의 위치가 표시되어 있다.

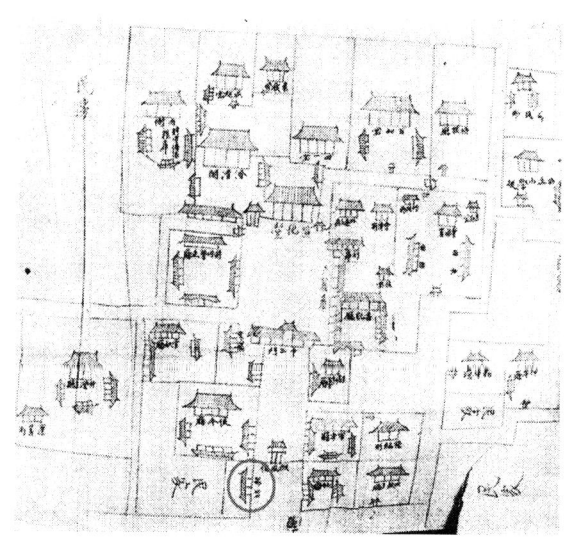

「백남준 보고서 별첨 경상감영 공해도」(1907년)

옛 문헌에 기록된 대구지역 교방에 소속된 기생의 수는 다음과 같다.

연 도	경상감영 교방	대구부 교방	문 헌
1768	41명	31명	『大邱邑誌』
1871	35명	31명	『嶺南邑誌』
1888	21명	17명	『滋仁叢鎖錄』
1894-95	35명	31명	『嶺南邑誌』
1899	35명	31명	『大邱府邑誌』
1907	35명	31명	『大邱府邑誌』

1899년에 편찬된『대구부읍지』에 의하면 경상감영 교방과 대구부 교방은 1895년(을미)에 혁파되었다고 했다. 하지만 그 후에도 관기들은 여전히 관에 예속된 상태로 있었다. 미와 죠테쓰三輪如鐵의『조선대구일반』에 의하면 대구에서 관기가 실질적으로 없어진 것은 박중양이 대구군수로 부임한 1906년 7월이라고 한다.

대구지역의 교방 소속 기생 중에서 판소리와 관련하여 후세에 이름을 남긴 이로는 송흥록과의 일화로 유명한 맹렬, 박기홍과의 일화를 남긴 염농산(앵무) 등이 있다.

3. 대구지역의 권번문화

일제강점기에 판소리를 비롯한 우리나라의 전통예술은 기생조합과 권번을 중심으로 전승되고 보존되었다. 기생조합과 권번은 일제강점기 때 우리의 전통예술을 지키고 가꾸어온 산실이었다.

관기는 1894년 갑오경장으로 노비제도가 혁파되면서 폐지되었으나, 관기의 신분 해방은 명목상일 뿐이고 여전히 관에 예속된 상태로 있었다. 관기들이 자유의 몸이 되기 시작한 것은 1907년 11월에 새 관제를 정하면서 상방기생과 약방기생을 관제에서 빼버린 때부터다. 상방기생은 상의원 소속의 침선비이고, 약방기생은 혜민서나 내의원 소속의 의녀이다. 이들은 경기京妓로, 궁중연회 때 지방관아에서 뽑혀 상경한 선상기인 향기鄕妓와 함께 정재를 했다. 1907년 당시 궁내부宮內府 행수기생은 계옥, 태의원太醫院 행수기생은 연화, 상의사尙衣司 행수기생은 금선이었다.

기생에도 계급이 있어 댕기도 달랐다. 약방기생은 궁초댕기를 드리고, 상방기생은 갑사댕기, 혜민서 기생은 통견댕기를 드렸다. 기생들이 큰머리(어여머리)를 하는 반면에 삼패는 그냥 맨머리였으므로 더벅머리라 불렀다.

관기 제도가 폐지되자 경기는 물론이고, 선상기들도 한성에 정착하여 영업하게 되었다. 기업妓業에 종사하는 기생 수가 늘어나자 그들의 권익을 보호하고, 기예 학습도 할 수 있는 조합이 필요하게 되었다.

1908년 9월 25일 「기생단속령」과 「창기단속령」이 경시청령 제5호로 반포되면서 기생조합 설립이 가시화되었으며, 11월 말 무렵에 한성기생조합이 설립되었다. 그 후 1913년 무렵 서울 출신으로 기둥서방이 있는 기생인 유부기를 중심으로 광교기생조합이, 평양 출신으로 기둥서방이 없는 기생인 무부기를 중심으로 다동기생조합이, 삼패 출신 기생으로 신창기생조합이 설립되었다. 기둥서방은 기생들의 영업을 돌보아 주면서 얻어먹고 지내는 사내를 말한다. 1917년 8월에는 다동기생조합의 기생 중에서 영남 출신 기생 31명이 한남권번을 설립했다.

1918년 1월부터 일본식 명칭인 '권번券番'을 사용하게 하여 광교기생조합은 한성권번으로, 다동기생조합은 대정권번으로, 신창조합은 경화권번으로 바뀌었다. 1930년대에는 조선권번, 대동권번, 대항권번, 경성권번, 종로권번 등이 부침했다.

지방 도시에도 기생조합이 평양의 기성권번을 비롯하여 우후죽순처럼 생겨나기 시작했다. 『조선미인보감』에 의하면 1918년에 서울에 한성권번(90명), 대정권번(182명), 한남권번(75명), 경화권번(39명)이 있었고,

한남권번(1918년), 『조선미인보감』

지방에 대구조합(39명), 김천조합(3명), 동래조합(11명), 창원조합(2명), 광주조합(7명), 평양조합(7명), 진남포조합(3명), 수원조합(33명), 개성조합(3명), 인천조합(5명), 안성조합(5명), 연기조합(7명) 등이 있었다.

1941년 태평양전쟁이 발발하고, 전쟁이 본격화하면서 전시동원체재가 되어 권번은 축소, 폐지되었다. 1942년 5월 25일 종로·조선·한성권번이 통합하기로 결의하고, 삼화권번으로 통합하였다. 그리고 삼화권번도 1944년 3월 초 폐지됨으로써 일제강점기에 존재했던 권번은 모두 사라졌다. 지방의 권번들도 사정이 다르지 않았을 것이다. 해방 직후에 권번이 부활했지만 1948년 12월에 폐지되었다.

1) 대구기생조합

대구에서 관기가 실질적으로 없어진 것은 박중양이 대구군수로 부임한 1906년 7월이다. 박중양은 경상도관찰사가 공석이라 그 직무도 대리했는데, 이때 경상감영과 대구부에 소속되어 있던 200명 전후의 서기, 하인, 관기를 모두 없앴던 것이다.

다음은 『대한매일신보』의 1910년 5월 31일 자에 보도된 「기싱 언론」 기사이다.

> 기싱언론
> 대구군에셔는 기싱등이 조합소를 셜립ᄒ고 김명계씨를 연빙ᄒ여 일어를 비호ᄒ며 토요일마다 토론회를 흥케ᄒᆞᆷ파 룡셩케호쟈면 학업을 발논더 본월이십팔일에는 한국을 양셩ᄒᆞᆷ에 어ᄂᆞ것을 몬져홀고ᄒᆞᆫ 예로 토론회를 다ᄒᆞ는 말 경찰셔에 임문되여 그 셔에셔 희산식일노 경찰 기싱일동을 경찰셔로 불너다 가 엄히 훈계ᄒ기를 녀ᄌᆞ 정치를 언론ᄒᆞ는것은 녀의 덕을 문란케ᄒᆞᆷ이라 효유ᄒ여 보너엿다더라

『대한매일신보』, 1910. 5. 31.

대구의 기생들이 조합소를 설립하고 김명계를 초빙하여 일어를 배우는 한편 매주 토요일마다 시국 토론회를 개최하는데, 경찰서에서 기생들의 정치 토론을 엄하게 단속했다는 것이다.

대구기생조합소는 행수기생 출신 염농산이 상서정 20번지, 지금의 만경관 옆 춘앵각 일대에 설립한 것이다. 1912년 2월 당시 대구기생조합에 기적을 둔 130명의 기생은 17개의 요릿집에서 영업하고 있었다. 1913년 2월에는 41명의 기생이 서울에서 인가받은 조합과 동일한 규약으로 기생조합을 만들 준비를 하고 있었다. 『조선미인보감』(1918)에 대구조합 소속 기생 32명이 소개되어 있는데 연령별로 정리하면 다음과 같다.

나이	이 름	인원
13	崔錦蘭	1
14	白錦玉 徐雲香 金海月 禹達卿 李桂蘭 白楚月 朴翠玉 安鮮玉 李美花	9
15	崔瓊蘭 宋紅蓮 許瓊姬	3
16	金山玉 閔鳳珍 趙山月 李桃姬	4
17	盧小玉 禹蓮花	2
18	李點紅 都松玉 尹月香 許錦仙	4
19	姜梅月	1
20	安斯雲 金玉山	2
21	都蘭玉 全舞仙 權福璟	3
22	李桂花	1
23	廉玉蓮	1
28	尙南秀	1
계	、	32명

권번에서 예능을 배우는 학생들은 대다수가 10살 정도의 빈농과 도시 영세민의 딸들이었다. 이들은 부모의 동의를 받아야 입학할 수 있었으며, 3년 동안 교육과정을 제대로 이수해야 기생 자격이 허가되었다. 물론 지진아는 유급이 되기도 했다. 교과과정은 서예, 무용, 교양, 기악 등 4분야로 나뉘었고 과별로 전문지도교사가 배치되었다. 서예 부문에는 묵화, 일어는 물론 한글까지 포함했고, 무용 부문에는 고전무용과 검무·승무, 기악 부문에는 장고, 가야금은 필수과목이고 피리도 포함되었으며, 교양과목으로 걸음걸이와 대화 태도까지 가르쳤다고 한다.

참고로 평양의 기성권번 부속 기생양성소(또는 기생학교)의 학년별 교수 과목은 다음과 같다.

학년	과 목
1	가곡, 서화, 수신, 창가, 조선어, 산술, 국어
2	우조, 시조, 가사, 조선어, 산술, 음악, 국어, 서화, 수신, 창가, 무용
3	가사, 무용, 잡가, 창가, 日本唄, 조선어, 국어, 동서음악, 서화, 수신, 창가

박록주(1905~1979) 명창이 앵무가 운영하던 대구기생조합에서 수업받던 시절을 그의 구체적이고 생생한 증언으로 들어본다.

「나의 이력서 (6), 권번을 떠나」(『한국일보』, 1974. 1. 12.)

기생수업은 쉬운 게 아니었다. 춤 시조 소리 등을 다 해야 하는 것은 물론 일반 행동도 방정해야 한다. 기생들의 뒤에는 항시 감시자가 뒤따르고 있었다. 행동거지가 올바르지 못하면 당장 벌을 받았다.

지금 젊은이들에게는 기생이란 근본적인 단어의 뜻이 잘 전달되지 않고 있다. 하긴 지금엔 진정한 의미로서의 기생이 없으니 그럴 만도 하다.

처음 권번에 들어가면 행수기생 앞에 가서 인사를 드렸다. 이 인사법부터가 까다로웠다. 두 무릎을 세우고 오른손을 배에 댄 뒤 정숙하게 몸을 구부려 절을 하는 방법이다. 권번에 들어가려면 이 인사법부터 가르쳐줬다.

기생수업이라고 하면 이상하게 들릴지 모른다. 그러나 그것은 요즘의 학원식 교육이라고 생각하면 간단하다. 아침 10시께부터 하오 4시까지 춤 시조 소리 등을 배웠다. 학과마다 나눠 선생이 따로 있어서 과목별로 나눠 가르침을 받았다.

춤에도 신입, 살풀이, 굿거리 등 세 가지가 있었다. 세 가지 모두 다 잘해야 졸업을 했다. 기생들에게는 소리 못지않게 시조가 중요했다. 그 당시 한량들이 시조 정도는 다 할 수 있었기 때문인지도 모른다.

기생의 행동은 모든 사람의 주시의 대상이었다. 길을 갈 때도 앞만 보고 가야지 옆을 기웃거리면 안 된다. 지금의 양품점 같은 곳이 있어 호기심으로 구경하고 싶어도 그럴 수가 없었다. 옷을 사러 가지 않으면서 양품점을 맴돌아서는 절대 안 되었다.

만일 행동이 방정하지 못하면 행수기생으로부터 벌을 받았다. 그때 받는 가벼운 벌이라면 한 시간 정도 한곳에 꼿꼿이 서 있는 일이었다. 가장 엄한 벌은 맨발로 북 위에 올라가서 손을 옆으로 들고 서 있는 것이다. 손을 옆으로 들고 있으려면 힘도 들었지만 그것보다 버선을 벗는 창피가 더욱 컸다.

그 당시 여자들은 무엇보다도 발을 남에게 보이는 것을 수치로 알았다. 이것은 기생의 경우 더욱 심하면 심했지 덜하지는 않았다.

여자의 아름다움이라는 것도 용모 못지않게 발이 예뻐야 했다. 그래서 나는 어려서부터 잘 때도 버선을 신고 잤다. 발이 조그마한 것이 미의 첫 조건이어서 일부로라도 작게 만들기 위해서다. 아버님은 내가 버선을 신고 자는 것을 보면 꼭 벗기곤 했다. 그러나 나는 자다가도 버선이 벗겨 있으면 신고 잤다.

지금 여성들은 버선을 신긴 하지만 우리 때같이 꼭 째는 것은 신지 않는다. 어려서 버선을 신으려면 온 방을 빙글빙글 돌아가면서 소란을 피웠다.

그렇게 중요한 발을 훤히 드러낸 채 북 위에 서 있는 것은 보통 가혹한 게 아니어서 대부분이 눈물을 찔끔찔끔 흘리곤 했다.

기생수업을 하는 데는 외부의 간섭도 따르게 마련이다. 그때는 대구에 도리우찌패라고 하는 오입쟁이 패거리가 있었다. 그들이 앞에만 챙이 있는 사냥 모자를 쓰고 다녀서 그렇게 불린 것이다. 그들은 '모某 기생이 왔는데 괜찮다.' 하는 소문만 나면 떼를 지어 와서 시비를 걸어보는 것이다.

"춘추가 어떻게 됩니까?"

흔히 그들은 이렇게 물었다. 이때 "춘추랄 게 있습니까. 한 15살 됩니다." 하면 괜찮지만 혹 잘못해서 그저 "15살입니다." 하면 당장 뺨을 얻어맞았다.

"이 나쁜 년, 니 춘추가 15살이야? 어디서 그렇게 배웠니."

나와 같이 기생수업을 받던 연입이라는 아이는 약간 굼이 뜬 편이어서 자주 도리우찌패들한테 얻어맞곤 했다. 나는 그들에게 맞은 적은 없으나 동료인 연입이가 맞는 것을 보고 혼자 분해 한 적이 여러 번 있다.

우리들은 외출할 경우엔 붉은 양산을 갖고 나갔다. 그때 홍紅양산은 바로 기생의 신분을 표시했다. 신분 이야기가 나왔으니 말이지만 그 무렵 전국에 번창하던 유곽遊廓의 여인들은 청青양산을 받치고 다녔다. 그러다 길가에서 서로 만나면 청양산은 접어서 지나가야 했다. 만일 뻣뻣이 청양산을 들고 홍양산을 스쳐 가면 호되게 당해야 했다. 신분의 고하 문제가 아니라 그때 풍습이 그랬다는 것이다.

사실 우리들도 유곽이란 게 어떻게 생긴 곳인지 무척 궁금히 여겼다. 간혹가다 유곽을 기웃거리면 거기서 일보는 여인들이 대단히 화를 내며 욕을 했다.

나는 원래 소리는 춘향가와 심청가를 어느 정도 할 수 있었기 때문에 시조도 곧 익숙하게 배웠고 춤도 누구보다 빠르게 배웠다. 따라서 행수 기생 앵모도 나를 퍽 귀여워했다.

나를 보면 "녹주 왔구나. 박 선생 장구 좀 치시오. 우리 녹주 소리 좀 들읍시다." 하곤 했다. 박 선생이란 분은 우리에게 장구를 가르치는 분이었다. 이름은 '사실'이었다. 그분이 장구를 치면 나는 소리를 불렀다. 그러면 앵모는 내 손을 잡고 "녹주, 너는 장래 크게 될 거다." 하며 격려를 해주었다.

내가 앵모를 좋아하게 된 것은 그의 너그러운 품격 때문이다. 당시 팔도를 누비던 명창 송만갑 이동백 김창환 선생 등도 앵모한테만은 꼼짝 못 했다고 한다. 대구에 내려오면 숙식은 물론 갈 때 차비까지 마련해서 주었다. 아무리 3천 석의 부자라 해도 그렇게 하기는 쉬운 일이 아니다. 그래서인지 샘밖골목의 앵모 집에는 식객이 끊일 날이 없고 항시 잔칫집같이 복작댔다.

대구조합은 대구예기조합, 대구기생조합 등 다양하게 불렸는데, 1921년 1월 당시 취체取締는 염농산이고 부취체는 박우춘, 총무는 엄주상, 간사는 상설매와 김록주였다. 취체는 규칙, 법령, 명령 따위를 지키도록 통제하는 대표를 말한다. 김해 김록주는 1920년 5월 대구청년회의 발전을 위해 무려 130원의 기부금을 낸 것으로 보아 1920년 무렵부터 대구에서 활동한 것으로 짐작된다.

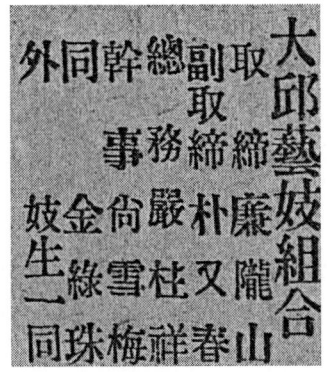

『매일신보』, 1921. 1. 1.

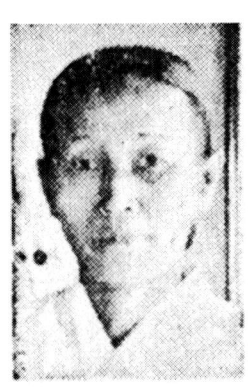

염농산(1938년 79세)

다음은 1910년대에 일본인이 촬영한 대구기생학교 사진이다.

1910년대 대구기생조합(권상구 제공)

다음은 『조선사정사진첩』(1922년)에 수록된 대구권번의 사진이다. 사진 속의 기생들 모두가 조선인인 것으로 보아 이 조합은 대구기생조합이 분명하다.

대구기생조합(『조선사정사진첩』, 1922년)

대구기생조합의 활동 사항을 간략하게 정리하면 다음과 같다. 1915년에 일본 후쿠오카福岡시에서 개최된 구주연합공진회(4월 1일~5월 30일, 5월 18일 대구 도착)에 참가하고, 1920년에 대구청년회 발전을 위해 기부(5월 26일)와 기생조합 신축 기념 및 채무를 갚기 위한 연주회(11월 28일, 대구좌)를 개최하였다. 1921년에는 고학생의 갈돕회 후원 남선명기연주회(3월 17~21일, 우미관), 동아일보 독자위안연주회(11월 3일, 대구좌), 대구고아구제연주회(12월 14~15일, 대구좌) 등을 하였고, 1923년에는 추기연주대회(9월 26~28일, 만경관)와 전선특산품진열대회 여흥연주회에 참가하였다. 1924년에는 조합 채무를 갚기 위한 연주회(1월 8~12일, 만경관), 동아일보 독자위안회(4월 1일, 만경관)에서 승무를 하였으며, 1925년에는 약령시 때 대구예기조합 연주(1월 7~8일, 만경관)를 하였다. 그리고 1926년에는 시대일보 독자원유회(7월 11, 아양교 상류)에 50여 명 출연하고, 임산공진회기념 추기특별대연주회(9월 26~30일, 만경관)를 하였다.

2) 달성권번

1920년대 대구에는 관허권번으로 조선인 권번인 달성권번과 일본인 권번인 대구권번이 있었다. 달성권번과 대구권번을 혼동하는 경우가 있는데, 당시의 조선어 신문에 '대구권번'이라고 한 것 중 대부분은 대구기생조합 또는 달성권번을 가리키는 것이다. 그리고 사설권번이 제일교회 뒤편 발방아골목, 교동시장 안, 옛 한국전력지점 앞, 동성로 제일은행 건너편 등에 있었다.

달성권번은 대구지역의 대표적인 권번으로 대구기생조합의 후신이다. 1926년 5월 대구경찰에서 기생조합은 해산하고 권번으로 변경하라고 명령하여 기생조합 측에서 권번을 조직코자 했다. 당시 대구기생조합의 기생은 40여 명이었다. 대구기생조합은 1926년 12월 24일부로 합자회사 달성권번으로 명칭을 바꾸는 동시에 조직을 혁신하고 권번 규칙을 개정하여 종래 기생의 자택에서 손님에게 가무·음곡을 제공하던 것을 일절 폐지하고, 1927년 1월 23일 성대한 개업식을 거행하였다. 1932년에는 합자회사에서 주식회사로 조직을 변경한 후 배병렬이 지배인으로 취임하여 내부를 혁신하고 학과까지 편입한 후 기생 양성에 주력하였다.

달성권번에는 1928년 10월 당시 기적에 74명이 올라 있고, 놀음을 나가는 기생은 50명이었다. 그리고 1931년 12월에 80여 명, 1934년 11월에는 120명, 1935년 2월에는 105명, 1937년 1월에는 기생 약 100명에 음악·무용 전문교사 8명과 일본인 사범 1명이 소속되어 있었다. 달성권번은 태평양전쟁이 본격화되면서 전시동원체재가 되어 1944년 무렵에 폐쇄되었을 것으로 짐작된다. 그동안 달성권번에는 김해 김록주를 비롯하여 신금홍, 박지홍, 강태홍 등 내로라 하는 명인, 명창들이 전통예인들을 육성하여 우리 민족의 전통예술 발전에 크게 이바지하였다.

달성권번(『부산일보』, 1937. 1. 28.)

달성권번의 활동 사항을 간략하게 정리하면 다음과 같다.

1927년에는 약령시 때 연주회(1월 15~19일, 만경관), 영남심안공제회를 위한 자선연주회(4월 24~25일, 만경관), 동아일보 사옥 낙성기념 독자우대 연주회(4월 30일, 만경관)에서 시조와 풍류 연주, 1929년 한해재민 구제자선연주회(4월 10~12일, 만경관)에 예기들이 총출연하여 신구가요와 신구극을 하였다.

1931년에는 예천군청 낙성식 여흥으로 대구 조선정악단과 함께 한 예천 공연(3월 22~23일)에 신금홍·정유색·황금주·이난향 출연, 만주동포 구제연주회(11월 28~30일, 만경관)에 80여 명이 총출동하여 〈구운몽〉과 〈춘향전〉 등 공연, 1933년에는 경성중앙방송국의 'DK대구데이'(11월 26일)에 참가하여 남도잡가(신금홍, 백금화, 윤복희)와 가야금병창(정금도 외 1인) 연창, 달성권번 혁신 제1차 연주회(11월 16~18일, 대구극장)를 하였다. 그리고 1934년에는 수해구제연주회(8월 8일, 만경관), 경성중앙방송국의 '제2회 대구데이'(10월 27~28일) 출연(28일), 1936년에는 달성권번 기생 일동이 수해이재민 동정 의연금으로 150원을 기부(9월 16일)하였다.

3) 해방 후의 대동권번

1945년 8월 해방과 함께 권번도 부활하게 되어 1946년 1월에는 이미 서울에 삼화권번, 한성권번, 서울권번, 한강권번이 영업을 하고 있었다. 대구에서는 1946년 1월 중순에 대동권번의 전신인 예우회가 해산되고 동본정 67번지(지금의 교동시장 안)에 대동권번이 설립되었다.

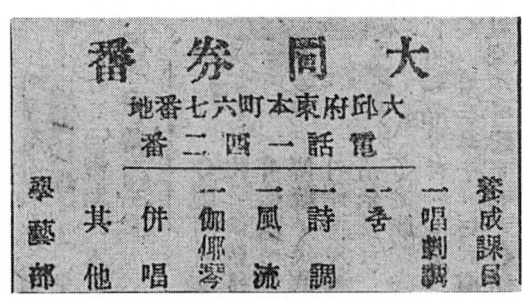

『영남일보』, 1946. 2. 8.

일제강점기 때 달성권번에서 선생을 했던 박지홍을 초빙하여 예기 약 300명을 양성할 목적으로 1월 15일부터 예기 양성생을 모집하였다. 당시 대동권번의 임원은 회장 김애산, 부회장 정남정, 평의원 이춘정, 간사 전명득, 학예부장 박지홍, 사범 방호준·박동진, 총무 조병규였다. 곧이어 2월 26일부터 3일 동안 대구극장에서 창립 연주회로 창극 〈춘향전〉(5막 4장)과 풍류, 승무를 공연하였다. 1947년 1월에 주식회사 대동권번(초대 사장 김문식, 전무 윤주태)으로 바뀌었는데, 소속 기생은 허가자 29명에 가허가자 98명을 포함하면 127명이고, 시간대는 첫 시간에 50원, 그다음 시간부터는 30원이었다. 대동권번은 1947년 2월 25일부터 동기 약 200명을 모집했으며, 1947년 7월 당시 대표 전명득을 비롯하여 임소향과 박초향 등이 중심이었다.

대동권번의 활동 사항을 간략하게 정리하면 다음과 같다.

1946년 창립연주회(2월 26~28일, 대구극장)로 창극 춘향전(5막4장)과 승무, 풍류를 공연하고, 국악명창대회(4월 1~4일, 대구극장), 조선창극대공연(6월 1~4일, 대구공회당)을 주최하여 춘향전, 심청전, 흥보전, 장화홍련전을 상연하였다. 1947년에는 '춤과 노래의 밤'(2월 16~21일, 대구극장) 공연, 이재민구제 전국유행가급음악 콩쿨대회(4월 5~6일 대구공회당)에 대동권번의 일류명창들 찬조출연, 구왕궁아악 대공연(6월 2~3일, 키네마구락부)에 특별출연, 전국명창경연대회(6월 5~6일, 만경관), 이재민 주택건설기금 연주회(7월 9~11일, 대구극장)에 80여 명이 출연하여 기금 10만 원 기부(7월 18일), 1948년에는 극단 연연演硏에서 상연하는 창극 〈만고열녀〉(5막10장, 1월 30일~2월 1일, 키네마)에 찬조출연하였다.

대동권번은 1947년 12월 2일 총회에서 봉건적 성격을 띠고 있는 대동권번을 해산하는 동시에 순 민족 고전 예술을 육성 보급하는 기관으로 새로 발족하기로 하고, 1948년 10월 15일경에 육예사育藝會로 명칭이 변경되면서 사라졌다.

4. 대구지역의 권번에서 활동한 명인 명창들

판소리사에서 대구지역이 일정한 위상을 지니기 시작한 것은 19세기 후반으로 보인다. 송흥록과 고수관의 일화 등에서 이 시기에 대구지역도 판소리 감식안을 지닌 애호가들이 상당히 존재했던 판소리의 중요한 소비지라는 사실을 짐작할 수 있다. 20세기에 들어오면 대구지역은 판소리의 소비지뿐만 아니라 명창을 배출하는 생산지의 위상도 지니게 된다.

이제 대구지역에서 활동한 판소리 명창과 대구지역 출신 명창들의 면면을 간략하게 살펴보기로 한다.

박기홍(?~1926년 6월 이전)은 전남 나주 출신으로 이날치·김창환과 이종간이다. 미리 '소리금'을 정하고 소리할 정도로 기량이 뛰어났으며,

'가신歌神', '가선歌仙'으로 칭송받았다. 그는 통속화된 소리를 하던 송만갑에게 "장타령이 아니면 염불이다. 명문 후예로 전래 법통을 붕괴한 패려자손이라"고 혹평할 만큼 동편제 법제를 고수하였다. 해평 도리사 부근에서 박록주를 가르쳤고, 그 후 대구기생조합의 소리선생으로도 있었다. 장기는 춘향가와 적벽가이고, 특히 적벽가의 삼고초려, 장판교대전, 화용도에 신출귀몰하였다.

염덕준(1865~?)은 전북 전주 출신으로 처음 장자백의 문하에서 수련하다가 서편제로 개종하여 고종과 순종대에 활동하였다. 원각사 시절에 김창환, 송만갑과 함께 창극으로 이름을 떨쳤고, 원각사가 해산되자 광대 생활을 그만두고 대구에서 여생을 보냈다. 장기는 춘향가와 심청가이고, 특히 심청이 인당수로 가는 대목에 뛰어났다.

조학진(?~?)은 전남 나주 출신의 동편제 명창이다. 재질과 성음이 뛰어나지는 못했으나, 박기홍의 문하에서 오랫동안 지도를 받아 동편제 법통을 계승하고, 각종 고전에 정통하였다. 1930년대부터 대구에 거주하면서 권번 등에서 소리선생으로 있었는데, 박동진과 박귀희를 가르쳤다. 장기는 춘향가와 적벽가이다.

박지홍(1884~1958)은 전남 나주 출신의 서편제 명창으로 박기홍의 사촌 동생이다. 12세 때 김창환 문하에서 소리공부를 시작하였으며, 22세부터 3년 동안 원각사에서 활동하였다. 그 후 평양, 해주, 개성, 함흥, 경주 등의 권번에서 소리선생을 하였다. 46세(1929) 때부터 달성권번에서 소리선생을 하였으며, 1946년 1월부터 2, 3년 동안 대동권번의 학예부장으로 활동하였다. 1947년 방호준, 박동진 등과 함께 조향창극단을 조직하여 순회공연을 하고, 그 후 경북국악원을 창설하여 대구의 전통예술 발전에 초석을 놓았다.

박상근(1905~1949)은 충남 연기 출신으로 박팔괘에게 가야금산조를 배워 일가를 이룬 가야금 명인이다. 대구의 권번에 선생으로 있을 때 성금연(1923~1983)이 그에게 배웠다.

강태홍(1893~1957, 호 효산)은 전남 무안의 예인집안 출신의 가야금병창 명인으로 강용환의 아들이다. 달성권번, 경주권번, 울산권번, 동래권번 등 주로 경상도 지역에서 제자를 육성하였다. 이소향, 최금란, 박귀희 등이 그에게 가야금병창을 배워 일가를 이루었다. 한편 전통춤에도 일가견이 있어 승무·입춤·수건춤 등을 전수하였으며, 양금·해금·피리 등을 전수하기도 하였다.

박동진(1916~2003)은 충남 공주의 예인집안 출신으로 17세 때 판소리 공부를 시작하였다. 1930년대 중반 조선성악연구회에서 송만갑과 이동백에게 배웠고, 그 뒤 김창진에게 심청가를 배우고 정정렬에게 춘향가를 배웠다. 그리고 유성준에게 수궁가를, 조학진에게 적벽가, 박지홍에게 흥보가를 배웠다. 박동진은 일제강점기에 김천, 경주, 대구 등지의 권번에서 소리선생을 하였고, 1946년에는 대동권번에서 박지홍 밑에서 소리사범으로 있었다. 그 후 조향창극단과 햇님국극단, 국립국악원 등에서 활동하였다. 1968년에 흥보가 완창을 비롯하여 1969년에 춘향가, 1970년에 심청가, 1971년에 적벽가와 수궁가를 완창함으로써 소위 '판소리 완창시대'를 열었다. 1973년 11월 11일 중요무형문화재 제5호 판소리(적벽가) 예능보유자가 되었다.

다음으로 대구지역 출신 판소리 여류명창과 대구지역에서 활동한 판소리 여류명창을 간략하게 살펴보기로 한다.

강소춘(?~?)은 대구 출신의 여류명창으로 고종 때 협률사 지방순회 공연 시 춘향 역과 심청 역으로 이름을 얻었으며, 웨장목의 성량은 남창을 압도할 만하였다고 한다. 그리고 이동백에 의하면 그녀는 미인명창으로 성음이 아름다웠고, 특히 애원성으로 춘향가의 망부사를 잘 불렀다고 했으며, 박록주는 강소춘이 아주 탈탈 고제로 하였다고 한 바 있다.

김추월(1897~1933)은 대구 출신의 여류명창으로 어릴 때 대구기생조합에서 소리공부를 하였고, 상경하여 대정권번·한성권번에 기적을 두고 송만갑 등에게 배웠다. 이동백, 신금홍과 함께 일본축음기상회의 〈춘향전

전집)(1926년 6월 발매)에 취입할 정도로 뛰어났다.

김해 김록주(1898~1928, 본명 김임전)는 경남 김해 출신의 여류명창으로 어릴 때 소리꾼인 부친 김수룡에게 배웠다. 10세 때 김정문에게 소리를 배우고, 1910년대 중반에 송만갑의 지도를 받아 이름을 날렸다. 1920년대 초에 대구기생조합의 간사로 있었고, 한동안 서울에서 활동했다. 1928년에 달성권번에서 소리선생으로 있던 중 아편 중독으로 요절하였다. 춘향가에 뛰어났으며, 사랑가와 어사또 춘향 문전 당도가 그의 더늠이다.

김초향(1900~1983)은 대구 출신의 여류명창으로 12세부터 대구에서 가곡을 배웠다. 14세 때 서울로 올라가 김창환과 송만갑의 지침을 받고 광무대와 장안사에서 활동하였다. 16세 때 대구로 와서 한동안 대구기생조합에 기적을 두었으며, 20세 때 다시 상경하여 대정권번에 기적을 두고 활동하였다. 정정렬 문하에서 소리공부를 하여 일가를 이루었고, 조선성악연구회 설립에 일조하였다. 흥보가가 장기이고, 특히 춘향가의 이별가와 심청가의 범피중류 등에 뛰어났다.

박록주(1905~1979, 본명 명이, 호 춘미)는 경북 선산 출신으로 어릴 때 부친 박재보에게 소리를 배웠다. 12세 때 박기홍에게 춘향가 전 바탕과 심청가 일부를 배웠다. 1919년에 대구기생조합의 염농산 밑에서 기생수업을 하였고, 1923년 상경하여 송만갑에게 춘향가를 배웠으며 한남권번에 기적을 두고 활동하였다. 1931년 김정문에게 흥보가와 심청가를 배웠고, 이 무렵에 송만갑에게 적벽가, 정정렬에게 춘향가와 숙영낭자전, 유성준에게 수궁가를 배웠다. 일제강점기에는 조선성악연구회에서 활동하였고, 해방 후에는 1948년 여성국악동호회 회장과 1972년 판소리보존회 회장을 역임하였다. 1964년에 중요무형문화재 제5호 판소리(춘향가) 보유자가 되었고, 1973년에 판소리(흥보가) 보유자가 되었다. 장기는 흥보가와 춘향가였고, 특히 제비노정기와 비단타령에 뛰어났다.

신금홍(1906~1943?)은 경남 함양 출신으로 송만갑에게 소리를 배웠다. 김해 김록주가 사망한 후 1930년대 초반에 달성권번의 소리선생을 하였고, 그 후 상경하여 한성권번에 기적을 두고 활동하였다. 춘향가의 십장가와 심청가의 심청 자탄하는 데 그리고 육자배기에도 뛰어났다.

김소향(1911~?)은 대구 출신으로 김초향의 동생이다. 14세에 권번에 입적하였으며, 정정렬에게 소리를 배워 1931년 단성사에서 열린 조선음률협회 제2회 공연(3월 30~31일)에 화려하게 등장하였다.

임소향(1918~1978)은 경북 김천 출신으로 판소리 명창이요 승무와 소고춤에 뛰어난 명무였다. 어릴 때 달성권번에서 소리수업을 받았고, 1930년대에 정정렬에게 판소리를 배웠다. 조선성악연구회에 참여했으며, 창극좌, 화랑창극단, 한양창극단, 조선창극단 등에서 활동하였다.

박귀희(1921~1993, 본명 오계화, 호 향사)는 경북 칠곡 출신으로 판소리 명창이자 가야금병창 명인이다. 대구에서 11세 무렵 손광재에게 소리를 배웠으며, 1935년에 박지홍에게 판소리를 배운 후 1936년에 조학진에게 적벽가, 1939년에 박동실에게 흥보가와 심청가, 유성준에게 수궁가를 배웠다. 그리고 1960년에 박록주에게 흥보가를 배웠다. 가야금병창은 1935년에 강태홍에게 배우고, 1941년에 오태석에게 배워 일가를 이루었다. 일제시대에 대동가극단, 한양창극단, 동일창극단에서 활동하였고, 해방 후에는 여성국악동호회와 여성국극동지사에서 여성국극 배우로서 주목받았다. 1968년에 중요무형문화재 제23호 가야금산조 및 병창 보유자가 되었다. 사랑가와 제비노정기, 조자룡 활 쏘는 데 등에 특히 뛰어났다.

박소춘(?~?)은 대구 출신으로 달성권번에서 강태홍에게 가야금병창을 배웠다. 1920년대 초 출생으로 1930년대 중반 소녀명창으로 대구지역은 물론이고 서울 무대에까지 진출하여 경성방송국에서 최계란·강수연과 함께 민요를 불렀다.

참고문헌

1. 기본자료

고문헌 : 대구읍지, 자인총쇄록, 영남읍지, 대구부읍지 등
신　문 : 황성신문, 대한매일신보, 매일신보, 동아일보, 조선일보, 중외일보, 조선중앙일보, 시대일보, 경성일보, 조선신보, 대구시보, 매일신문, 영남일보, 국제신문, 한국일보, 중앙일보 등
국사편찬위원회, "한국사데이터베이스"(http://db.history.go.kr)
한국학중앙연구원, "한국민족문화대백과사전"(https://encykorea.aks.ac.kr)
경기도국악당, 『경기판소리』, (재)경기도문화의전당, 2005.

2. 논문 및 저서

김기형, 「남원지역과 판소리」, 『구비문학연구』 20, 한국구비문학회, 2005.
김명환 구술, 『내북에 앵길 소리가 없어요』, 뿌리깊은나무, 1991.
김석배, 「박록주 명창의 삶과 예술활동」, 『판소리연구』 11, 판소리학회, 2000.
＿＿＿, 「김해 김록주 명창 연구」, 『국어교육연구』 42, 국어교육학회, 2008.
＿＿＿, 「20세기 전반기의 경상도 지역의 판소리문화 연구」, 『판소리연구』 33, 판소리학회, 2012.
＿＿＿, 「김초향과 김소향 명창의 예술세계」, 『판소리연구』 35, 2013.
＿＿＿, 「대구지역의 판소리문화 연구」, 『판소리연구』 43, 2017.
＿＿＿, 『인간문화재 박록주 명창』, 애드게이트, 2022.
노재명, 「자료를 통해 본 박귀희 명인의 국악 인생」, 『박귀희의 일생과 국악 활동』, 한국전통공연예술학회, 2011.
대구향토문화연구소, 『경상감영사백년사』, 대구광역시 중구, 1998.
매일신문사, "권번 여인들(5)", 매일신문, 1981.11.4.
모리카와 마치코 글·김정성 옮김, 『버마전선 일본군 '위안부' 문옥주』, 아름다운사람들, 2005.
문화재연구소, 『판소리유파』, 문화재관리국, 1992.
박황, 『판소리소사』, 신구문화사, 1974.
＿＿, 『창극사 연구』, 백록출판사, 1976.
＿＿, 『판소리 이백년사』, 사사연, 1987.
박귀희, 『순풍에 돛 달아라 갈 길 바빠 돌아간다』, 새소리사, 1994.

박록주, "나의 이력서"(2, 3, 5), 1974.1.8,9,11.

백혜숙, 「효산 강태홍의 생애와 음악」, 강태홍류 가야금산조 보존회 편, 『강태홍류 가야금산조 연구』, 민속원, 1994.

三輪如鐵 지음·최범순 옮김, 『조선대구일반』, 영남대학교출판부, 2016.

신현규, 『꽃을 잡고』, 경덕출판사, 2005.

이능화 지음·이재곤 옮김, 『조선해어화사』, 동문선, 1992.

정노식, 『조선창극사』, 조선일보사출판부, 1940.

조선공론사, 『朝鮮事情寫眞帖』, 조선공론사, 1922.

한국정신대문제대책협의회의, 『강제로 끌려간 조선인 군위안부들』, 한울아카데미, 2019.

한국정신문화연구원 편, 『한국유성기음반총목록』, 민속원, 1998.

_____, 『경성방송국국악방송곡목록』, 민속원, 2000.

中濱究·山重雄三郎, 『大邱案內』, 麗朗社, 1934.

中村資郎, 『朝鮮銀行會社組合要錄』(1942년판), 東亞經濟時報社, 1942.

靑柳綱太郎, 『朝鮮美人寶鑑』, 조선연구회, 1918.

河井朝雄, 『大邱物語』, 朝鮮民報社, 1931.

09장

문옥주 증언 서사에 등장하는 일본인 '위안부'에 대한 일고찰

1. 들어가며

문옥주(1924~1996)의 구술증언에는 일본군 위안소 생활을 하며 배운 일본노래에 관한 내용이 자주 언급된다. 1940년 16살의 어린 나이에 헌병에게 끌려가 만주 동안성에서 강제로 '위안부'가 된 문옥주는 위안소에서 지내며 "일본노래를 불러주면 좋아하는 군인이 많다는 것"을 "살아남는 지혜"로서 알게 되었다고 한다. 이러한 노래에 얽힌 그녀의 증언은 일본군의 위안소 운영과 '위안부'들의 생활실태를 파악하는 데 있어 중요한 단서가 된다.[1]

> 여기에는 근처에 일본인이나 중국인 위안부가 있는 위안소가 있었다. 전부 4곳이었다. 일본인 여자가 있는 위안소는 장교 전용이었다. (중략) 장교 위안소에는 일본인 게이샤가 열 명 정도 있었고, 화려한

---

[1] 2021년 제1차 '문옥주 강독회'에서 문옥주가 부른 일본노래를 고증하여 『문옥주 지오그라피』(정신대할머니와함께하는모임, 2021)에 수록했다.

기모노를 입고 있었다. 우리보다 나이가 다섯, 여섯 살 많은 사람이 대부분이었다. 그중에는 열 살이나 연상인 사람도 있었다. 나는 게이샤가 부르는 노래를 많이 부를 수 있게 되었다.[2]

이것은 문옥주의 구술증언을 토대로 그녀의 삶을 서사화한 모리카와 마치코森川万智子의 『문옥주 버마전선 다테사단의 '위안부'였던 나文玉珠 ビルマ戦線盾師団の「慰安婦」だった私』에 나오는 내용이다. 1941년 가을 무렵, 만주 동안성에서 도망쳐 대구로 돌아온 문옥주는 그 해 11월에 마쓰모토라는 조선인 업자의 감언에 속아 다시 버마전선의 '위안부'가 되었다. 이후 그녀는 일본군 다테盾8400사단(이하, 다테사단)에 소속되어 전황에 따른 군대의 이동에 따라 랑군, 만달레이, 아끼압, 프롬, 태국 등지로 끌려 다녔다. 상기의 인용문은 1943년 다테사단이 제1차 아끼압 작전 명령을 받고 만달레이에서 아끼압으로 이동했을 때의 일이다. 그녀의 기억에 따르면, 아끼압에는 위안소가 총 4곳이 있었고 일본인 위안소는 '장교전용'이었다. 장교전용 위안소는 그 다음 이동지였던 랑군에도 있었던 것으로 보인다. 니시노 루미코西野瑠美子[3]에 따르면 "일본인 '위안부'와 조선인 '위안부', 중국인 '위안부'가 함께 있는 위안소에서는 '위안부' 사이에 등급이 매겨져 있"어서, '위안부'에도 "민족격차"가 있었다. 박태석은 카렌 콜리갠-테일러Karen F.Colligan-Tayor가 번역 출간한 야마자키 토모코山崎朋子의 논픽션 소설 『산다칸 8번 창녀집サンダカン八番娼館』 영문판 서문에 나온 일본군 '위안부'의 규모와 국적별 퍼센트를 다음과 같이 소개하고 있다.

---

2) 森川万智子『文玉珠 ビルマ戦線 楯師団の慰安婦』梨の木舎, 1996. 90~91쪽, 이하 일본어 인용문은 모두 필자가 번역.
3) 니시노 루미코・오노자와 아카네 책임편집, 마에다 아키라 외 10인 지음, 번역공동체 잇다 옮김, 『일본인 '위안부' 애국심과 인신매매』 논형, 2021, 141쪽.

카렌은 1930년에서 1945년까지의 사이에 대략 139,000명의 여성들이 일본군의 성적 만족을 위하여 강제로 동원되었고, 이들 중 대략 80%는 한국여성들이었으며 10%는 중국, 대만, 필리핀, 인도네시아, 말레시아, 베트남, 그리고 동인도인(네덜란드 여성을 포함)여성들이었고, 오직 10%만이 일본 여성들이었다고 했다. 일본 여성의 숫자가 작은 이유는 일본 여성들은 농사일과 공장 일에서 남성을 대신해야 했으므로 집에 남아 있어야 했고, 만일 일본 군인들의 자매들이 강제로 일본 군인들에게 매춘을 한다면 일본 군인들의 사기가 떨어질 것을 우려했기 때문이었다고 했다. 그리하여 젊은 한국 소녀들이 일본 여성들을 대체했으며, '위안부'의 80%가 14세에서 18세 사이였고, 그들 다수는 초기 가라유키상과 마찬가지로 기망을 당하거나 납치되어 왔다고 보았다.4)

일본인 군인들의 사기를 위해 군 '위안부'의 대부분을 조선인 여성들로 충당했다는 사실은 피식민지 조선의 아픈 역사적 현실을 여실히 드러내는 것으로, 문옥주와 같이 '기망' 또는 '납치'를 당해 강제 동원된 조선인 여성의 나이가 대부분 14세에서 18세 사이의 미성년이었다는 사실 또한 간과할 수 없다. 일본의 경우, 전통적으로 하층사회의 가난한 여성들은 대개 13세를 전후하여 성경험을 하는 것이 당연시되고 있었다. 그에 비해 조선은 유교적 성 관념이 강한 사회라 결혼 전의 여성은 성 경험이 없는 것이 대부분이었다. 일본군 '위안부'의 80%를 조선인 미성년 여성들로 채운 배경에는 카렌 콜리갠-테일러의 지적처럼 일본인 병사들의 사기문제도 있었겠지만, 군대의 성병예방을 고려한 다분히 의도된 조치였던 것으로도 보인다.

한편, 문옥주가 기억하는 일본인 '위안부'들은 나이가 모두 조선인 '위안부'들보다 많았는데, 이것은 애당초 일본인 '위안부'의 모집 나이가 21세 이상이었기 때문이다.

---

4) 박태석, 『일본의 노예』, 월드 헤리티지, 2021. 265쪽.

일본인 위안부 여성은 대부분 21세 이상의 성년으로 상당수가 원래 창녀였거나 기생이었던 여성들로 보인다. 그 이유는 1938년 2월 23일자 내무성 경보국장의 '지나 도항 여성의 취급에 관한 건'이라는 통첩을 각 부현 장관 앞으로 보내서 21세 미만의 여성들을 모집하는 것을 규제하고 있었기 때문이다.[5]

조선인 '위안부'들과는 달리 일본인 '위안부'는 21세 이상의 성년으로 원래 창기이거나 게이샤였던 것으로 보인다는 내용은 문옥주의 증언과도 굉장히 부합되는 점이다.

이러한 일본군 '위안부'의 민족 간 동원 비율이나 나이, 이력 등의 차이는 일본군 '위안부'제도의 전체상을 파악하는데 있어 중요한 사항라고 할 수 있다. 종래의 일본 우파나 최근의 '램지어사태'로 대표되는 역사수정주의자들의 '위안부는 매춘부'라는 발언의 이면에는 일본인 '위안부'들의 이력과 관련된 이미지가 크게 작용하고 있는 것으로 보인다. 따라서 일본군 '위안부' 피해자 문제를 해결하기 위해서는 그들이 주장하는 '위안부는 매춘부'라는 논리가 어떻게 형성되었는지를 파악해 둘 필요가 있다.

이 글은 이러한 문제의식에서 출발한 것으로, 우선 여기서는 일본군 '위안부'제도의 전사前史라 할 수 있는 '가라유키상'에 초점을 맞춰 글을 진행하고자 한다.

2. '가라유키상'의 기원

'가라유키상'이란, '가라히토유키唐人行' 또는 '가란쿠니유키唐ん国行'라는 말이 줄어든 것으로, 막부말부터 메이지시대(1868~1912-역자주)

---

5) 위의 책, 270쪽.

를 거쳐 제1차 세계대전이 끝나는 다이쇼(1912~1926-역자주) 중기에 이르기까지 조국을 뒤로 하고 북쪽으로는 시베리아와 중국대륙으로 남쪽으로는 동남아시아 여러 나라를 비롯해, 인도, 아프리카 방면으로 나가 외국인에게 몸을 판 해외매춘부를 의미한다.6)

일본에서 '가라유키상'이 대중적으로 알려지는 계기가 된 야마자키 토모코山崎朋子의 『산다칸 8번 창녀집サンダカン8番娼館-저변여성사 서장』(1972, 이하『산다칸 8번 창녀집』으로 약칭) 프롤로그에 나오는 말이다. 이 책은 '가라유키상'을 주제로 일본의 저변여성사를 집필한 논픽션 소설이다. 구마모토현 아마쿠사天草 출신 전직 가라유키상의 구술을 토대로 집필한 이 책은 출간 이듬해인 1973년 제4회 오야 소이치大宅壯一 논픽션상을 수상했고, 그 다음해 영화화되었다.

1972년
치쿠마쇼보筑摩書房가
간행한 문고판 표지

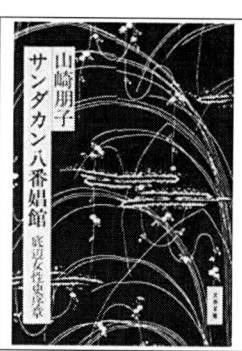
1975년
문예춘추文藝春秋사가
발행한 문고판 표지

2008년
문예춘추文藝春秋사가
표지를 새로 바꿔 발행한
문고판 표지

그러나 가라유키상이라는 표현은 야마자키 토모코의 정의와는 달리,

---

6) 山崎朋子, 『サンダカン8番娼館』, 文芸春秋, 2021, 9쪽.

〈1976년 아사히신문사가 발행한 모리사키 가즈에의 『가라유키상』〉

시기와 지역에 따라 그 호칭이 함의하는 바가 조금씩 달랐던 것으로 보인다. 실제로 가라유키상은 외국인에게만 몸을 판 것이 아니라 해외로 진출한 일본인 남성들도 상대를 했으며, 그들이 벌어들인 외화가 일본의 근대화에도 크게 기여했다는 평가와 함께 한때는 '일본낭자군'으로 추켜 세워진 적도 있었다. 야마자키 토모코가 저변여성사의 주제로 가라유키상을 다룬 것은 다니가와 겐이치谷川健一편 『다큐멘터리 일본인 5 기민棄民』(1969)에 수록된 '가라유키상—어느 가라유키상의 생애'라는 제목의 모리사키 가즈에森崎和江(1927~2022, 시인, 논픽션 작가)의 에세이를 읽은 것이 계기가 되었다. 기민棄民이라는 표현에서도 알 수 있듯이 모리사키는 가라유키상을 나라에 의해 버려진 존재로 인식하고 있었던 것으로 보인다. 모리사키는 『산다칸 8번 창녀집』이 출간되고 4년 후인 1976년에 『가라유키상』을 출간한다. 자료 조사에만 4, 5년이 걸렸다고 할 만큼 방대한 자료를 활용하고 있어 역사 논픽션이라 평가받고 있는 이 책은 평소 알고 지내던 전직 가라유키상과 그녀의 양녀에게서 들은 이야기를 시작으로 해서 방대한 가라유키의 역사를 기록하고 있다.

이 글에서는 모리사키 가즈에가 조사 연구한 자료를 토대로 가라유키상의 역사를 시간의 흐름에 따라 간략히 살펴보겠다.

'가라유키'라는 말은 지금은 이미 그 내용을 정확히 전달할 수 없다. 그것은 메이지, 다이쇼, 쇼와 초기까지 규슈 서·북부에서 사용된 말이다. 그것은 '가라'로 일하러 가는 의미였다. '가라'란 '당천축'의 '당'이

변한 것으로 바다 저편의 나라들을 가리켰다.[7]

모리사키의 설명에도 나오듯이 '가라'는 '당천축唐天竺'의 첫머리 글자인 '唐'에서 나온 것으로, 당나라와 무역을 하던 시기에 파생된 말이다. 이것이 시간이 흐름에 따라 점차 중국뿐만 아니라 '이국일반異國一般' 즉 해외를 가리키는 말로 의미가 확장되었다. '유키'는 '행行'이라는 한자의 일본식 발음으로 행선지 다음에 붙는 명사이고, 상さん은 우리말의 '씨'나 '님'에 해당하는 말로 존칭이나 친밀감을 나타내기 위한 표현이다. 요컨대, '가라유키상'의 문자적 의미는 '해외로 나가는 사람'이라는 뜻이다. 근세시기 일본은 쇄국정책을 펼치고 있었기 때문에 일본인이 해외로 도항하는 것은 금지가 되어 있었다. 그러나 서구 열강의 외압으로 인해 일본이 개국을 하게 되자 일본인들의 해외도항도 자유로워졌다. 특히 규슈의 나가사키는 쇄국정책이 실시되던 시기에는 일본의 유일한 개항장이었기 때문에 개국초기부터 타 지역에 비해 해외로 건너가는 사람들이 많았다. 대부분 가난한 농어촌 출신이었다. '가라유키상'이라는 말이 규슈의 북·서부지역에서 사용되었다는 것도 이러한 맥락에서 이해된다. 이 지역은 운젠화산지대의 특성상 경작지가 부족하여 작물의 양이 부족한데다 가뭄으로 오랜 기간 흉작이 이어져 가난한 농어민은 언제나 기근에 허덕이고 있었다. 특히 산간부나 외딴섬은 상황이 더욱 심각하여 경우에 따라서는 마을 젊은이 전체가 일자리를 찾아 해외로 나갈 정도였다. 연령은 평균 12세에서 19세의 여성들이 압도적으로 많았는데 대부분 농민이나 탄광의 광부와 같은 빈곤가정의 자녀들이었다.

메이지유신 후, 가난한 남녀가 해외로 일하러 나갔다. 그렇게 바다를

---

[7] 森崎和江『からゆきさん』朝日新聞社, 1977. 17쪽. 이후에 나오는 모리사키 가즈에의『가라유키상』인용문은 각주 처리하지 않고 본문에서 작가와 작품명, 페이지만을 표기한다.

건너 일하러 가는 것 또는 그런 사람들을 '가라유키' 또는 '가란쿠니유키', '가라유키돈'으로 불렀다. 해외로 돈 벌러 간다고 해도 메이지시기에는 해외에서도 임금 노동이 적어 행상이나 잡부가 되든지 토공이나 석공이 되어 인부로 부려질 뿐으로 오직 유곽만이 번창했다. 그 때문에 바다를 건너는 여자가 끊이지 않았고 이윽고 '가라유키'는 해외유곽에 팔려 가는 여자들을 의미하게 되었다. 그러나 가라유키를 많이 배출한 아마쿠사天草나 시마바라島原 근처에서는 이민업자가 모집한 시베리아 철도 인부가 되거나 하와이나 미국의 농업노동자가 된 사람도 가라유키라 불렀다. 그것은 나가사키長崎유키라든지 하치다이八代유키라든지 하는 타향으로 돈 벌러 가는 것과 비슷한 뜻이었다.(모리사키 가즈에, 『가라유키상』, 18쪽.)

상기의 인용문에서도 알 수 있듯이 메이지 초기에는 '가라유키'는 문자 그대로 해외로 나가는 행위와 그 행위를 하는 사람 모두를 지칭하는 말이었다. 그것은 종래에 가난한 농촌사회의 농민들이 일자리를 찾아 타지로 나가는 것과 별반 다를 바 없는 의미로 남녀 모두에게 사용되었다. 그러나 해외에 나가도 남성들조차 변변한 일자리가 없었기 때문에 여성들이 구할 수 있는 일은 기껏해야 남의 집 하녀나 어린아이를 돌보는 일, 요리점의 종업원, 유곽의 창기, 작부 등이었다. 초창기 해외로 나간 남성들의 대부분이 가족 없이 단신으로 건너갔기 때문에 이들이 생활하는 곳에는 유곽이 형성되었다. 남성 해외도항자의 수가 점차 증가하면서 유곽이 번창하게 되었고 그에 따라 창기들의 수요도 늘어나 해외로 나간 여성들의 대부분이 매춘업에 종사하게 된 것이다. 그러나 초창기 가라유키들의 고향에서는 그들을 매춘부로 비난하지는 않았던 것 같다.

가라유키는 당시 고향에서 태어난 말이다. 아니, 가라유키상은 그 당시 고향에서 포용되었기 때문에 가라유키돈(가라유키상의 이 지역

방언-역자주)이라고 불렀다. 고향 이외에는 '밀항부' '해외추업부' '아마쿠사여자' '시마바라족' '일본낭자군' '국가의 치욕' 등으로 불렸다.(모리사키 가즈에, 『가라유키상』, 20쪽.)

근세시기 농어촌에서는 어린 자녀를 남의 집에 양녀로 보내거나 연기봉공年季奉公이라고 하여 전차금前借金을 받고 일정기간 동안 고용살이를 보내는 풍습이 있었다. 고용살이는 주로 예기, 창기, 작부, 몸종, 여관종업원, 하녀 같은 일이었다. 이러한 풍습은 뒤이은 메이지시대에도 여전히 이어지고 있었는데, 여성의 성性을 주된 상품으로 밀매하는 제겡女衒이라는 예·창기 전문 소개업자는 이미 에도시대 후기부터 존재하고 있었다. 여자들이 해외로 팔려갈 때는 대개가 이러한 제겡 혹은 빈푸嬪夫라 불리는 알선업자가 개입되어 있었다. 가부장제도 하에서 일부 빈곤 가정의 경우, 부모가 7살 정도의 딸을 나가사키현나 구마모토현의 제겡들에게 팔기도 했는데, 그들 중의 4/5정도가 비자발적으로 매춘업에 종사하게 되었다고 한다. 가족의 생계를 위해 한명이라는 입을 덜어야 하는 가난한 부모에게 있어 딸을 파는 행위는 어쩔 수 없는 선택이었다. 실제로 팔려간 딸들이 송금해 오는 돈이나 전차금이 가족의 생계에 큰 도움이 되었기 때문에 그들의 고향에서는 외지로 팔려가는 딸들은 가족을 위해 희생하는 착한 효녀라는 이미지가 있었다. 그래서 고향사람들은 이들이 연기봉공을 마치고 오면 아내로 맞이하거나 평범한 일상을 보낼 수 있도록 도왔다. 그러나 고향 이외의 지역에서는 이들을 '밀항부' '해외추업부' '아마쿠사여자' '시마바라족' '일본낭자군' '국가의 치욕' 등으로 부르며 멸시를 했다.

3. 일본의 공창제도

일본 역사에서 관의 공인 하에 운영하던 유곽은 1585년 무렵 오사카의 도톤보리강 북안에 들어선 유곽지가 최초였다. 도요토미 히데요시가 일반주거지역에 사창私娼이 침투하여 난립하는 것을 막고자 이들을 한 곳에 집중시켜 관리하는 정책을 취했기 때문이다. 1589년에는 오사카에 이어 교토의 니조야나기마치二条柳町에도 유곽이 설치되었다. 시마바라유곽이라 불린 이곳에는 꽃과 버드나무가 유명했다. 그래서 유곽을 비롯한 성性을 매개로 한 놀이터를 화류계花柳界라고 부르게 되었다.8) 그러나 본격적인 공창제公娼制는 히데요시 사후, 천하를 통일한 도쿠가와 이에야스가 1617년 에도에 산재해 있던 유곽을 한군데로 모아 관리하며 시작되었다. 지금의 도쿄 닌교쵸人形町에 있었던 '요시와라吉原'유곽이 그것이다. 또 18세기경에는 공창이 오사카, 교토, 나가사키 등 전국적으로 늘어났는데, 이러한 공창제도는 "치안유지, 사무라이 사회의 기강확립이라는 목적도 있었지만, 특정구획에서의 성적 방종을 공인함으로써 엄격한 신분 질서로부터의 일시적 '해방'감을 보증함과 동시에 질서 파괴적인 비 일상성의 징후, 체제 측에 대한 위험한 정보를 유곽 제도를 통해서 파악하기 위해서였다"9)고 한다.

그 중, 1639년 무렵 나가사키에 생긴 마루야마丸山유곽은 가라유키 탄생과도 매우 관련이 깊다. 앞서도 언급했듯이 나가사키는 일본이 쇄국정책을 실시하던 시기 유일한 개항장이었다. 16세기 중반 이후 포르투갈 상인들이 일본에 들어와 총과 화약을 전래한 이후, 일본의 지방영주들은 자신들이 필요한 총과 화약을 구입하기 위해 그 대가로 자신이 다스리는 영지의 여성들은 물론이고 조선을 비롯한 주변국의 여성들을 납치하여

---

8) 원미혜,「일본근대공창제 연구」, 이화여자대학교 아시아여성학센터 학술대회자료집, 2000, 79쪽.
9) 요시미 요시아키,『일본군 군대위안부』, 도서출판 소화, 2006, 234~235쪽.

포르투갈 상인들에게 노예로 팔았다. 남만무역이라 불린 포르투갈과의 교역은 이후 기독교의 전래로 이어졌는데, 점차 포르투갈 상인들의 노예무역과 기독교 세력의 확산이 일본봉건사회의 근간을 흔드는 위험요소로 인지되면서 당시의 무사정권은 쇄국정책을 단행하기 시작했다. 1637년에 발생한 시마바라의 난10)은 기독교 박해와 함께 강력한 쇄국정책을 단행하는 계기가 되었다. 외부와의 문호를 굳게 걸어 잠근 에도막부는 포르투갈 상인들을 추방하는 대신, 기독교를 포고하지 않는다는 전제 하에 네덜란드 상인과 중국 상인들과의 교역은 이어가고 있었다. 서양문물과 해외정보를 독점하기 위해 막부 직할령인 나가사키를 유일한 개항장으로 삼은 막부는 네덜란드 상인과 중국 상인들에게만 나가사키에 거주하는 것을 허용했다. 이에 따라 나가사키에는 장기체류하는 외국인들이 생겨났고, 막부는 그들을 관리하기 위해 외국인 거류지를 따로 조성해 그들을 철저히 감시했다. 데지마出島는 네덜란드 상인이 거주하는 지역이었고, 중국인 상인 거주 지역은 도진야시키唐人屋敷라 불렀다. 막부는 기독교 세력이 일본인과 접촉하는 것을 막기 위해 일본인이 외국인 거주 지역을 출입하는 것을 철저히 금했다. 그러나 유일하게 마루야마유곽의 유녀들의 출입은 허용했다. 그래서 데지마로 출입하는 유녀는 네덜란드의 옛 이름인 오란다를 붙여 '오란다유키' 또는 백인을 지칭하는 말인 고우모紅毛를 붙여 고우모유키라 불렀고, 도진야시키를 출입하는 유녀는 '도진유키'라 불렀다. 말하자면 마루야마유곽의 유녀들이 가라유키의 기원이 되는 셈인데, 이 '도진唐人유키'라는 말에서 '가라唐유키'라는 말이 유래되었다. 막부는 유녀들도 일본인 남성을 상대하는 '니혼유키日本行き'와 이들 외국인을

---

10) 1637년 10월 하순, 시마바라와 아마쿠사 지역 농민들이 주체가 된 대규모 무력투쟁 사건이다. 시마바라 번주의 가혹한 세금징수 정책과 기독교 신자에 대한 박해가 원인이었다. 이 사건 이후, 시마바라반도와 아마쿠사제도의 인구가 격감하여 막부는 각 번에게 이 지역으로의 대규모 농민 이주를 명했다. 1643년 5천명 정도였던 아마쿠사제도의 인구가 1659년에는 16,000명으로 증가했다고 한다.

상대하는 유녀들을 명확히 구분하고 있었다.

한편, 마루야마유곽과 관련한 가라유키의 탄생 배후에는 또 하나 흥미로운 사실이 있다. 메이지시대 이후 일본군은 전염병 방지를 위해 결핵과 성병관리에 각별히 주의를 기울이고 있었는데, 일본에서 창기를 대상으로 한 최초의 성병검사가 실시된 곳이 나가사키이다. 당시 대표적인 성병은 매독이었다. 콜럼버스 시대에 신대륙에서 비롯되었다는 이 병은 유럽을 필두로 하여 전 세계로 퍼져나갔는데, 18세기 중엽 이후 전국적으로 설치된 유곽이 서민화하면서 이 병은 일본사회에도 널리 만연하고 있었다. 당시 일본에서는 매독을 창瘡, 혹은 당창唐瘡, 광동창廣東瘡, 류큐창琉球瘡이라고 불렀는데, 이 병의 유입경로가 중국의 광동지방과 류큐를 경유했다고 알려지면서 붙여진 이름이다. 또한 성을 매개한 화류계에서 걸리는 병이라 하여 화류병이라고도 불렀다.

그런데 막부말기, 일본에 들어온 여러 외국 군대의 병사들이 일본에 상륙 후 유곽에 다니다 이 병에 걸리는 경우가 적지 않았던 모양이다. 이에 각국의 외교부가 일본 정부에 매독검사를 요청했지만, 당시 일본에서는 매독예방법에 대한 개념이 거의 없었고 치외법권 등의 외교적 특권 문제도 얽혀 있어 잘 이루어지지 않았던 듯하다.[11] 1860년대 유럽지역에서는 성병의 위험에 대한 공포감이 증가되자 매춘부들을 강제 등록시키기 위해 '전염병 예방법'이 제정되었다. 일본에서는 1860년 6월 나가사키에 러시아군함이 기항하면서 뜻하지 않게 매독검사가 시작되는 사건이 발생한다.

1860년 6월, 러시아의 군함 포스사디닉이 나가사키항에 들어왔다. 그 배는 유럽의 북해에서 멀리 블라디보스톡으로 향하는 도중이었다.

---

[11] 福田真人,「梅毒の文化史的研究序説」, 名古屋大学国際言語文化研究科紀要, 2007, 6쪽.

북해 앞바다에서 영국과 프랑스의 함대와 싸워서 진 러시아군함은 유럽에서 러시아의 항구로 들어가는 항로가 막혀 어쩔 수 없이 긴 항해를 하고 있었던 것이다. 배는 몹시 파손되어 있었다. 승조원도 지쳐 있었다. 나가사키에서 수리를 하고 석탄과 물을 보급한 뒤 다시 항해하기로 되어 수병들은 나가사키에서 휴양에 들어갔다. 40명 남짓의 승조원이 6월 12일에 유곽에 온다고 러시아해군이 마루야마유곽으로 연락을 해 왔다. 그래서 마루야마유곽에서는 그 날 모든 유곽이 다른 외국인 손님을 거절하고, 술과 안주를 준비해 기다리고 있었다. 러시아인이 방문한 것이 처음은 아니었지만, 이렇게 한꺼번에 많이 유곽에 오는 것은 이것이 최초였다. 그런데 당일은 공교롭게 비가 왔다. 수병들은 오지 않은 채 시간이 흘렀다. 그리고 늦게 오늘은 비가 와서 중지한다고 연락이 왔다. 마루야마유곽에서는 큰 피해를 입었다고 유곽주인들은 모임을 가졌다. 이런 일이 거듭되면 큰일이라고 해서 손해에 대해 교섭을 가기로 했다. 대표를 뽑고 조장組頭까지 동행했다. 러시아 해군은 그들에게 19일에는 반드시 수병을 유곽에 보낸다고 약속했다. 마루야마유곽은 다시 기다리기로 했다. 그런데 당일이 되어 러시아군함에서 온 것은 세 명의 군의였다. 세 사람은 유녀의 음문을 검사하고 싶다고 하며, 그 도구도 가지고 왔다. 유곽에서는 놀라서 그것을 거절하고 유곽에 오는 것도 거절했다. 음문검사란 매독검사를 하여 병이 없는 자를 고르는 일이었지만, 아무에게도 그런 것은 통하지 않았다. 그러한 사고방식이 없었던 것이다.(모리사키 가즈에, 『가라유키상』, 63~64쪽)

마루야마유곽은 처음에는 매독검사에 대해 난색을 표하며 러시아해군과 대립했으나 러시아와의 외교적 마찰을 우려한 나가사키 부교奉行(행정 책임자)의 중재로 마루야마유곽이 아닌 별도의 장소에 유곽을 새로 만든다는 조건으로 러시아 측의 요구를 받아들이기로 했다. 이 사건을 계기로 마루야마유곽은 나가사키의 이나사稻佐라는 지역에 별도의 유곽을 만들어 여자들을 모집했다. 일명 '나쓰케유녀名附遊女'라 불리는 유녀들인데, 소속은 마루야마유곽에 두고 외국인들이 머무는 곳에서 매춘활동을 하는 여성들을 새로 모집한 것이다. 외국인의 첩이 되거나 현지처와 같은 역할을 하는 '나쓰케유녀'는 나가사키 여기저기에 있었으나, 이나사의 유곽은 러시아인들을 위한 시설이었기 때문에 일명 '러시아 마도로스 휴양소'라는 이름으로 불렸다. 이후 '러시아 마도로스 휴양소' 주변 일대는 러시아촌이라 불릴 만큼 러시아 병사들의 출입이 잦아, 그 지역사람들은 이나사유곽의 유녀들을 오로시아창녀라 불렀다고 한다. 모리사키 가즈에에 따르면 오로시아는 당시 러시아를 일컫는 나가사키지역의 방언이다. 이러한 러시아와의 연고로 인해 1860년대 이후가 되면 군항인 블라디보스톡을 위시하여 시베리아 등지에는 일본인 유녀와 상인들이 그 지역 일본인 커뮤니티의 대부분을 차지할 만큼 증가하게 된다.

한편, 매독검사는 요코하마가 개항(1859)한 후에는 영국 주둔군의 보건을 위해 영국군 군의로 와 있던 뉴턴의 건의로 1867년 9월 요코하마의 유곽지에서도 실시되었다. 또 1876년에는 일본 내무성이 매독 단속을 통달하고 매독驅黴규칙을 포고하여 환자를 강제로 입원시켰다. 그 후 화류병 예방법에 따라 공창을 대상으로 매독 및 기타 화류병 감염 유무 등의 건강 상태를 강제로 검진했다. 사창은 행정집행법에 따라 건강진단을 강제로 받게 했고, 화류병에 걸린 유녀는 강제적으로 창기병원에 입원시켜 치료를 받게 했다. 일본에서 창기병원의 수는 문헌 통계상에서는 첫 해인 1910년부터 1940년까지는 100개가 넘었고, 1921년에는 최다 173개, 1945년 11개가 마지막이었다.[12] 그리고 이러한 창기대상 매독검사는 1957년 매춘금지법이 생길 때까지 이어졌다.

---

12) 加藤茂孝,「人類と感染病との戦い」モダンメディア62巻5号, 2016, 32쪽.

4. 인신매매와 밀항

메이지유신(1868) 이후에도 공창제도는 존속되었으나, 1872년 발생한 마리아 루스호 사건[13])을 계기로 메이지정부는 '예・창기 해방령(태정관 포고 제295호)'을 발포했다. 사법성은 이를 받아들여 성령省令 제22호에서 예・창기는 "인신의 권리를 잃어버린 자로서 소나 말과 다르지 않다"고 하여 노예라는 것을 인정하는 한편, "소나 말이 변제할 이유 없음"이라고 하여 예창기의 부채는 무효로 변제를 요구해서는 안 된다고 명령했다.[14]) 에도시대의 공창제도는 전차금을 이유로 예기와 창기는 일정기간 인신이 구속되어 있어 전차금을 다 갚기 전까지는 폐업을 할 수 없었다. 그러나 창기해방령에 의해 이러한 전차금이 소멸되고 포주들과의 계약관계도 일소되어 창기들의 법적 신분은 해방되었다. 그러나 매춘업 이외에 생계를 이어갈 방법이 없었던 유녀들에게는 이 법은 무용지물이나 다름없는 조치였다. 이에 메이지정부도 교묘한 방식으로 공창제도를 재개시켰는데, 유곽을 가시자시키貸座敷라는 명칭으로 변경하고, 예・창기들의 자유의사에 따라 가시자시키貸座敷의 경영자가 장소를 빌려준다는 형식이었다. 애당초 메이지정부가 창기해방령을 실시한 것은 창기들의 인권을 위한 자발적인 조처라기보다는 국가의 위신상 어쩔 수 없이 내린 결정으로 창기제도 자체를 없애고자하는 의지는 강하지 않았던 것으로 보인다. 모리사키 가즈에는 이러한 일본 내의 공창제도의 허용이 결과적으로 가라유

---

13) 1872년 요코하마에 입항한 페루의 범선 마리아 루스호에서 도망친 중국인이 요코하마 현청에 붙잡혀 와 심문을 받게 되자, 페루에 노예로 팔려간 중국인 하층 인부들의 실태를 고발하는 일이 있었다. 중국인 인부의 귀선을 요구하는 마리아 루스호 선장의 요구에 중국인의 변호인이 계약서가 선량한 풍속에 반하므로 무효라고 주장했다. 이에 일본은 선장 측에 패소 판결을 내렸지만, 페루의 제소로 러시아황제에 의한 국제중재재판까지 가게 되었다. 그 과정에서 페루측은 일본에도 인신매매나 다름없는 공창제가 있기 때문에 자신들의 계약도 유효하다는 주장을 했다.
14) 요시미 요시아키, 『일본군 군대위안부』, 도서출판 소화, 2006. 235~236쪽.

키상의 해외매춘으로 이어지는 계기가 되었다고 보고 있다. 왜냐하면 국내유곽의 업자들은 해외유곽 조직과 거의 연계되어 있었기 때문이다.

그런데 1896년 발포된 '이민보호법'에서는 매춘업자와 창기들이 경제적 활동을 이유로 해외로 나가는 것을 금하고 있었다. 그러나 조선과 중국의 경우에는 이민보호법이 적용되고 있지 않아 업자들은 조선과 중국을 경유하여 해외의 다른 지역으로 여자들을 계속 팔아넘겼다. 표면적으로는 법의 허점을 이용한 민간업자들의 불법행위였지만, 당시 조선과 중국으로의 영토 확장 야욕이 있었던 메이지정부의 다분히 의도된 이민보호법상의 예외규정이라 할 수 있다. 아무튼, 이들 업자들은 여자들을 해외로 팔아넘기는 일이 의외의 수익을 가져다주자 지속적으로 여자들을 해외로 팔아넘기기 위해 전국을 돌며 여자들을 모집했다. 그 중에는 고향에서 부모에 의해 전차금을 받고 팔린 여성들도 있었지만 타지에서 보모나 식모, 여공 등을 하던 여성들이 업자들에게 속거나 길거리에서 유괴, 납치, 인신매매 등을 당해 팔려가는 일도 많았다.

한편, 모리사키 가즈에의 조사에 따르면 당시 발행된 규슈지역 신문(『후쿠오카니치니치신문福岡日日新聞』과 『모지신보門司新報』)에는 '밀항부密航婦' 검거에 관한 기사가 많은데, 이것은 인신매매업자들이 여자들을 해외로 팔아넘길 때 대부분 밀항을 시도했다는 것을 의미한다. 모리사키는 1902년부터 1911년까지 발행된 『후쿠오카니치니치신문福岡日日新聞』의 10년 치 '밀항부' 기사를 조사하여 가라유키의 출신지와 인원수를 집계했는데, 압도적으로 많은 지역이 나가사키현과 구마모토현이었다. 나가사키현에서는 시마바라 출신이 가장 많았고, 구마모토현은 거의 전원이 아마쿠사 출신이었다.

표 1 밀항소녀들의 출신지

지역명	나가사키	구마모토	후쿠오카	히로시마	사가	야마구치	오이타	에히메	가고시마	오카야마
인명수	119	96	66	40	32	26	25	15	13	8
지역명	효고	오사카	가가와	시마네	고치	니가타	돗토리	이시가와	아이치	불상	합계
인명수	7	5	5	4	3	2	1	1	1	161	630

* 『후쿠오카니치니치신문福岡日日新聞』(1902~1911)의 '밀항부' 기사 통계

　모리사키는 표1과 같이 정리한 '밀항부'의 통계를 통해 가라유키상의 출신지가 규슈의 지쿠호筑豊탄광 광부들의 출신지와 겹친다는 점을 지적하고 있는데, 이는 근대시기 타지로 돈벌이를 나간 이들의 대부분이 남녀 할 것 없이 모두 가난한 농민 출신이었다는 것을 의미한다. 그리고 통계에 나오는 지역은 대부분 서일본지역인데, 이것은 규슈지역 항구를 통해 해외를 나간 사례만 기사로 나왔기 때문이다. 모리사키는 인신매매조직도 각기 관할구역이 있어 서일본지역을 세력권으로 점하고 있는 조직의 보스가 규슈의 모지門司항을 거점으로 활동했기 때문인 것으로 보고 있다. 그녀는 동일본지역의 업자들은 요코하마항과 고베항, 그리고 태평양 연안의 항구를 이용해 여성들을 해외로 내보낸 것이 아닐까 추정하고 있기도

하다. 규슈지역에서는 모지항 이외에도 시마바라 반도의 구치노쓰口之津항도 자주 이용되었던 것으로 보인다.

> 시마바라 반도의 구치노쓰는 예부터 가라유키상의 항구로서 알려져 있다. 외국선에 석탄을 싣는 틈을 타 여자들을 태웠다고 한다. (중략) 구치노쓰가 석탄 적출항이었던 것은 메이지 30년대 말까지이며, 그 후는 미이케三池항으로 옮겨졌기 때문에 가라유키상의 출발지는 자연히 모지나 나가사키가 많아졌을 것이다.(모리사키 가즈에, 『가라유키상』, 46쪽)

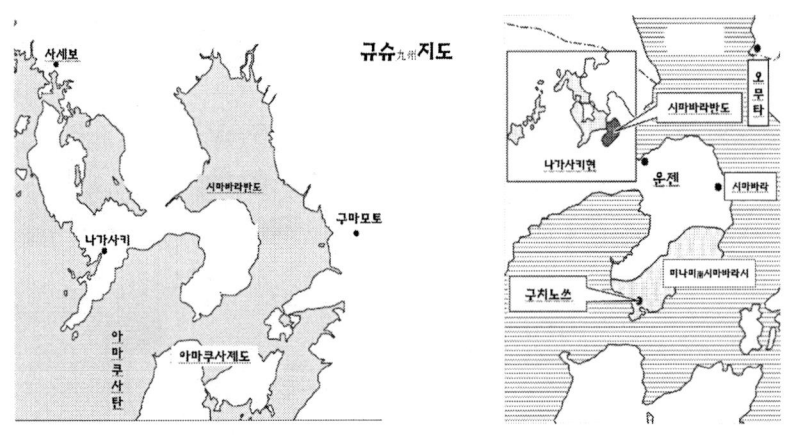

구치노쓰는 석탄이 많이 산출되던 곳으로 외국선박들은 연료 보충을 위해 이 항구에 기항했다. 그래서 모지나 구치노쓰 항구 주변에는 해외유곽의 보스가 하청업자들을 통해 다양한 방식으로 여자들을 모집하여 밀항을 시키고 있었다. 그 중에는 여성들도 존재했다. 산파나 하숙집의 여주인, 미용사, 침술사, 간호사, 술집주인, 여공 등도 나이어린 여자들을 유인하여 업자들에게 수수료를 받고 팔아넘겼다. 밀항선에서는 외국인 선원이 밀항을 방조하거나 적극적으로 가담하는 경우도 있었고, 해외의 경찰

들이 연루되는 사례도 있었다. 이렇듯 여성들이 해외로 도항하기까지 많은 이들이 연루되어 있어 가라유키상은 일본 국내의 창기보다 훨씬 더 많은 빚을 져야 했다. 업자들이 챙긴 수수료와 관계자의 숙박료, 식비 등 잡비 일체도 가라유키가 지불했기 때문이다.

    모리사키는 『남양 50년: 싱가포르를 중심으로 동포활약』15)를 사료로 하여 동남아시아에는 나가사키를 거점으로 한 단바야丹波屋라는 인물과 모지를 거점으로 한 다다카메多田亀라는 인물이 활약하고 있었음을 밝히고 있다. 그들은 항구의 유지이자 해외 사창가의 두목, 일본 국내의 부녀자 유괴 밀항업자들의 보스로서 해마다 5, 6백 명의 여성들을 새로 보충해 구치노쓰항이나 모지항을 이용해 홍콩, 싱가포르 등지로 보냈다고 한다. 이들은 주로 외국선박을 이용해 여자들을 밀항시켰는데, 도중에 발각되는 것을 우려해 여성들을 통이나 상자에 넣어 짐짝처럼 배 밑의 화물 창고나 석탄저장고에 숨겼다. 여자들은 식사도 제대로 공급받지 못하고 대소변도 그곳에서 해결하는 등 열악한 조건하에 지내다 항해 도중 질식사하거나 아사하는 경우도 있었다. 그런데 이들 대부분의 여자들은 배를 탄 후에야 자신들이 업자에게 속았다는 걸 알았다고 하는데, 이러한 인신매매가 횡행해도 그들의 가족이나 정부는 사실상 그것을 묵인하거나 방조했다. 가족의 입장에서는 그들의 해외도항이 어려운 살림에 입이 하나 준다는 의미였을 뿐만 아니라 그들이 송금하는 돈이 가계에 큰 보탬이 되었기 때문이었고, 정부의 입장에서도 그들의 외화벌이가 국가경제발전에 큰 보탬이 되었기 때문이다.

---

15) 싱가포르에 있었던 「남양 및 일본인사南洋及日本人社」가 1937년에 발행한 저서이다.

프랑스령 베트남 북부 통킹의 가라유키상16)   사이공 거주 가라유키상17)

초창기의 가라유키상은 막부 말부터 이어진 국제정세로 인해 아시아의 서구식민지나 미국대륙 등지로 많이 팔려나갔다. 그녀들은 싱가포르, 베트남 등과 같은 아시아의 서구식민지에 파견된 외국 군인들이나 신개척지 개발을 위한 노동력으로 끌려온 아시아 남성들의 발을 묶어두기 위한 수단으로 동원되었던 것이다. 야마자키 도모코가 『산다칸 8번 창녀집』에서 가라유키상을 "외국인에게 몸을 판 해외매춘부"라고 표현했듯이, 초기의 가라유키상은 주로 외국인을 대상으로 한 매춘을 한 것으로 보인다. 그러나 일본이 해외팽창정책을 실시하고 나서부터는 일본이 점령한 곳으로도 보내져 일본 군인들이나 자국 이주민들의 정착을 위해 이용되기 시작했다.

---

16) https://jbpress.ismedia.jp/articles/-/68678(2023년 4월10일 검색)
17) https://ja.wikipedia.org/wiki/%E3%81%8B%E3%82%89%E3%82%86%E3%81%8D%E3%81%95%E3%82%93(2023년 4월 2일 검색), 사진에는 프랑스령 인도 지나(지금의 베트남, 라오스, 캄보디아)의 우표와 스탬프가 찍혀 있다.

5. 일본의 해외팽창과 가라유키상

청일전쟁으로 일본이 대만을 식민지화한 이후, 그때까지 상하이나 홍콩, 싱가포르 등지로 보내지던 여자들이 대만으로도 보내졌다. 그러자 당시 언론에서는 식민지 대만에서의 공창제도 실시 여부에 대한 내용이 거론되기 시작했다. 모리사키 가즈에의 『가라유키상』에는 대만의 공창제도 실시에 대한 당시 지배층의 의식을 엿볼 수 있는 다음과 같은 기술이 나온다.

'히시지마比志嶋소장이 그저께 대만으로 건너가는 도중, 시모노세키에서 대만 공창에 관해 어떤 사람의 질문에 대답했다. 당시 대만으로 도항하는 사람이 나날이 그 숫자가 증가함에 따라 이들 도항인의 실황을 보면, 상인은 물론 관리에 이르기까지 영구히 대만에 거주할 목적으로 도항하는 것이 아니라, 대부분은 일시적으로 머물렀다. 약간의 이익을 얻으면 내지[18]로 돌아간다. 대만을 신속하게 내지와 마찬가지로 발전시키려면 홋카이도처럼 내지인이 가족 모두를 데리고 이주해야 한다. 오늘날의 도항자가 모조리 일시적으로 머무는 것은 여러 가지 원인이 있지만, 대만에 내지 부녀자가 없는 것이 원인 중의 하나이다. 내지 부녀자를 속속 도항시키면 영구 거주하는 사람도 생기겠지만 오늘날의 경기로는 아직 내지 부녀자의 다수가 도항하는 것을 바랄 수 없다. 고로 창기를 만들어 내지에서 부녀자를 수입하는 것은 내지인의 발을 묶어두는 방편으로 대만의 진보 상 필요한 일이 될 것이다. 고로 대만에 공창을 만들어 밀매음을 방지하고, 매독검사법을 엄격히 하여 매독의 마여을 방지하는 것은 위생상으로도 중요한 일이 될 것이다.(모리사키 가즈

---

18) 일본제국헌법에서는 식민지 영토와 일본 본토를 구분하기 위해 본토지역은 내지內地, 기타 식민지 영토는 외지外地라 불렸다.

에, 『가라유키상』, 117쪽)

    이것은 1896년 4월 2일 자 『모지신보』의 기사를 그대로 인용한 것인데, 이 글에는 일본인 남성을 식민지에 정주시키기 위해서 가라유키상이 필요하고 그들을 효과적으로 관리하기 위해서는 공창제도가 필요하다는 인식을 나타내고 있다. 앞서 언급했듯이 일본이 1896년에 해외 매춘을 금하는 '이민보호법'을 발령하면서도 한국과 중국을 예외로 한 것은 식민지에 필요한 공창제도를 염두에 둔 정책이었음을 알 수 있다. 메이지초기부터 근대적 가족제도의 확립을 위해 일부일처제를 주장하며 창기를 '인간사회 이외의 일'을 하는 존재로 멸시하던 후쿠자와 유키치福沢諭吉조차도 일본의 해외팽창을 위해서는 창기가 필요하다는 주장('인민의 이주와 창기의 해외 돈벌이'『시사신보』1896년 1월 18일)을 한 사실만 보더라도 해외 공창제도에 대한 당시 일본 지배층의 인식의 일면을 잘 엿볼 수 있다. 일본의 해외팽창정책상 창기가 필요하다는 후쿠자와 유키치의 주장과 "대만에 공창을 만들어 밀매음을 방지하고, 매독검사법을 엄격히 하여 매독의 만연을 방지하는 것은 위생상으로도 중요한 일"이라고 하는 히시지마의 주장은 "여성의 관리된 신체를 일본인 남성에게 '공급'하고자 했다는 점에서 "훗날의 군대 '위안부'의 맹아라고 할 수 있는 사고"[19]라고도 할 수 있다.

    가라유키상이 가장 많았던 시기는 러일전쟁(1904~1905) 후부터 다이쇼(1912~1926) 초기에 이르는 약 10년간이다. 1904년에는 부산과 인천, 경성의 일본인 거류지에도 유곽이 들어서며 공창제도가 실시되었고, 이듬해가 되면 경성에 거주하는 일본인이 2만여 명에 달할 만큼 인구가 증가했다. 조선으로 건너온 일본인 남자들은 대개가 철도인부, 목수, 벌목공,

---

[19] 獄本新奈 『境界を超える女性たちと近代ー海外日本人娼婦の表象を中心としてー』, 一橋大学大学院博士論文, 2014, 57쪽.

군인, 석공이었고 인신매매된 가라유키상은 조선과 가까운 야마구치山口현이나 후쿠오카福岡현 출신이 많았다.

> 1905년 무렵에는 조선반도에서 봉천 부근까지 점령지역이 확장되어 가라유키의 유괴와 밀항이 마구 시작되었다. 너나할 것 없이 점령지를 향해 남몰래 나라를 떠난 것이다. (중략) 이윤에 밝은 업자는 점령지로 소녀들을 물밀 듯이 내보냈다.(모리사키 가즈에, 『가라유키상』, 126쪽.)

중국 다롄大連의 경우에는 일본이 점령한 이듬해인 1905년 2월부터 민간인의 도항이 허락되자 상공업자가 7, 8백 명 가량 건너갔다. 그러자 이들을 상대로 하는 숙소와 일본식 요릿집이 늘어났고 그곳에 종사하는 여성들도 급격히 늘어났다. 1905년 8월경에는 "일본여자들이 이미 다롄 시내에 넘쳐났으며 거의 천 명에 육박할 정도"[20]였다고 한다. 당시 다롄은 요동수비군이 다스리고 있었는데, 1905년 말에 유곽이 들어서기 시작하자 "관동민정서關東民政署가 행정을 담당하여 가시자시키규칙을 발포"[21]했다. 공창제가 시작된 것이다.

> 만주도처에는 우리 일본인들이 경영하는 마굴이 없는 곳이 없다. 금년 5월의 조사에 따르면, 다롄에는 예기가 167명, 작부가 282명, 창기가 113명, 중국 창기가 76명, 즉 700여 명의 매춘부가 있다. 그들 이외에 영업 신청을 하지 않은 무허가 매춘부가 얼마나 있을는지는 상상할 수도 없다.(모리사키 가즈에, 『가라유키상』, 156~157쪽)

---

20) 森崎和江, 『가라유키상』, 155쪽.
21) 위의 책, 156쪽.

상기의 인용문은 『후쿠오카니치니치신문』(1907.12.17.)에 보도된 내용으로 러일전쟁 이후 만주 일대의 일본의 점령지나 조차지에도 엄청난 수의 가라유키상이 진출해 있었다는 것을 나타내고 있다. 이처럼 일본의 점령지나 조차지의 경우에는 동남아시아 지역과는 달리 일본에 의해 공창제도가 실시되면서 가라유키상은 공창과 사창으로 나눠 국가가 관리하기 시작했다.

> 가라유키상은 이렇게 국가의 공창제에 그대로 흡수되어갔다. 그것은 조차지뿐만 아니라 일본의 지배 세력이 가닿는 지역이라면 어디에서든 볼 수 있는 풍경이었다. 구 만주 지역은 물론이고 청국의 북쪽이나 남쪽 주요도시에서는 가라유키상을 공창과 사창으로 나누어 일본의 경찰권으로 관리했다.(모리사키 가즈에, 『가라유키상』, 157쪽)

> 북쪽 대륙방면으로 건너갔던 가라유키는 그곳에 일본의 주권이 미치기 시작하자 바로 공창제에 의해 관리되었다. 부국강병을 지향하는 정부의 방침아래 헌병대가 자주 창기의 매독검사를 강화시켰다.(모리사키 가즈에, 『가라유키상』, 233쪽)

이와 같이 러일전쟁 이후부터는 그동안 민간업자들에 의해 관리되던 가라유키상이 점차 국가의 의해 관리되기 시작했다. 군대의 성병관리를 위해 경찰과 헌병대가 현지의 일본인 매춘업소를 관리했고, 군인들은 지정된 공창을 이용하도록 단속한 것이다.

한편, 러일전쟁 후 일본의 국력이 점차 신장됨에 따라 해외로 진출한 일본인 자본가들은 가라유키상을 '국가의 수치'로 여기기 시작했다. 그 배경에는 일본의 폐창운동이 존재한다. 제국일본이 해외팽창정책을 실시하는 가운데, 후쿠자와 유키치와 같은 존창파存娼派도 존재했지만, 폐창운동을 꾸준히 전개한 이들도 있었다. 일본기독교부인교풍회日本基督敎婦人

矯風會[22])와 곽청회廓淸會[23]) 등이 대표적이다. 이들 단체는 서구의 우생학과 성도덕의 영향을 받아 일본인 순혈주의와 여성의 순결을 중시하는 담론을 전개하며 창기에 대한 혐오의 이미지를 내면화하고 사회적으로도 그것을 공유해갔다. 이렇게 사회적으로 내면화된 창기에 대한 부정적인 이미지는 점차 폐창론자들 뿐만 아니라 해외로 진출한 자본가들의 입을 통해서도 국가의 수치로서 거론되기 시작한 것이다. 이에 제국일본은 국가의 체면상 1920년에 해외매춘금지령을 내려 싱가포르를 비롯하여 말레이 반도에 있는 모든 일본인 유곽을 없애버렸다. 이 때 말레이반도에 거주하고 있던 가라유키상은 대부분 일본 국내나 공창이 허가된 식민지 영토로 옮겨갔다. 해외매춘금지령으로 여성의 공급과 밀항에 어려움을 겪게 된 업자들이 일본과 거리적으로 가까워 밀항이 수월한 조선이나 만주 등지로 이동하여 활동을 이어간 것이다. 그러나 폐창운동의 성과와 더불어 식민지 영토에서도 점차 가족단위의 일본인 이주와 정착이 증가하면서 가라유키상의 숫자는 점차 서서히 줄어드는 것처럼 보였다. 그러나 만주사변에 이은 중일전쟁이 발발하자 일본에서 성과를 보이던 폐창운동도 점차 시들해 졌고, 일본군은 주지하는 바와 같이 각지에서 여성들을 '위안부'로 동원하여 전선의 군인들을 상대하게 했다. 전후 일본에서는 이들 군 '위안부'도 가라유키상이라는 이름으로 불리기도 했다.

6. 나오며

이상과 같이 간략하게나마 가라유키상의 역사를 개관해 보았다. 가라

---

22) 1886년에 도쿄기독교부인교풍회로 발족했으나, 1893년에 일본기독교부인교풍회로 개편했다. 야지마 가지코矢島楫子를 회장으로 하여 설립된 이 단체는 일부일처제 청원과 폐창운동과 같은 여성해방운동을 활발히 전개했다.
23) 1911년 공창 제도의 폐지를 목적으로 설립된 전국적 조직이다.

유키상은 일본이 근대국가로 이행해 가던 시기에 가족의 생계를 위해 취업전선에 뛰어들었다가 인신매매업자들의 감언에 속거나 납치, 유괴 등을 당해 대부분 비자발적으로 매춘부가 된 가련한 여성들이다. 물론 그 중에는 부모의 용인 하에 가족의 생계를 위해 매춘부가 된 경우도 있었지만, 어쨌든 그들 대부분은 근대시기 가부장제도 하에서 부모나 국가로부터 보호를 받지 못한 채 타국에서 가혹한 삶을 영위할 수밖에 없었던 존재들이다. 그들이 해외매춘부로 팔려가는 과정을 보면 문옥주와 같은 조선인 '위안부' 피해자들의 증언내용과 굉장히 유사한 부분이 많다. 이는 일본군 '위안부'의 동원 방식이나 운영이 애초에 어떻게 학습되었는지를 말해주는 것이다. 일본군 '위안부' 연구의 권위자인 요시미 요시아키吉見義明는 1992년에 이미 일본 방위성防衛省 방위연구소 도서관에 소장되어 있던 공문서를 통해 일본군이 군위안소 설치에 적극적으로 가담한 사실을 밝힌 바 있다. 그의 조사에 따르면 일본군 위안소의 설치는 만주사변을 기점으로 해 점차 확대되어 갔고, 초기 단계에는 가라유키상을 선례로 이용했다는 것을 알 수 있다. 요시미 요시아키는 당시 상해파견군에서 위안소 설치 업무를 담당했던 오카무라 참모부장의 증언을 통해 상해에서 일본 군인에 의한 강간 사건이 발생하자 이를 방지하기 위해 "나가사키長崎현 지사에게 요청하여 '위안부단慰安婦團'을 불렀"다는 사실을 확인하고 있다. 요시미는 "시베리아·아시아·태평양 각지로 매춘을 위해 몸을 팔러 나간 '가라유키상'들은 나가사키현 출신 여성들이 많았기 때문에 육군은 우선 이 사실에 주목"[24]했을 것으로 보고 있다. 그러나 중일전쟁 발발 이후가 되면 일본인 여성들로 군 '위안부'를 다 충당할 수 없게 되자 일본군은 '위안부'의 80% 가량을 식민지 '조선'의 여성들로 채웠다. 이 과정에서 군과 밀접하게 결탁한 민간업자들과 헌병들에 의해 조선인 여성들이 사기, 기망, 납치, 유괴 등을 당해 전선의 '위안부'로 끌려가게 된 것이다.

---

24) 요시미 요시아키, 『일본군 군대위안부』, 도서출판 소화, 2006, 28쪽.

앞서도 언급했지만 일본 우파나 역사수정주의자들이 '위안부'는 매춘부라고 주장하는 이유는 이러한 가라유키상의 존재를 의식한 발언이라는 것은 두말 할 필요도 없다. 그러나 지금까지 살펴본 가라유키상의 역사를 보면 그들 대부분은 근대시기 가부장제도 하에서 가족을 위해 희생하거나 유괴, 취업사기, 인신매매와 같은 불법행위를 통해 여성들을 속인 민간업자들의 영리, 그리고 제국일본의 해외팽창정책과 같은 타자의 욕망에 의해 비자발적으로 매춘부가 되었다는 것을 알 수 있다. 제국일본은 표면적으로는 해외매춘을 금지하면서도 식민지나 점령한 조차지에는 교묘하게 예외규정을 두어 여성들이 해외로 팔려나가는 것을 묵인하거나 방조했고, 나중에는 공창제도를 실시하여 국가의 관리 하에 그들의 육체와 위생을 관리했다. 그리고 그렇게 학습되거나 관리된 정책은 후일 일본군 '위안부' 제도로 변용되어 갔다. 요컨대 초창기 해외로 팔려간 가라유키상이나 조선인 '위안부'들은 모두가 불행한 시대에 태어나 타자의 욕망에 의해 비자발적으로 매춘을 강요당한 피해자들일 뿐이다. 따라서 일본 우파나 역사수정주의자들이 가라유키상의 선례를 들먹이며 "'위안부'는 자발적 매춘부"라고 주장하는 것은 그녀들의 피해의 역사를 깡그리 배제한 채 표면적으로 드러나는 현상만을 부각시키는 것에 불과하다. 그리고 그것은 일본군 '위안부'제도가 국가차원에서 관리, 운영되었다는 사실을 은폐하기 위한 다분히 계산된 발언이다. 그러므로 우리는 그들의 정치적으로 계산된 발언에 휘둘리거나 동조해서는 안 된다. 자칫 표면적으로 드러나는 현상만으로 판단하다보면 그 이면에 숨은 진실을 놓치는 우를 범할 수 있다는 사실을 우리 모두는 기억해야 할 것이다.

참고문헌

1. 기본자료

森崎和江, 『からゆきさん』, 朝日新聞社, 1977.
森川万智子, 『文玉珠 ビルマ戦線 楯師団の慰安婦』, 梨の木舎, 1996.
채경희 역, 『쇠사슬의 바다』, 박이정, 2002.
모리카와 마치코, 김정성 역, 『버마 전선 일본군 '위안부' 문옥주』, 아름다운사람들, 2005.
山崎朋子, 『サンダカン8番娼館』, 文芸春秋, 2021.

2. 저서 및 단행본

원미혜, 「일본근대공창제 연구」, 이화여자대학교 아시아여성센터 학술대회자료집, 2000.
요시미 요시아키, 『일본군 군대위안부』, 도서출판 소화, 2006.
福田真人, 「梅毒の文化史的研究序説」, 名古屋大学国際言語文化研究科紀要, 2007.
宋連玉, 「慰安婦·公娼の境界と帝国の企み」, 立命館言語文化研究23巻2号, 2011.
獄本新奈, 「境界を超える女性たちと近代―海外日本人娼婦の表象を中心として―」, 一橋大学大学院博士論文, 2014.
加藤茂孝, 「人類と感染病との戦い」, 『モダンメディア』 62巻5号, 2016.
呉聖淑, 「帝国主義と性―日本人慰安婦の表象」, 『일본언어문화』 42, 2018.
박유하, 『제국의 위안부-식민지지배와 기억의 투쟁』(제2판), 뿌리와이파리, 2020.
정신대할머니와함께하는시민모임, 『문옥주 지오그라피』, 2021.
박태석, 『일본의 노예』, 월드 헤리티지, 2021.
니시노 루미코·오노자와 아카네 책임편집, 마에다 아키라 외 10인 지음, 번역공동체 잇다 역, 『일본인 '위안부' 애국심과 인신매매』, 논형, 2021.
박정애, 「교차하는 권력들과 일본군 '위안부' 역사-램지어와 역사수정주의 비판」, 『여성과 역사』 34, 2021.
https://ja.wikipedia.org/wiki/%E3%81%8B%E3%82%89%E3%82%86%E3%81%8D%E3%81%95% E3%82%93(2023년 4월 2일 검색)

[부록]

문옥주와 모리카와 마치코의 일생과 인연

(이령경 작성, 2023년 4월 현재)

*문옥주 활동 관련은 굵은 글씨로 표시
-출처는 본문에 기재된 여러 시민단체등의 자료와 필자의 인터뷰
*는 관련 정치, 사회 정황

문옥주文玉珠	연도	모리카와 마치코森川万智子
4. 대구에서 출생	1924	
상해, 만주에서 독립운동을 하던 아버지가 돌아오셨으나 시름시름 앓다가 작고(7세)	1931	
1. 돈 벌러 일본 규슈九州 오무타大牟田의 요리집 부산관으로(12세) : 5~6개월간 일함	1935?6?	
부산관에서 5~6개월 일하다 도망쳐 귀향	1937	
늦가을. 친구 집에서 돌아오는 문옥주를 일본군복 헌병이 유괴 납치, 다음날 조선인, 일본인 형사에게 인계, 중국 동북부 만주 동안성의 위안소로 (16세)	1940	1937~40. 택시회사 운영하던 아버지가 하사관으로 징집되어 중국 전선에 갔다 옴
가을, 동안성 위안소에서 황해도 금천에 사는 언니 집에 들렀다가 고향으로(17세) 달성권번 입학 기생양성 수업 받음	1941	
7.10. 취업사기로 '제4차 위안단'에 강제 동원되어 부산항을 출발하여 베트남 사이공, 싱가폴을 거쳐 버마 랑군 도착 9. 랑군에서 만달레이로 끌려가 다테사단의 일본군위안소 〈대구관〉의 '위안부'가 됨(18세)	1942	*3. 일본군 랑군을 침공해 영국의 식민지인 버마를 점령(패전까지 16만7천명의 일본군이 전사함)
봄. 다테사단의 이동으로 아끼압으	1943	

로 끌려가 위안 강요당함 가을. 프롬의 위안소 오토메로 이동		
4. 2~3개월 후 랑군으로 이동, 〈랑군회관〉에서 위안부일 강요	1944	
4.퇴각 명령으로 태국 방콕 거쳐 사이공으로, 귀국 못 하고 다시 랑군 위안소로 5. 버마를 떠나 태국 방콕으로 다시 아유타야로 이동 육군병원에서 간호사로 일하다 해방 맞음(21세)	1945	8.아버지 재판소 법정 수위 일 시작(70세까지 노동조합 일 하면서 근무)
8.~10. 인양선을 타고 고향 대구로 연말. 버마 랑군에서 일본군을 상대로 하던 김 씨와 재회, 11년간 동거하며 그의 자식을 키움(22세)	1946	
대동권번에 입학하여 3년간 기생 수업 받으며 틈틈이 대구나 부산 송도의 요리집에 일하러 감(~1973년까지)	1947	일본 규슈九州 후쿠오카현福岡県에서 출생
사업에 실패한 김 씨가 자살하자 그의 자식을 키우며 어머니와 오빠식구까지 돌봄	1956	
마흔이 넘어 동거하던 남성의 아들을 수양아들로 들여 키우기 시작	1965	3. 야마구치현립 시모노세키미나미고교 졸업
	1966	4. 후쿠오카현 고쿠라小倉우편국 취직 후 69년까지 도쿄 외환 관련 교육소에서 교육 받음
	1970	4. 야마구치현 시모노세키 우체국으로 발령 받아 86년까지 16년간 근무하면서 노동조합 활동: 퇴역한 일본인 병사들의 군사우편저금 미지급 건을 담당하면서 일본군 '위안부' 문제를 알게 됨(23세)
	1971	결혼
	1972	*부인종합정보지 『あごら(아고라)』 창간
자궁내막증으로 난관 적출 수술 받음 요리집 일을 조금씩 줄이고 대구의	1973	* '売買春問題ととりくむ会'(매매춘문제와 싸우는 모임) 결성

'탐스웨이'살롱에서 일하기 시작(50세)		
	1984	5. '아고라 야마구치' 발족 주도
	1985	7.5~20 나이로비에서 열린 〈NGO포럼〉에 『아고라』 멤버로 참석(『아고라』 104호)
	1986	시모노세키 우체국 퇴사(39세)
	1987	도쿄로 이사-페미니스트 활동가들과 만남 『아고라』 편집부 등에서 근무 4. 도쿄도의회 의원으로 출마한 미쓰이 마리코三井マリ子 선거사무소에서 근무
	1989	-연초부터 도미자와 요시코富澤由子와 '出生差別の法改正を求める女たちの会'(출생차별 법 개정을 요구하는 여자들의 모임) 발족 활동시작 8.11~15. People'sPlan21 아시아여성포럼 사무국 일원으로 일함-한국여성단체들과 교류, 기리타니 나쓰코桐谷夏子와 만남
	1990	2. 중의원의원에 출마한 도구치 다마코外口玉子 선거 사무실에서 시민단체 담당 책임자로 근무 10. 고향 후쿠오카로 이사 12.1. '売買春問題ととりくむ会'가 개최한 세미나 〈인권과 전쟁을 생각하는 세미나-조선인 강제연행, 종군위안부〉 세미나(윤정옥 정대협 대표 초청 강연) 참석
12. 2. 정대협에 피해자 신고(67세) 12.5. 성대협 대표 윤성옥 대++ 분옥주 자택 방문, 비공개 증언 녹취	1991	-인쇄사, 출판사 거쳐 프리라이터 겸 에디터로 활동 11.4~6 보리카와의 지인늘이 구마노토에서 〈종군위안부110번〉상담 전화 개통, 3일간 신고 상담 받음
12.6. 군인·군속 강제동원 피해자와 일본군'위안부'피해자가 일본 정부에	1991	*12.6. 아시아태평양전쟁 한국인희생자 보상청구 사건 소송 제기에 대해 가

공개 사죄와 배상을 요구하는 소송 (일명 아시아태평양전쟁 한국인희생자 보상청구사건) 제기 12.18 사진가 이토 다카시와 인터뷰		토 고이치加藤紘一 일본 관방장관이 정부차원에서 배상 문제에 대처하기는 어렵다고 기자회견에서 답변 *12.16. 가토 고이치 일본 관방장관, 기자회견에서 일본군'위안부'문제를 조사하겠다는 의사 표명
-김문숙 정신대문제대책부산협의회 대표와 인터뷰(시기미상이나 6월 이전) *1.8. 한국정신대문제대책협의회, 일본대사관 앞에서 일본군'위안부'문제 해결을 위한 정기 수요시위 시작	1992	1월 초 정대협에 피해자 초청해 증언집회하고 싶다고 편지 보냄 /문옥주와 김신실이 참석하는 것으로 답변 받음(45세) *1.13. 가토 고이치 일본 관방장관, '위안부'문제에 군이 관여했음을 부정할 수 없으며 피해자들에게 사죄와 반성을 전한다는 내용의 담화 발표
		2~3. '文さんを招く実行委員会連絡会'(문옥주를 초청하는 실행위원회 연락회)결성, 집회 준비 3. 문옥주가 후쿠오카에 온다는 신문기사를 읽은 일본인 '위안부' 피해자가 편지를 보내와서 서신 교환 시작
3.27.~4.6. 규슈 4개 지역의 집회 "이제 말하고 싶다, 강제연행의 숨겨진 역사를 – 전종군위안부 문옥주의 증언회"에서 증언 / 3.30. 군사우편저금 지불요구를 위한 주코쿠우정국 저금부(시모노세키 소재) 방문 1차 교섭 / 4.3. 주코쿠우정국 저금부 방문 2차 교섭		
4.~ 정대협/정신대연구회의 증언조사 응함 4.13. 아시아태평양전쟁한국인희생자보상청구소송 2차 원고단(6명)으로 합류 4.30. 대구여성회/대구YWCA 주최 '정신대문제의 실태와 우리의 자세'에서 기타큐수 거주 재일조선인 인권운동가 최창화 목사와 강연	1992	
5.10. 일본 야마구치山口의 증언집회 참석		
5.11. 군사우편저금 지불요구를 위해 주코쿠中国우정국 저금부 방문 3차 교섭		
5.25. '문옥주 씨의 군사우편저금의 지불을 요구하는 모임' 발족식에 문옥주 참석		
8.10.~12. 제1차 일본군위안부문제 아시아연대회의(서울)에서 문옥주와 재회,		

모리카와 문옥주 집 첫 방문

8.10. MBC 8.15 특집 다큐멘터리 〈종군위안부—못해온 이야기들〉에 문옥주 얼굴 방송에 내보내서 알려짐		

9.14. 아시아태평양전쟁 한국인희생자 보상청구소송 2차 공판에서 법정 증언
: 재판 후 모리카와의 지인 이와자키 아쓰코 집에 묵으면서 휴식

9.25. 김광렬 문옥주 대구 자택 방문 증언 채록	1992	9.20. 'ハッキリさせる会'(밝히는 모임)》『ハッキリユース(밝히는 뉴스)』No.12에 문옥주 2차 공판 증언 내용 게재 9.29. '売春問題ととりくむ会'(매춘 문제와 싸우는 모임)소식지101호에 문옥주 군사우편저금 관련 글 기고

10. 15~22. 군사우편저금 원부 열람 요구 위해 구마모토熊本 저금사무센터 방문(10.21), 시모노세키 우편국교섭 방문(10.22) 4차 교섭과 강연 / 구마모토시에서 모리카와, 지원자들과 함께 온천 여행

12.7. 일본 내각관방 외정심의실 항의 방문 1992.12.~1993.1.경상매일신문 육필 수기 '지옥의 나날들' 연재	1992	12. 한국의 수요데모 참석

1992~1996.모리카와 18번 문옥주의 대구집을 방문 (기리타니와 이시자키도 수 차례 동행)

1.정신대연구소와 정대협 〈증언집Ⅰ 강제로 끌려간 조선인 군위안부들〉 출판 8. 한국 정부로부터 피해자 생활 지원금을 받기 시작함	1993	4. 히로시마, 기타규슈, 후쿠오카, 구마모토에서 활동하는 여성들과 함께 '종군위안부문제를 생각하는 여성 네트워크' 결성(이하 네트워크), 세미나 개최
		5. 군사우편저금 통장을 지니고 있다는 대만 '위안부' 여성 만나기 위해 기리타니와 함께 대만 방문 *8.4 고노담화 발표 *8.10 호소카와 모리히로細川護熙 일본 총리, 취임 후 첫 기자회견에서 일본 총리로서는 최초로 제2차 세계대전은 침략 전쟁임을 인정 8.24. 네트워크 포함 전국 13개 단체와 개인 20명이 일본 정부의 '위로금'

		반대하는 공동 성명 발표 8.29. 네트워크 '종군위안부에게 개인 배상을 요구하는 집회' 개최 도구치 다마코外口玉子 전 중의원의원 강연. 9.8. '매춘문제와 싸우는 모임' 소식지 106호에 대만 방문 보고 기사 게재
9월 문옥주 자택 방문하여 증언집 출판 허락 받음		
12.10. 대구지역 피해자 이용수, 김분선 등과 함께〈현생존자군대위안부피해자대책협의회〉(이하, 피해자회) 결성(대표 김복선)	1993	10.21~22. 제2차 강제종군위안부 문제 아시아연대회의(일본 사이타마埼玉) 참석: 문옥주의 군사우편저금 반환운동 소책자 판매
1.25. 피해자회의 이용수, 김복선과 함께 일본대사관 앞에서 일본 정부의 조속한 배상 촉구하는 시위 도중 할복시도 1.29~7. 일본의 작가 헨미 요辺見庸와 인터뷰 5.3 피해자회 회원들과 방일해서 일본 정부와 직접 교섭하겠다는 성명 발표	1994	4. 가가와현香川県 젠쓰지시善通寺市에서 다테사단 전우회 회원 인터뷰 시작 *5.3 나가노 법무상 언론 인터뷰에서 '위안부 피해자는 공창'이라고 발언
5. 21.~6.3. '현생존자강제군대위안부피해자대책협의회' 회원 생존 피해자 14명과 함께 일본 도쿄 항의 방문, 거리 데모, 정부 항의 방문/ 모리카와 가와사키의 숙소 방문 / 일본의 아사히TV「ザ・ニュースキャスター(더 뉴스캐스터)」가 취재 보도		
7.14. '현생존자강제군대위안부피해자대책협의회' 41개 단체와 함께 '아시아센터 안 백지 철폐 요구하는 긴급 공동 성명 발표 7.23. '현생존자강제군대위안부피해자대책협의회'가 방한한 무라야마 수상에게 '아시아교류센터, 민간기금설치 구상 철폐 요구' 서한 전달, 집회 개최 8.1. '현생존자강제군대위안부피해자대책협의회'를 "'종군위안부'피해자회'(이하 피해자회)로 개칭. 문옥주 공동대표(95년 8월까지) 가을. 한국 정부 제공 임대 아파트 입주 10. 16. 피해자회 김복선, 이용수, 이	1994	*7.17. 아사히 신 '5년간 천억엔'의 '아시아 교류센터 등의 사업'등으로 보상을 대신하려는 일본 정부의 구상 보도 8.15 가가현香川県 버마회 주최 위령제 참석. 16일 퇴역군인 2명 인터뷰: 조선인과 대만인 위안부와 군이 관리한 위안소에 대해 증언 *8.19. 무라야마 내각 피해자들에게 국가배상이 아니라 민간기금을 모아 '위로금'을 지급하는 구상 발표 8.24 네트워크가 13개 시민단체들과 20명의 개인과 함께 '종군위안부에게 일본정부의 사죄와 보상을 요구하는 공동성명' 발표 8.29 네트워크 '종군위안부에게 개인배상을 요구하는 집회'(후쿠오카) 개

옥선, 윤금례와 함께 도쿄에서 열린 'ハルモニたちを支える会'(할머니들을 지원하는 모임)》 결성 집회 참석, 사이타마, 요코하마 등에서 증언		최 *8.31 무라야마 수상, '위안부'피해자에게 민간기금으로 '위로금'지급하는 구상을 염두에 두고 있다고 발표
12.9~15. '할머니들을 지원하는 모임'초청으로 피해자회 이용수, 심미자, 김복선와 함께 방일, 필리핀 피해자 마리아 로사 헨슨Maria Rosa Henson과 함께 도쿄 긴자에서 민간기금구상 백지 철폐를 요구하는 서명, 선전 데모, 스이도바시 집회에는 옛 일본군의 병사와 군의관이 참석해 가해 사실을 고백, 사죄		
12.16. 도쿄 아사가야의 모리 후유미 집에서 모리카와 등과 함께 숙박		
	1995	-모리카와와 기리타니 문옥주 일생 중 일부 낭독회 실시 -기리타니와 함께 문옥주 방문 -다테사단 전우회 방문 인터뷰
		2.1~9. 문옥주가 있었던 버마와 태국 첫 방문 현지 조사(기리타니 동행) 2.10. 네트워크 소식 「棘(가시)」No.5에 버마와 태국 방문기 게재
2.27.~3.1. 제3차 아시아연대회의(서울) 네트워크 멤버와 참석		
3.4. 대구여성회 정대위 주최 기자간담회 참석		
5.8. '할머니들을 지원하는 모임'공동대표와 박수남 감독 문옥주 집 방문 6.9~13. 피해자회 김경순, 배족간과 일본 국회의 '전후50년국회결의'채택 항의, 피해자 개인에게 사죄, 개인보상 요구하는 방일 6.10. '할머니들을 지원하는 모임'초청으로 피해자회의 배족간, 김경순과 함께 교토 방문, 일본 작가 세토우치와 대담. 6.12 도쿄 참의원의회관에서 기자회견, 6월 9일 일본 국회가 채택한 '전후50년국회결의'에 항의하는 5천 명의 서명을 수상에게 제출. 수상 면담은 거부당함	1995	*6.9. 일본 국회 '전후 50년 국회결의' 채택 *6.14. 일본 정부 '여성을 위한 아시아 평화우호기금'(가칭) 발족 발표 *7.18 일본 정부 '여성을 위한 아시아 평화국민기금'(일명 국민기금) 발족 7.25~8.10 서일본신문에 〈50年に巡り合う旅-慰安婦問題に取り組んで〉 10회 연재 게재 *8.15. 국민기금 모집 시작
9.~10. 대구 매일신문 육성수기 연재 9.12. 메이지학원대학 재학생(한국 유학생4명과 일본인 학생 20여명) 이 대구 방문, 증언		-가을. 책 탈고 후 버마 재 방문 10.21. '日韓女性の連帯で「慰安婦」問題の解決を(한일 여성들의 연대로 '위안부'문제 해결을)'집회 참석

9.15 피해자회 이름으로 국민기금에 항의하는 성명서 발표		
11.21~27. '할머니들을 지원하는 모임' 초청으로 김분선, 권태임, 윤금례, 윤순임, 이옥선과 방일, 국민기금 항의 방문, 도쿄, 요코하마 등지에서 민간기금 철회 촉구 데모, 집회		
	1996	-오이타현 나카쓰시에서 활동하는 시민단체 〈草の根の会〉 초청으로 〈'위안부'가 본 군대와 전쟁〉이라는 제목의 강연
		2.1. 『文玉珠 ビルマ戦線 楯師団の慰安婦だった私』(『문옥주 버마전선 다테사단의 '위안부'였던 나』)출간
5.22~28. 일본동경지방재판소 17회(27일) 구두변론 원고 본인 심문 출석: 모리카와가 대구를 방문 걷기 힘들 정도로 약해진 문옥주와 함께 도쿄로 이동, 3일 동안 증인신문 연습		
5.28~30. 모리카와와 함께 후쿠오카로 이동. 29일 모리카와, 김광열과 함께 다자이후太宰府 관광		
		6. 국민기금 '위로금' 지급액을 1인당 200만엔으로 결정, 일본 국회에서는 "위안부는 공창이다", "돈 받았다", "안 받았으면 증거를 내놔라"라는 망언 이어짐
8. 많이 쇠약해진 문옥주를 찾아간 모리카와가 목욕을 시켜주며 며칠 동안 돌봄		
9. 동아일보의 허만섭 기자와 인터뷰 10. 26. 별세(향년 72세) 10. 28. 대구여성회 주관 시민사회단체장으로 장례식 거행	1996	7.11. 'ハッキリさせる会'(밝히는 모임) 『ハッキリニュース(핫끼리 뉴스)』No.50에 문옥주 5월 27일 법정 진술 내용 게재
		-제16회 야마카와 기쿠에 상 수상
	1997	1997. 5~98.9의 14개월 동안 버마에 장기체류(이케다 에리코 10일 정도 합류), 다큐 3개 제작 -『草の根通信(풀뿌리통신)』 버마 현지 취재 내용 투고(일자 미상)
		6. 다테사단 출신 참전 군인 2명 인터뷰(일자미상)
	1998	1.31 네트워크와 모리카와 『버마(미

		얀마)에 남은 성폭력의 상흔-일본 군 위안소 현지 조사 보고』(ビルマ(ミャンマー)に残る性暴力の傷跡-日本軍慰安所について現地調査報告) 소책자 발간
	1999	〈버마로 사라진 '위안부'들〉 버마 현지 취재 기록 영상 제작, 배포(일자 미상) 9.29. 서일본신문에 버마 위안소 조사 취재 보고 기사 게재 12.7. 아사히 신문에 버마 위안소 조사 취재 보고 기사 게재
	2000	어머니 간병 돌봄 시작 〈버마의 일본군 '위안부'〉 버마 현지 취재 기록 영상 제작, 배포 12.7~12. 일본군 성노예 전범 여성국제법정 참석
	2005	
	2006	버마 현지 취재 영상 〈슈에다운의 이야기〉 제작
	2009	2.28. 어머니 별세 3. 간병 돌봄 시설 근무
	2010	-고령자 간병 돌봄 시설 〈데이센터 아케보노〉 설립
	2015	4.20. 『文玉珠 ビルマ戦線楯師団の慰安婦だった私』(『문옥주 버마전선다테사단의 '위안부'였던 나』) 증보판 출판
	2015	10. 아사히 신문 기자와 버마 방문 조사
	2016	5.17. 아사히 신문 2015년 10월 모리카와가 방문한 버마 현지 탐방 내용과 문옥주의 발자취 보도하는 특집 게재 7.6~2017.7.30까지 개최된 액티브뮤지엄 〈여성들의 전쟁과 평화 자료관(Women's Active Museum)〉WAM) 제14회 특별전시 〈지옥의 전장 버마

	의 일본군 위안소-문옥주의 발자취를 따라〉 제작 참여 10.10 WAM제14회 특별전시 특별 세미나 〈버마로 끌려간 문옥주 발자취〉 강연 11.12. 대구 희움일본군'위안부'역사관 기리타니 나쓰코의 낭독극과 모리카와 마치코 토크 개최 12. 제20회 고라 루미코高良留美子 여성문화상 수상
2017	1.27. 모리카와 '여성문화상' 수상식(도쿄 아메이티 카페) 6.23. 모리카와 버마 조사 보고 영상 상영과 〈버마의 일본군 위안소-문옥주의 발자취를 찾아〉 강연(도쿄 아메이티 카페) 6.24 기리타니 나쓰코의 낭독극〈문옥자-버마 전선 다테사단의 '위안부'였던 나〉과 모리카와의 토크〈문옥주는 무엇을 말하고, 나는 어떻게 들었나〉 실시(액티브뮤지엄 WAM) -6.25 여성 저널〈페민〉(No.3158)에 인터뷰 게재 -8.4~6. 통영 방문. 통영거제시민모임 교육장에서 북토크 실시 -8.23~30. 후쿠오카의 미나마타시水俣(23일), 지쿠죠마치築上町(25일), 오이타현大分県 나카쓰시中澤市(26일)에서 기리타니 나쓰코의 낭독극과 모리카와의 토크 이벤트 실시
2018	도쿄에서 재일조선인 강제연행의 역사를 기록해온 기록 작가 하야시 에이다이의 일생을 그린 다큐멘터리 영화 〈아라가이抗い〉 상영회 일본 공문서관에 문옥주의 군사재판 관련 자료 조사
2019	3.30~4.08. 대구MBC의 취재팀과 함께 버마 현지 취재

		6. 교통사고 **10.5 별세 (향년 72세)**
8.14. 대구MBC특별취재팀,「일본군 위안부 제1부 모리카와의 진혼곡」 방영 8.21.「일본군 위안부 제2부 길잃은 위안부 운동」	2020	

■ **저자 소개**

01장 **_ 배지연**
경북대학교 문학박사(현대소설 전공)
대구대학교 인문과학연구소 연구교수

02장 **_ 안이정선**
계명대학교 문학석사(여성학 전공)
(사)정신대할머니와함께하는시민모임 전 대표

03장 **_ 이령경**
릿쿄대학교 법학과 박사과정 수료(정치학 전공)
릿쿄대학교 겸임강사

04장 **_ 서혁수**
컬럼비아대학 국제관계학 석사
(사)정신대할머니와함께하는시민모임 대표

05장 **_ 황성원**
경북대학교 예술공학 석사(디지털미디어아트 전공)
(주)모티버 대표

06장 **_ 강태원**
경북대학교 대학원 사학과 박사수료(한국근대사 전공)
대구동원중학교 교사

07장 **_ 권상구**
시간과공간연구소 상임이사
〈대구신택리지〉 저자

08장 **_ 김석배**
경북대학교 국어국문학과 문학박사(고전문학 전공)
금오공과대학교 명예교수

09장 **_ 박승주**
일본 나고야대학 문학박사
영남대학교 일어일문학과 강사